地方大学校地合作机制研究

DIFANG DAXUE XIAODI HEZUO JIZHI YANJIU

钟玮 著

黑龙江教育出版社

图书在版编目（CIP）数据

地方大学校地合作机制研究／钟玮著．－－哈尔滨：黑龙江教育出版社，2020.12
　ISBN 978-7-5709-2006-8

Ⅰ.①地… Ⅱ.①钟… Ⅲ.①地方高校－作用－区域经济发展－研究－中国 Ⅳ.①G649.2②F127

中国版本图书馆CIP数据核字(2020)第262537号

地方大学校地合作机制研究
Difang Daxue Xiaodi Hezuo Jizhi Yanjiu

钟　玮　著

责任编辑	曾令欣
封面设计	李洪双
责任校对	张伟佳
出版发行	黑龙江教育出版社
	（哈尔滨市道里区群力第六大道1305号）
印　刷	河北文盛印刷有限公司
开　本	787毫米×1092毫米　1/16
印　张	15.75
字　数	230千
版　次	2021年3月第1版
印　次	2021年3月第1次印刷
书　号	ISBN 978-7-5709-2006-8　　定　价　68.00元

黑龙江教育出版社网址：www.hljep.com.cn
网络出版支持单位：东北网络台（www.dbw.cn）
如需订购图书，请与我社发行中心联系。联系电话：0451-82529593　82534665
如有印装质量问题，影响阅读请与我公司联系调换。联系电话：0312-3703833
如发现盗版图书，请向我社举报。举报电话：0451-82533087

序

现代社会，大学日渐成为社会的轴心机构，社会经济发展的动力站。在这一背景下，源自20世纪初美国辛辛那提大学的产学合作教育也日渐向深度发展。2017年，国务院办公厅〔2017〕95号文件《关于深化产教融合的若干意见》（以下称《意见》），正式提出"产教融合"发展的要求。

"产教融合"自然比"产学合作"要求更进一步，"融合"意味着你中有我，我中有你，而合作双方则各自为完全独立的主体。《意见》中指出，"深化产教融合的主要目标是，逐步提高行业企业参与办学程度，健全多元化办学体制，全面推行校企协同育人"。可见，产教融合的目标主要是"校企协同育人"。而主要途径是"提高行业企业参与办学程度"。只有这样，才能使人才"供给侧"与"需求侧"相互适应，"促进教育链、人才链与产业链、创新链有机衔接"。

教育部在《普通高等学校本科教学工作合格评估指标和基本要求》中明确指出"学校办学定位明确，发展目标清晰，能主动服务区域（行业）经济社会发展"；在"人才培养模式"部分，则明确要求"积极开展产学研合作教育，在与企（事）业或行业合作举办专业、共建教学资源、合作培养人才、合作就业等方面取得较好效果"。

另一方面，教育部高等教育教学评估中心在2014年对本科办学历史比较短的几百所高等院校教学质量的监测报告中指出：有不少专业点在产学研合作教育方面难以满足应用型人才培养需要。可见，现实差距仍然很大。因此，2015年，教育部、国家发改委、财政部等三部委出台《关于引导部分地方普通本科高校向应用型转变指导意见》，提供的方案包括：建立行业企业合作发展平台、形成政行企校多方参与的治理结构与治理机制、建立紧密对接产业链创新链的专业体系、创新应用型技术技能型人才培养模式、深化人才培养方案和课程体系改革、加强实验实训实习基地建设等多个维度。

北大郭建如教授在最近的一篇论文中指出，"当前，在应用型院校建设中尤其要关注如下五个部分：人才培养模式变革是转型的核心，这是判断地方普通本科院校是否向应用型转变的试金石；产教融合、校企结合的平台和相关机制是转型的关键，人才培养要放在这样的平台上，通过相应的机制进行；要把人才培养放在产教融合和校企结合上，就需要院校的组织结构进行系统调整，以便起到转型的支撑作用；最后还要看转型的结果，即学生的能力素质与普通本科院校毕业的学生是否不一样"。

在国际上，亨利·埃茨科威兹提出"大学－产业－政府创新的三重螺旋"模型。

三螺旋的要旨是：大学、产业、政府每一个都表现出另外两个的一些能力，但同时保持原有作用和独特身份。例如大学为了加强与产业的联系而设立技术转移办公室，政府部门成立研究资助办公室以加强与大学的相互作用等。

作为她的指导教师，我认为钟玮的《地方大学校地合作机制研究》具有一定的超前性与理论勇气。恰好她在广东一所地方大学——肇庆学院的校长办公室工作，具有在本校及其兄弟院校开展相关调查研究、收集数据的便利条件。实践表明，她较好地利用了这个条件，在实证数据收集方面左右逢源，因此她的研究与观点获得大量翔实的数据支撑。

钟玮博士具有较好的逻辑思维能力，善于对理论概念进行分析，并熟练运用相关的数学模型方法进行推理论证，使得她得出的结论细致入微、鞭辟入里，并具有较高的效度与信度，对实践具有借鉴意义与指导意义。例如她把地方大学校地合作影响因素分为内部环境、外部环境、机制和项目四个方面，并提出校地合作九种运作模式，以及校地合作实现组织转型的十种方向等结论，具有创新性与启发意义。

广东省在我国处于改革开放的前沿，经济社会发展水平也位于全国前列。省政府促进高校与地方政府、企业合作，并出台相关政策，对高校建设投入资金的力度也处于全国领先水平。例如，2016年10月，广东省教育厅公布了首批广东省普通本科转为应用型试点高校名单，分别是广东金融学院、广东石油化工学院、岭南师范学院、肇庆学院等十四所地方大学。2016年12月，广东省实施省市共建本科高校计划，省与市两级政府拟投入百亿支持省市共建高校建设发展。2018年，广东省提出高等教育"冲一流、补短板、强特色"的计划，一批地方本科院校被纳入广东省粤东西北高校"冲一流、补短板、强特色"计划，安排专项工作资金32.85亿元。因此，研究广东省校地合作，对全国产教融合、校地合作具有示范与借鉴意义。

2019年12月22日，"中国校地合作联盟"在广东佛山成立，由科技部火炬中心、中国生产力促进中心、教育部科技发展中心提议，80家高校科研院所及40家企业行业协会共同发起成立，是着力搭建"科产教"深度融合的产学研协同创新平台。这是我国"校地合作"深入发展的重要里程碑。

总之，希望钟玮博士的这项研究和这本著作，能够起到抛砖引玉的作用，对国内相关研究起到探路的效果。也祝愿和期待我国地方本科院校在转型发展过程中，通过校地合作、产教融合的路径，逐渐形成自己的优势与人才培养特色，脚踏实地地为地方经济社会发展做出更大的贡献。

王晓阳
2020年6月

王晓阳，2009年至2019年担任清华大学教育研究院高等教育研究所所长、博士生导师，现任首都师范大学教育学院高等教育研究所所长、教授。

目 录

第1章 引 言 ·· 01
  1.1 选题依据 ··· 01
  1.2 研究背景 ··· 05
  1.3 概念界定 ··· 13
  1.4 理论基础 ··· 17
  1.5 文献综述 ··· 23
  1.6 研究问题 ··· 42

第2章 研究方法与样本介绍 ··· 44
  2.1 研究方法 ··· 44
  2.2 研究方法设计 ·· 45
  2.3 研究实施 ··· 47
  2.4 校地合作能力指标测评 ·· 53

第3章 地方大学校地合作影响因素 ··· 56
  3.1 地方大学校地合作影响因素概念模型 ··································· 56
  3.2 地方大学校地合作影响因素重要性分析 ······························· 61
  3.3 小结与讨论 ··· 65

第4章 地方大学校地合作利益主体 ··· 68
  4.1 地方大学校地合作利益主体重要性排序 ······························· 68

4.2 地方大学与不同利益主体校地合作质量相关性分析 ………… 71

　4.3 地方大学、政府、企业校地合作角色概念模型 ……………… 74

　4.4 地方大学、政府、企业校地合作角色定位重要性分析 ……… 80

　4.5 地方大学、政府、企业构建校地合作"三螺旋" …………… 83

　4.6 小结与讨论 ……………………………………………………… 85

第 5 章　地方大学校地合作机制构建 …………………………………… 87

　5.1 地方大学与不同利益主体校地合作机制构建 ………………… 87

　5.2 地方大学校地合作新构建机制因子分析 ……………………… 108

　5.3 地方大学办学资金来源与校地合作机制构建 ………………… 115

　5.4 地方大学服务区域创新驱动发展机制 ………………………… 120

　5.5 地方大学、政府、企业创新角色比较 ………………………… 126

　5.6 构建地方大学校地合作创新网络 ……………………………… 128

　5.7 地方大学成为区域创新驱动发展中心 ………………………… 130

　5.8 地方大学校地合作协同创新机制 ……………………………… 131

　5.9 小结与讨论 ……………………………………………………… 134

第 6 章　地方大学校地合作运作模式 …………………………………… 139

　6.1 地方大学校地合作运作模式与校地合作能力相关性分析 …… 139

　6.2 地方大学校地合作运作模式案例遴选 ………………………… 141

　6.3 地方大学校地合作运作模式管理特色多案例分析 …………… 148

　6.4 地方大学校地合作运作模式运行机制多案例分析 …………… 154

　6.5 地方大学校地合作运作模式存在问题多案例分析 …………… 160

　6.6 地方大学校地合作运作模式组织特征多案例分析 …………… 163

　6.7 小结与讨论 ……………………………………………………… 168

第 7 章　地方大学校地合作管理机制 ……………………………… 173

7.1　地方大学校地合作管理机制模型 ……………………………… 173
7.2　地方大学校地合作管理机制结构方程模型 …………………… 178
7.3　地方大学校地合作管理机制多角度分析 ……………………… 186
7.4　小结与讨论 ……………………………………………………… 192

第 8 章　讨论：地方大学校地合作与转型发展 …………………… 194

8.1　校地合作：地方大学转型发展的要求 ………………………… 194
8.2　校地合作：地方大学转型发展的途径 ………………………… 196
8.3　校地合作：地方大学转型发展的创新 ………………………… 197
8.4　校地合作：地方大学转型发展的管理主线 …………………… 199
8.5　区域创新创业大学：地方大学转型发展的可能方向 ………… 201
8.6　地方大学应用型转型发展概念模型 …………………………… 204
8.7　小结与讨论 ……………………………………………………… 208

第 9 章　结论与建议 ………………………………………………… 210

9.1　主要结论 ………………………………………………………… 210
9.2　主要创新点 ……………………………………………………… 211
9.3　建议 ……………………………………………………………… 212

参考文献 ……………………………………………………………… 216

附录 A　地方大学校地合作调查问卷 ……………………………… 223

附录 B　地方大学校地合作访谈问卷 ……………………………… 239

后　记 ………………………………………………………………… 241

第1章 引 言

德里克·博克在《走出象牙塔——现代大学的社会责任》一书中写道："大学与社会的关系越来越密切，大学已越来越多地参与到社会的各种活动和事务中，那么大学中立原则在这样一个时代里有何效力呢？实际上，大学在处理与外界的各种关系中，必须不断地面对各种问题和责任。"

1.1 选题依据

1999年，我国高等教育进入扩招阶段，在1999年到2016年的18年间，高等教育毛入学率不断上升，2016年我国高等教育毛入学率达到42.7%。根据《国家中长期教育改革和发展规划纲要（2010—2020年）》规定，到2020年，高等教育大众化水平进一步提高，毛入学率将达到40%，已提前完成目标。随着毛入学率的不断攀升，我国高等学校面临着更严峻的挑战：成几何级增长的学生数、拥挤的校园、课程质量和就业难等。一些地方大学呈现出"千校一面"的特点，如在院系设置、课程设置、招生就业等方面呈现出惊人的相似，一些高校的雷同程度甚至达到只需要更改一下"学院"前面的地名即可。一些地方大学的人才培养模式呈现流水线特色，培养的大学生成为无生气、无特色、无竞争力的"三无"人员。由于大量扩招，学校缺乏有力的师资供给，有质量、有水平的课程少之又少，能影响学生一生的课程更是寥寥无几。一方面社会对人才的需求很大，但一些公司却反映招不到合适的大学生；另一方面，高校却像机器一样不断地培养大学生，这些大学的毕业生无法得到社会的认可，有的找不到工作，有的即使找到工作也无法适应岗位的需要。因此，地方大学在办学过程中出现的目标错位、模式单一、人才雷同、特色缺失的问题，以及该如何实现转型发展的问题，引起教育管理部门的重视和高校管理者的思考。

2014年4月26日，我国178所高等学校在河南省驻马店市共同发布了《驻马店共识》，探讨部分地方本科高校转型发展之路。2015年10月，教育部、国家发改委、财政部联合发布《关于引导部分地方普通本科高校向应用型转变的指导意见》，要推动高校把办学思路真正转到服务地方经济社会发展上来，转到产教融合校企合作上来，转到培养应用型技术技能型人才上来，转到增强学生就业创业能力上来，全面提高学校服务区域经济社会发展和创新驱动发展的能力。

2016年10月，广东省教育厅公布了首批广东省普通本科转为应用型试点高校名单，分别是广东金融学院、广东石油化工学院、广东财经大学、惠州学院、岭南师范学院、广东技术师范学院、肇庆学院等十四所地方大学。"省市共建"是广东省地方大学、地方政府与省委省政府签订协议，在省委省政府的支持下，开展地方大学与地方政府的深度合作，即校地合作。因此，如何开展校地合作，是做好省市共建工作、实现地方大学转型发展的关键。地方大学的发展历程中，与地方政府的合作至关重要，一些地方大学在建校初期，从政府获得大量的土地、财政资源；在成长期，地方大学与地方企事业单位合作，形成人才培养、科学研究等方面合作；在转型期，地方大学与政府的合作面临新的挑战。随着地方大学实力的逐步增强，地方大学服务地方经济社会的价值逐渐彰显出来。如广东省肇庆学院，长期致力于西江特色历史文化研究和西江流域柑橘技术和产业的开发；嘉应学院致力于客家文化的研究；惠州学院致力于为服装设计特色产业服务；广东石油化工学院致力于为石油化工行业提供服务；韶关学院致力于粤北山区的基础教育。这些地方大学的特色人才培养和应用科学研究在区域范围内是具有竞争力的。2016年12月，广东省实施省市共建本科高校计划，省与市两级政府拟投入百亿支持省市共建高校建设发展。被选为省市共建高校的10个地市政府分别与本地1-2所本科高校开展省市共建，共建12所本科高校，分别是香港中文大学（深圳）、广东石油化工学院、韶关学院、嘉应学院、惠州学院、肇庆学院、五邑大学、韩山师范学院、广东医科大学、岭南师范学院、电子科技大学中山学院、广东药科大学中山校区。"省市共建"机制的建立，标志着广东省地方大学与地方政府开展校地合作拥有机制与资金保障。

广东省经济较为发达，大胆尝试地方大学转型发展工作，通过省市共建的方式，将地方大学的转型发展与地方政府紧密联系，实现地方大学与地方政府的密切合作。在地方政府的大力支持下，地方大学校地合作将实现转型。第一，从非官方行为变成官方行为。在省市共建的框架下，校地合作由当地政府主导参与、出资出力，地方大学与地方的合作有地方政府的鼎力支持，具有官方效力。第二，从松散管理变为有序管理。地方大学校地合作存在松散无序的问题，在省市共建框架下，管理更为有序，形成一定的管理模式。第三，从打游击变成全面规划。在省市共建框架下，通过分产业、分学科全面规划校地合作，形成协调发展的态势。第四，从弱势合作变成合作共赢。地方大学与地方政府的合作缺乏制度支持，在省市共建的框架下，地方政府与地方大学从弱势合作变成合作共赢。

地方大学在转型，地方大学校地合作也需要转型。如何科学地开展校地合作，是解决这些问题的关键，是实现地方大学转型发展的关键。研究地方大学校地合作的重点是研究校地合作的机制，当前地方大学校地合作存在以下问题：第一，地方大学内部尚未形成统一认识。一些教师和管理人员面对转型发展的压力，认识和准备不足。第二，地方大学尚未形成过硬的社会服务能力。地方大学校地合作主要采取科技下乡、文化交流、扶贫等方式，尚未利用自身资源形成有特色、有代表性、过硬的社会服务能力。第三，地方大学尚未形成相应的机制来推动校地合作。要实现转型发展，就要做好顶层设计，实现机制的创新，促进校地合作。第四，地方大学尚未形成合理的校地合作管理模式。校地合作的管理较为边缘，未能形成促进地方大学转型发展的管理模式。

　　研究地方大学校地合作机制具有实践意义。校地合作是地方大学转型发展的重要途径，主要原因是：校地合作可以解决地方大学同质化倾向严重的问题。地方大学与地方合作突出地方特色，与地方产业链实现对接，在学科建设、科学研究、人才培养等方面独具特色，可避免千校一面。校地合作可以解决地方大学毕业生就业难和就业质量低的问题。地方大学与地方企业密切合作，在人才培养方案、课程体系改革、实习实训等方面受益于校地合作，使地方大学毕业生更适应地方经济发展的需求。校地合作可以解决生产服务一线紧缺应用型、复合型、创新型人才的问题。地方大学与地方政府、地方产业、地方企业密切合作，尤其在大学生实习实训、求职就业等方面充分合作，可使地方大学毕业生满足生产服务一线的需求。校地合作可以解决人才培养结构和质量与产业经济结构不相适应的要求。地方大学与地方政府密切合作，通过智库、专家团队与地方产业经济结构对接。地方大学通过实力较强的科研团队，帮助地方产业升级。地方大学通过与地方产业密切合作，在人才培养的结构和质量上，实现匹配。研究地方大学校地合作机制，有助于指导地方大学转型发展实践。

　　研究地方大学校地合作机制具有理论意义。根据伯顿·克拉克的大学转型理论，大学转型的途径有：一个强有力的驾驭核心，一个拓宽的发展外围，一个多元化的资助基地，一个激活的学术心脏地带，一个一体化的创业文化，其中实现一个拓宽的发展外围是关键。伯顿·克拉克在《建立创业型大学：组织上转型的途径》一书中以沃里克大学等为案例，对创业型大学的发展模式进行总结。沃里克大学主动建立与工业界的联系，开展创业活动适应考文垂地区工商业发展的需要；积极开展社会服务，建立科技园，实现科研成果转化和创收，形成建立"一个拓宽的发展外围"的办学模式。埃茨科威兹的转型理论以创业型大学的发展为代表，其核心是构建大学与外部多元的合作关系，关键是实现大学—政府—企业的"三螺旋"机制。美国创业型大学发展模式是通过大学的技术转移实现创收，如麻省理工学院（MIT）。MIT通过联邦政府将资助大学研究所获得的知识产权所有权转移给大学，授权大学负责技术转移工作，政府不享有直接回报，而是从技术转移的经济行为中获得不断增加的税收收入。MIT 的教师通过将科研成果的专利许可与转让，实现了权益的保障，通过创建新技术公司，实现科学技术的商业化。MIT 创新科技成果的转化，使波士顿 128 号公路成为驱动地方创新经济发展的标志。根据伯顿·克拉克和埃茨科威兹的大学转型发展理论，大学与外部的密切合作是实现转型，构建"拓展的发展外围"和实现"技术转移实现创收"的重要方式。通过研究地方大学校地合作，可以探究中国特色的大学转型理论。

当前，我国地方大学转型发展正处于摸索前行的探索阶段，在创新驱动发展的国家战略的政策支持下，在向应用型转型的新形势下，地方大学通过什么途径转型发展成为研究的热点，校地合作的转型是地方大学转型发展的重要课题。本书将全面研究地方大学校地合作机制，对校地合作的影响因素、利益主体、机制构建、创新机制、运作模式、管理机制等进行研究，并探究地方大学通过校地合作实现转型发展的路径。

1.2 研究背景

1.2.1 创新驱动发展的国家战略

2012 年 7 月全国科技创新大会上明确提出创新驱动发展战略。2012 年 11 月，党的十八大报告正式提出要实施创新驱动发展战略。十八大报告提出，要坚持走中国特色自主创新道路，以全球视野谋划和推动创新，提高原始创新、集成创新和引进消化吸收再创新能力，更加注重协同创新。2015 年 3 月，《中共中央国务院关于深化体制机制改革加快实施创新驱动发展的若干意见》明确提出了我国实施创新驱动发展的总体思路、主要目标和具体举措。《意见》提出，到 2020 年，基本形成适应创新驱动发展要求的制度环境和政策法律体系，为进入创新型国家行列提供有力保障。人才、资本、技术、知识自由流动，企业、科研院所、高等学校协同创新，创新活力竞相迸发，创新人才合理分享创新收益，使创新驱动发展战略真正落地，进而打造促进经济增长和就业创业的新引擎，构筑参与国际竞争合作的新优势，推动形成可持续发展的新格局，促进经济发展方式的转变。

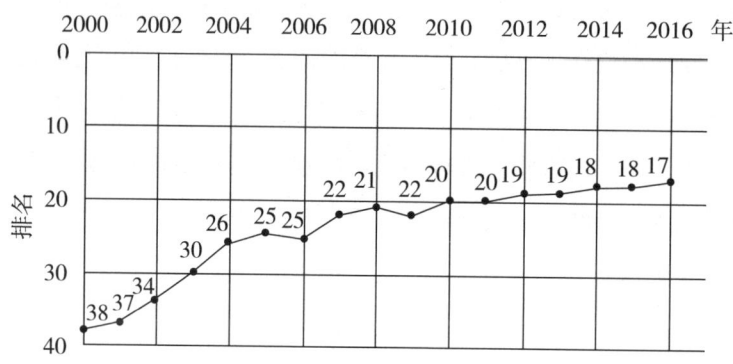

图 1.1　2000—2016 年中国国家创新指数排名变化[①]

如图 1.1 所示，根据科技部《国家创新指数报告 2016-2017》，我国的国家创新指数从 2000 年的 38 位，提升到 2016 年的 17 位。我国的国家创新能力在 16 年间，提升了 21 位，取得了明显的进步。尽管如此，我国的创新能力与发达国家相比还较为落后，与大国地位并不相称。主要原因在于，未建立良好的产业技术创新机制，未能构建更加高效的创新科研体系，未能完善成果转化激励政策，创新科技未能与市场深度融合。要实现创新驱动发展的国家战略，需要政府、高校、科研院所、企业各个系统的协同合作，才能摆脱传统经济社会发展的路径依赖，构建国家鼓励创新、社会拥戴创新、市场导向创新、高校培养创新的系统工程。

创新驱动发展的国家战略对高等教育产生了重要影响。2015 年 5 月，国务院办公厅发布《关于深化高等学校创新创业教育改革的实施意见》。《意见》提出，深化高等学校创新创业教育改革，是国家实施创新驱动发展战略、促进经济提质增效升级的迫切需要，是推进高等教育综合改革、促进高校毕业生更

---

① 根据科技部《国家创新指数报告 2016-2017》中我国在全球国家创新指数的排名制图。

高质量创业就业的重要举措。《意见》的意义在于，将创新驱动发展的国家战略与高校人才培养工作紧密结合，旨在培养一大批创新创业人才。

增强创新驱动发展新动力，推动科技与经济深度融合，需要大量具有创新精神的科研人才和企业家。2016年11月，中共中央办公厅、国务院办公厅印发《关于实行以增加知识价值为导向分配政策的若干意见》。《意见》提出，加快实施创新驱动发展战略，实行以增加知识价值为导向的分配政策，充分发挥收入分配政策的激励导向作用，激发广大科研人员的积极性、主动性和创造性，鼓励多出成果、快出成果、出好成果，推动科技成果加快向现实生产力转化。推动形成体现增加知识价值的收入分配机制，进一步发挥科研项目资金的激励引导作用，加强科技成果产权对科研人员的长期激励，允许科研人员和教师依法依规适度兼职兼薪。《意见》从收入分配的角度，对参加科技创新的科研工作者予以鼓励，激发科研工作者的科技创新动力。《意见》的实施从政策层面，缓和科技创新能力未能释放为经济价值的矛盾。只有将科技创新能力转化为经济价值，创新才能实现永不枯竭的良性循环，形成科技与市场结合的成果转化机制。

创新驱动发展战略对我国高等教育意义深远。第一，高校作为实施创新驱动发展的主体，具有天然的优势。我国高校是科技创新的重要力量，拥有大量的国家实验室、重点实验室、工程实验室、工程（技术）研究中心。我国高校拥有大批的拔尖创新人才，而人才是科技创新的生力军。我国高校具有产学研合作的良好基础，有益于形成"政、产、学、研、用"五位一体的体制机制。我国高校在科技成果转化方面已经进行尝试，如国家级大学科技园建设、地方产业研究院建设，等等。第二，创新驱动发展战略实施对我国高等教育产生的影响在于：探索在战略性领域采取院校协作、多元投资、军民融合、成果分享的新模式，整合形成协同创新中心。高等教育系统将打破看不见的围墙，从象牙塔中走出来，与市场、企业、军队，以及与其他科研机构实现校企、校所、校军、校校合作。这对高校人才培养、科学研究、社会服务意义深远。第三，当前我国地方大学出现"同质化"的趋势，主要原因在于没有找到自身发展特色。创新驱动发展战略为高校创新创业人才培养、高校教师创新成果转化等指出明确方向，鼓励各级各类高校，针对自身情况，开展创新教育、创新科技尝试。

陈希在《将创新创业教育贯穿于高校人才培养全过程》中指出，在高等学校人力推进创新创业教育和促进大学生自主创业工作，对加快建设创新型国家，落实以创业带动就业的战略要求具有重要意义。当前，我国高校根据创新驱动发展战略做出了有益尝试。第一，积极开展创新创业教育。如清华大学积极开展创新创业教育，成立创意创新创业教育平台（X-Lab）；举办校长杯创新挑战赛；开设清华大学学生创新能力提升项目课程；通过聘请校外导师、校友导师等方式指导学生开展创新创业实践；通过创业团队辅导与交流、行业专家咨询、培训和讲座等方式实现全方位的创新创业教育。第二，积极开展科技创新成果转化工作。自2008年《国家知识产权战略纲要的通知》颁布之后，我国陆续出台了《商标法》《专利法》《技术合同法》《著作权法》等法律法规，较好地保障了高校教师的知识产权权益。创新驱动发展战略实施以来，高校通过大学科技园、产业研究中心、地方研究院等积极实现科技创新成果转化。第三，积极开展协同创新。"2011计划"通过重大任务牵引，汇聚高水平创新团队，聚集创新资源，创新人才培养模式，提升国际交流与合作水平，形成了组织协同创新，产出一批创新成果，提升了高校"三位一体"创新能力。"2011计划"建设面向科学前沿的协同创新中心，是以自然科学为主体，以世界一流为目标，通过高校与高校、科研院所以及国际知名学术机构的强强联合，成为代表我国本领域科学研究和人才培养水平与能力的学术高地。2013年开始，国务院认定协同创新中心。如2013年有14个协同创新中心入选，2014年有24个协同创新中心入选，另有5个文化传承创新类协同创新中心入选。38个协同创新中心均以高校为生力军，通过与多所名牌高校协同、与高层次科研机构协同，开展全国乃至全球最尖端的科学技术创新工作。

1.2.2 大学与政府的协同创新

我国《国家中长期教育改革和发展规划纲要(2010-2020年)》中明确提出：健全统筹有力、权责明确的教育管理体制。以转变政府职能和简政放权为重点，深化教育管理体制改革，提高公共教育服务水平。明确各级政府责任，规范学校办学行为，促进管办评分离，形成政事分开、权责明确、统筹协调、规范有序的教育管理体制。新公共管理导向下的高等教育管理，对于政府来说，其主要任务是考核与评价，进行资源分配。新公共服务导向下的高等教育管理，要求政府以服务者的姿态，参与到高等教育管理过程中。政府掌握着土地流转、使用、产业布局、资源分配等权力，大学需要积极寻求政府帮助，获得更多的资源，以图更大的发展。因此，大学积极寻求与政府的协同创新，对大学的人才培养、学科建设、科学研究、产教融合具有重要意义。

大学与政府的协同创新，是当前创新驱动发展的趋势。政府通过协同创新转变职能，实现创新引领，政府的协同创新是一种外部聚焦、合作创新，有利于公共部门解决问题。大学与政府的协同创新依赖于利用资源和外部网络，帮助大学、科研机构实现创新，从而实现政府的创新管理。政府在协同创新网络中，发挥创新探索、创新催化、创新集成和创新引领的作用。大学与政府的协同创新，主要在于制度创新、机构创新和成果创新。主要的创新方式有：大学与政府根据当前创新热点，进行创新探索。政府部门对大学创新探索进行催化。大学和政府通过合作来实现创新集成。通过产业布局、政策引导等方式实现创新引领。大学与政府的协同创新，其优势在于将政府的政策制定、产业布局、资源分配的优势利用起来，通过顶层设计，实现社会发展、经济腾飞的目标，同时促进大学的发展。

大学与政府的协同创新不同于简单的合作。协同创新要求大学与政府设定共同的发展目标，协同发展；合作是大学与政府有各自的目标，各取所需，各自发展。大学与政府设定共同的发展目标，需要在区域范围内找到共同的利益与合作点。如在协同创新机制下，根据政府的产业布局，大学也设置相应的院系专业，大力发展与产业发展相适应的各类专业。在协同创新机制下，政府原有的经济发展目标、社会发展目标,都得到大学的全面支持。大学与政府的协同创新,需要以项目为依托来实现。根据目标,设计协同创新项目,实施项目,最终实现政府与大学的"双赢"。

大学与政府的协同创新,在"以转变政府职能和简政放权为重点"的纲要精神引领下,在我国如火如荼地开展。长期以来,我国政府部门对社会的资源分配掌握控制权。要转变为服务型政府,意味着政府要为高等教育系统提供平台,实现协同创新。当前我国大学与政府的协同创新存在以下问题:第一,缺乏质量高、效果好的协同创新平台。虽然政府掌握着较大的权力,但是大学与政府之间并未设计优势项目、搭建有效的平台实现协同创新。第二,机制问题。虽然我国政府和大学已经意识到要建立机制实现大学与政府的协同创新,但是建立怎样的机制,政府与大学相互之间怎样协同与合作,需要开展研究与实践。第三,大学的角色定位问题。我国大学一直是高冷的"象牙塔",尤其是地方大学,是当地知识分子最集中的地方,地方大学的管理者和教师对开展校地合作的需求和意愿较少。第四,政府管理方式问题。传统上,政府采取以问题为导向的管理方式,政府需要转变管理方式,通过以目标为导向,将角色从管理转变为服务,从控制转变为合作。

"2011计划"以来,我国大学与政府的协同创新有所加强,一些地方政府积极与大学、科研院所合作,寻求经济增长点。如北京市在生命科学研究方面有较大优势,建有北京生命科学研究所等科研院所,北京有大量医学院校,此外协和医院等名牌医院林立,所以北京市将生物医药设立成主导产业。一方面,高端科研力量支撑生物医药行业需要的科研水准,同时发展大学和科研院所在生命科学研究方面的能力,培养生命科学人才;另一方面,打造生物医药主导产业拉动地方经济的发展。一些高校在专业布局上积极融入地方主导产业,如常熟理工学院,在专业布局上,牢牢把握"地方性"的定位,构建了高度契合地方主导产业和新兴产业的机械、电子、信息、生物、材料、管理工程等应用型专业集群。常熟理工学院将专业链对接产业链,引入业界的标准、方法和资源,重点推进与业界共建的行业学院建设,创办了阿特斯光伏科技学院、康力电梯学院、国际服务工程学院等产业学院。一方面，通过服务地方，获得地方政府的大力支持；另一方面，把握地方经济社会发展的特点，为地方培养应用型人才。

1.2.3 大学与地方的互动发展

根据欧盟的区域政策方面的相关研究，大学特殊地影响着区域发展，主要是在商业创新、人力资本发展、社区发展和在区域发展过程中的区域机构能力方面。大学与区域之间的联系与合作是知识区域的创造和知识社会的形成。通过高校在区域经济发展和创建知识区域之间的相互作用方面，探寻大学对区域经济发展的积极影响。如图 1.2 所示，OECD 分析大学与地方的互动关系，大学影响了社会文化发展、区域创新、人力资本与技能发展、区域能力建设。大学对促进区域可持续发展的影响主要体现在社会文化发展、区域创新、人力资本与技能发展、区域能力建设方面。大学对区域社会文化发展的影响主要体现在对地方文化的研究和传承影响地方人文社会发展；对人力资本与技能发展的影响体现在大学为地方培养高素质的大学生，大力提升地方人力资本与技能发展的容量；大学对区域能力建设的影响体现在大学作为区域经济社会发展的推动力，为区域发展提供帮助。大学对区域创新的影响具有典型意义。如美国的硅谷和波士顿地区 128 公路，是大学对区域创新影响的杰出代表；英国牛津、剑桥地区的剑桥科技园是区域创新的动力；德国应用技术大学与地方产业全方位对接、融合；北京中关村地区清华大学、北京大学、中国科学院对创新的驱动。大学影响区域创新的原因在于大学的高新技术发展与技术转移的机制，而承载这个机制的主体就是区域内的大学。

大学与地方互动的最早尝试始于英国，16 世纪，随着资本主义的发展，英国牛津大学、剑桥大学等一些较为保守的大学招致新兴资产阶级的不满。所以在一些人的倡导下，在传统大学之外建立了新兴高等学校。随后又开展了新大学运动。1826 年，伦敦大学的创办标志着新大学运动的开始。伦敦大学是非宗教的、世俗的，由议员、学者和商人共同推动创办的。伦敦大学与政府的互动频繁，与伦敦市的协同发展与互动相得益彰。19世纪80年代后，伦敦大学逐渐向应用科学和研究发展，如1914年伦敦大学参与了航空业的发展。19世纪末，许多企业家出资在伦敦大学建立与电子工程、电机工程以及工程学有关的实验室和研究所。伦敦大学的建立是为了满足伦敦人的教育抱负和伦敦社会发展所需，伦敦大学与伦敦共进退。伦敦大学对伦敦的各个角落的渗透，实现了与伦敦的深度互动，从而获得了生命力。威斯康星大学是大学为地方提供服务的典范。威斯康星大学在接受赠地以后，提出"为本州服务"的思想，将州作为整个大学校园，积极开展技术推广和知识传播。如开设和组织了各种大学专修课程和各种教育活动，并组织流动图书馆。威斯康星大学与州政府密切合作，建立合作伙伴关系。大量的教师被派到各行各业指导工作，如帮助起草法律文件，帮助规划道路和建筑，帮助发展农业等，知名教授被聘请在州委员会任职，帮助并参与政策制定。

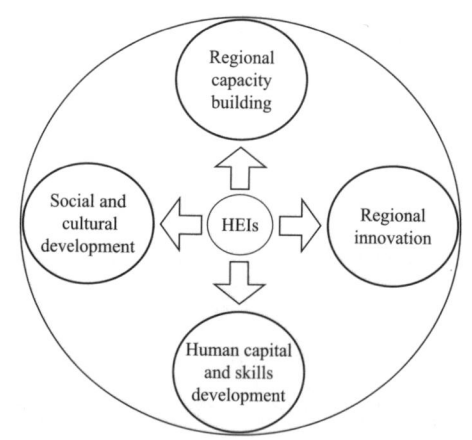

图1.2 大学与地方的互动关系（OECD）①

阿什比认为，"美国对高等教育的贡献是拆除了大学校园的围墙"。大学

---

① European Commission, Regional Policy (2011). Connecting Universities to Regional Growth: A Practical Guide.

没有"围墙",体现在其与社区、当地社会的深度融合,并成为社区发展的强大推动力。地方给予大学以发展的社会空间,这一空间使大学实现教学、科研、社会服务的功能、效用。大学与地方的互动体现在知识的资本化使地方的创新能力得到提升,大学与地方的合作使大学不断向外拓展,使大学的边界向外延伸。大学与地方的互动不断深化,使学生创新创业、教师创新创业、大学技术转移、大学与外部的合作得以实现。"拆除围墙",意味着大学对外部空间的拓展,使大学与地方深度合作,不断实现其创造力和影响力。

近年来,随着我国地方大学的兴起,大学与地方的互动和发展逐渐深入,大学教授被政府部门聘为顾问,参与政策制定、经济咨询、法律文件起草等工作。大学开始开展"接地气"的研究,为地方经济社会发展服务。但是,目前地方大学为地方经济社会发展服务还存在以下问题。第一,未能深入地嵌入到地方经济社会发展的各个领域。地方大学与地方合作主要通过课题合作、课题调研、科技下乡、公司聘请等方式,合作较为零散,未形成规模,也未能深入到经济、文化、社会、工程、科技创新等各个领域。第二,未能发挥地方大学专业人才库的作用。地方大学是地方高等学府,是高层次人才的聚集地,拥有各行各业的专家,要发挥地方大学专业人才库的作用,利用好人力资源。第三,未能将服务地方经济发展与地方大学自身的发展结合起来。地方大学的转型发展要求其积极服务于地方经济发展,同时做好人才培养、科学研究、院系建设、研究中心建设工作,构建系统的教育管理体系。

1.3 概念界定

1.3.1 地方大学概念

根据卡内基分类法划分的高等教育机构分类,高等教育机构分为五类,博士/研究型大学,分为广博型博士/研究型大学、集中型博士/研究型大学;硕士学位授予院校,分为Ⅰ类硕士学位授予院校、Ⅱ类硕士学位授予院校;学士学位授予院校,分为文理学士授予院校、一般学士授予院校、学士/副学士学院；副学士学位授予院校和专业高等教育机构，如神学院、医学院等。我国学者国家教育发展研究中心马陆亭研究员按两个维度规划高等学校的分类，一个维度是按"教学型学院－研究型大学"层次框架构建；一个是按"学术型人才培养－应用型人才培养"类型框架构建，如研究型大学，分为广博研究型大学、特色研究型大学；教学科研型大学，分为综合大学、专业大学；本科教学型学院，分为综合学院、专业学院；专科教学型学院，分为城市学院、职业技术学院。如肇庆学院、惠州学院、韶关学院这样的地方院校，被划分在本科教学型学院的专业学院中，因为它们是按应用型人才培养而非学术型人才培养的标准。但从当前的发展形态来看，这几所大学更接近本科教学型学院的综合学院。当前转型的形势要求这些学院向应用型转型，所以分类中把专业学院改为应用型大学较为合适。

按照和飞教授在《地方大学办学理念研究》中的定义，地方大学就是由地方政府投资和管理，并主要为地方经济社会发展服务的高等学校。这一定义包含两个层次的含义，一是地方大学是根据地方经济社会发展的需要而产生的，其任务是为地方经济社会发展的根本利益服务；二是地方大学管理权归地方政府，并以地方财政拨款作为办学资金的主要来源。地方大学是一个庞大的群体，其中，既有进入"211"行列的研究型、高水平大学，也包括以实施本科教育为主的教学型普通高等学校，还包括高等专科学校和职业技术学院。

本研究的地方大学，定义为由地方政府主办的，培养应用型人才和为地方经济社会发展服务的高等学校。本研究的研究对象，是由广东省教育厅主管的，省会城市或地级市主办的普通公立高等学校，包括地方本科院校和具有地方特色的行业性院校。地方本科院校是2000年"升本风潮"以来发展起来的一大批地方本科院校，多以"地名"冠名"学院"组成大学名称，如肇庆学院、韶关学院、惠州学院。本研究的研究对象以地方本科院校为主，还包括具有硕士、博士授予权的地方大学，如佛山科学技术学院、广东海洋大学。

1.3.2 校地合作概念

本研究的校地合作，是大学在地方政府合作框架的支持下，与政府及其所管辖的相关社会组织，如企业、研究院所、行业组织、事业单位、其他机构等开展人才培养、科学研究、社会服务、文化传承创新等多方面的合作。校地合作可以促进高校与地方的深入合作，通过地方政府的协调，开展高校与地方企业、产业、学校、科研院所的合作。与一般的校企合作、校产合作、校校合作、校所合作不同，校地合作要求地方政府的参与，如项目制定、资金投入、战略制定、多方联络、项目实施等。

高校自主与企业、产业、学校、科研院所的合作，是当前高校与外部合作的主要形式。地方大学底子薄、社会资源少，校地合作效果不好，合作质量不高。在校地合作的框架下，地方政府的大力支持使地方大学与企业、产业、学校、科研院所的校地合作质量极大提高。当前，我国创新驱动发展的新形势要求高校作为技术研发力量，开展科研成果、新产品、新技术的转化，在政府的布局和支持下，地方大学通过开展校地合作，进行应用型人才培养、应用型科学研究，服务地方经济及地方文化传承的质量将得到大幅提升。

1.3.3 模式概念

模式在《辞海》中的含义是指事物的标准样式。模式的英文翻译是Pattern，是指解决某一类问题的方法论，即把解决某类问题的方法总结归纳到理论高度，是从生产经验和生活经验中经过抽象和升华提炼出来的核心知识体系。如果解决和处理问题的模式被总结、归纳、提炼出来，我们就可以采取已有的解决方案。从认识论的意义上来说，模式是一种确定的思维方式，在不同的领域，有不同的模式。如在管理学中，管理模式是在管理实践中总结出的一套管理理念、管理内容、管理工具、管理程序、管理制度和管理方法论体系。

模式与范式（Paradigm）的含义不同，范式是指一个共同体成员所共享的信仰、价值、技术等集合，指常规科学所赖以运作的理论基础和实践规范，是从事某一科学的研究者群体所共同遵从的世界观和行为方式。范式的概念来源于库恩在《科学革命的结构》一书中提出的范式理论，在库恩看来，范式是一种对本体论、认识论和方法论的基本承诺，是科学家集团所共同接受的一组假说、理论、准则和方法的总和。

1.3.4 模型概念

模型在《辞海》中的含义是：按实物比例和结构制成的物品，如飞机模型或模型轿车。模型被广泛地运用在管理学领域，模型被定义为：人们依据研究的特定目的，在一定的假设条件下，再现原型客体的结构、功能、属性、关系、过程等本质特征的物质形式或思维形式。模型的英文翻译是 Model，含义是模特、模仿制作的、典型的。模型一词被广泛运用于数学领域，如多元线性回归模型、罗杰斯特模型、结构方程模型等，是指运用数学方法计算出来的用于指导实践的数据模型。在管理学领域，管理模型是指导管理实践的模型，包括概念模型或数据模型，在大数据时代，管理数据模型常用于商业操作实践。

模型与模式含义相近，但有所不同。模型是人的思维构成的意识形态，通过表达而形成的，如在科学研究中，总结出的概念模型、数据模型都可以指导生产实践和管理实践。模式是解决一类问题的方法，模型也是用于解决一类问题的办法，但模型与模式比，具有数学内涵。在经济领域、管理领域，数据模型被广泛运用于指导经济管理实践。近年来，教育管理领域也越来越重视数据模型对教育管理的指导，数据模型对教育管理的作用越来越明显，更具有科学性。

1.3.5 机制概念

机制，是指各要素之间的结构关系和运行方式。机制的含义有两层，第一，组成事物的各个部分。第二，协调各部分之间关系的运行方式，如生理机制、动力机制、社会机制等。从机制的功能来分，有激励机制、制约机制和保障机制。机制强调通过运作方式将事物各个部分联系起来，良性运行和协调发展。

机制在管理学上的概念是指在组织运行的过程中的内外关系和运行机理。研究机制有助于对组织内部结构、组织外部关系、组织发展战略进行深入研究。机制的研究对组织管理具有重要意义，通过研究机制把握组织的内部结构和内外关系，从宏观、中观、微观三个层面掌握组织的本质，促进组织的科学管理。

1.4 理论基础

1.4.1 三螺旋理论

（1）三螺旋的概念

三螺旋是指大学–产业–政府三方在创新中密切合作、相互作用，同时每一方都保持自己的独立身份，是一种创新模式，该模式由埃茨科威兹创立。三螺旋创新模式的要旨是：大学、产业、政府这三方每一个都保留着自己原有的作用和独特身份。由于这种相互作用和合作，代表这些机构范畴的每条螺线都获得更大的能力，进一步相互作用与合作，支持在其他螺线里生产的创新，由此形成持续的创新流，协同发展。既相互独立又相互依赖的大学—产业—政府间的相互作用是改善知识社会中创新条件的关键因素。三螺旋模式包括三个基本要素：一是在以知识为基础的社会中，大学在创新中扮演一个更加突出的角色，它的作用与政府及产业不相上下；二是三方会进一步建立合作关系，创新政策是相互作用的结果而不是仅仅出于政府一方；三是每一方在完成自己传统功能的同时，承担另外两方的角色。大学–产业–政府相互作用进行社会发明或组织创造，已经促使风险资本公司、技术转移办公室、孵化器和科技园等混成组织得以形成。区域层面的三螺旋理论建立在一个由知识空间、共识空间、创新空间构成并相互转变的模型上。

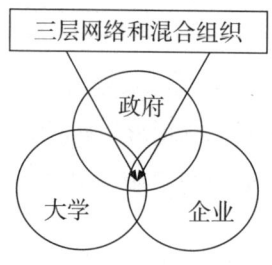
图 1.3　大学—企业—政府三螺旋模型①

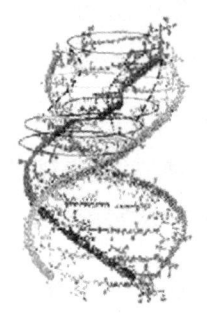
图 1.4　三螺旋概念图

（2）三螺旋与组织创新

三螺旋重构并加强创新的组织安排，促进协同创新的开展。埃茨科威兹在论文《创新动力：从国家体系和模式Ⅱ到大学—产业—政府三螺旋》中指出，三螺旋不仅代表了大学、工业和政府之间的关系，而且也表明这些领域的内在转化。大学、工业和政府相互作用的驱动力被转化为可期望的利润价值。高等教育和学术研究领域的扩展提供了可以参与和重组社会系统的方式。在三螺旋创新系统中，大学成为核心。创业型大学将教学、科研、决策咨询使命与促进经济社会发展的新使命结合起来。三螺旋的要旨是：大学、产业、政府每一个都表现出另外两个的一些能力，但同时保持原有作用和独特身份。由于联系与作用，三螺旋中的每个螺线都获得更大的能力，并进一步相互作用与合作，支持在其他螺线里产生的创新，形成持续创新流，共同发展。相互作用增强了大学—政府、大学—产业、政府—产业之间的关联，扩展了每个机构范畴的功能，同时还保留了每个机构范畴原有的核心使命和独立身份，而且各机构范畴都重新调整自己朝一个共同方向转变。三螺旋从合作和网络关系到相互作用形成创新动力机制和效果来发展，其根本意义在于走向大学—产业—政府在宏观层次上的战略合作，为以知识为基础的区域创新铺路。

---

① 亨利·埃茨科威兹在《国家创新模式：大学、产业、政府"三螺旋"创新战略》一书中对大学—企业—政府三螺旋模型的解释中，提出三螺旋相互作用的创新模式和混合组织的概念。

中介组织的出现，使大学、产业、政府的合作项目得以运行。如大学为了使产业更容易接近各种知识产权来源而设立了技术转移办公室；政府部门成立研究资助办公室或项目办公室加强与大学的相互作用；三螺旋强调三个机构范围靠功能互补来相互作用，形成创新动力，包括信息、人员、产品交流、专利成果转让、创新创业平台共享等。

（3）三螺旋与区域创新

随着知识经济的发展，区域正在由地理、政治和文化统一体转变为由公司、大学和政府部门网络构成的三螺旋创新空间，三螺旋成为区域创新系统的重要结构。三螺旋体系通常开始于大学、产业与政府的相互联系，其中一方试图增加另一方的作用，这些行动发生在区域经济层面，在那里产业群之间的隔阂、技术转移的问题以及政府能力影响了经济发展。如美国的硅谷和波士顿地区，拥有科研机构、风险投资基金等资助工具和技术转移部门的区域，吸引大量创业者到该地区成立新公司。基于三螺旋的区域创新模式有：大学推动的区域创新模式、政府推动的区域创新模式、企业推动的区域创新模式。区域创新体系是介于国际经济学、区域经济学、经济地理学等相关学科之间的交叉学科，是国际经济地理学研究的新领域。随着知识经济的到来，区域创新体系越来越转变为由大学、企业和政府等相关网络所组成的三螺旋创新空间，该创新空间的发展需要借助作为三螺旋推进器的创业型大学发挥其知识创新和技术创新主体的地位和作用。三螺旋空间分为三个层次，分别是知识空间、共识空间和创新空间。

（4）三螺旋与创业型大学建设

创业型大学是区域创新的发动机，在三螺旋创新模式中起关键作用。埃茨科威兹认为，创业型大学需要具备领先的学术研究能力；能对资源进行整合，并拥有知识产权；具有技术转移的组织能力；在师生中有普遍的创业氛围。创业型大学形成的第二个必要条件是大学必须与其他机构密切作用。创业型大学不仅要加强研究实力，还要挖掘研究发现的技术潜力，把它们转化为应用。创业型大学增强大学和其他知识生产机构的作用，成为基于智力资本更新旧经济模式与创立新经济模式战略中的关键手段，这些智力资本形式多样，包括从政府、大学和产业实验室的正式研发到现有产业的隐性知识。创业型大学的构建在组织建设方面需要领导核心强化、院系层级设置合理化、组织平台网络化；学科建设与研究中心建设方面需要突出优势学科、扶持交叉学科，设立技术转移服务机构，创办科技园及衍生企业。在美国，大学创业活动是研究的延伸，如在美国一些科学家为获得研究基金开展研究，当研究开展到一定程度但是未获得研究基金，他们就创建公司。在欧洲，创业型大学通过教学活动的开展来建设，如荷兰的特温特大学。特温特大学以市场为导向进行人才培养，充分与市场衔接，建立良好的应用型人才培养体系；在培养学生过程中，通过与当地大型企业的深度沟通和协同，在应用型人才培养、产业发展、科学技术研究等方面开展深度合作，促进产教融合。在中国，大学不断发展成为强大的社会组织，产生经济和学术影响，但是其影响力还不够强大，需要政府积极参与混合组织的形成和创造，营造三螺旋的知识创新空间。第一，政府通过建设大项目支持重点高校和研究机构。第二，政府通过创新平台、网络和混合组织开发城市"创新空间"。第三，政府在专利申请、发明创造等方面提供便利，鼓励大学在校内成立技术转让机构，如技术转移办公室、工业联系办公室、咨询中心、尖端科技孵化中心、科技园区等。

1.4.2 资源依赖理论

资源依赖理论萌芽于20世纪40年代，其代表作是杰佛里·菲佛和萨兰基克于1978年出版的《组织的外部控制：对组织资源依赖的分析》。资源依赖理论研究的是组织与环境的关系问题。资源依赖理论认为，组织是一个开放系统，没有组织能够自给自足。组织生存的关键是"获得并保住资源的能力"。组织为了生存就必须与它依赖的环境进行资源交换，如人员、资金、社会合法性、信息、技术、物资，等等。组织也可以通过行为和政策对环境做出反应，改变环境并最终驾驭环境，进而改善依赖程度，可以通过对环境进行控制来改变组织的依赖关系，通过建立组织间的集体行动来和环境进行沟通和商议，通过创造环境来实现组织目标。

资源依赖理论有几个核心概念。第一，组织的外部依赖。组织受到外部资源的限制，从而产生外部依赖，组织对外部依赖的程度取决于资源对于组织的重要性。第二，组织的外部环境。组织与外部环境的资源交换，使组织受到外部环境的限制。第三，策略。组织面对外部环境，会采用各种策略，如把握资源或寻找替代资源，减少对外部环境的依赖。第四，改变环境。组织会根据目标，通过与外部环境进行资源交换、对外合作等方式，适应环境，改变环境。

斯劳特和莱斯利在《学术资本主义》一书中运用资源依赖理论深入地分析大学的技术转让、学术资本主义。根据资源依赖理论的分析，由于高等教育中非限制性经费的压缩，国家体制中的院校将改变寻求资源的模式以争取新的、更加取决于竞争的经费。他们可能会提高学费，降低劳动成本，并获得其他收入，如获得捐赠、教育活动的销售与服务、专利申请与许可、技术转让、独立公司、衍生公司和研究园区。斯劳特和莱斯利认为，资源依赖使大学的教学科研人员通过学术资本主义来扩大资源，同时寻求学校的更大发展。

国内一些学者运用资源依赖理论对政府与大学的关系进行分析。李红宇（2010）建构了大学与政府资源依赖模型。大学所拥有的资源主要包括人力资本、技术、知识、品牌、声誉和社会地位等，并通过资源的交换获取大学存在和发展的新资源。政府所拥有的资源包括资金、设备、场地、政策和法律法规等。提出要适当调解政府与大学资源依赖的关系，要通过改善资源依赖关系寻求政府适度控制与大学自治的平衡。王顶明（2012）运用资源依赖理论对我国高校办学经费来源进行分析，建议要寻找和形成学校优势资源，树立大学资源依赖中的主动形象；探索推进办学经费渠道多元化，形成大学在资源依赖中的主动地位；积极调试大学内外部关系，增强大学在资源依赖中的主动适应性。张平（2012）运用资源依赖理论对高校与政府的关系进行分析，提出高校与政府之间的"上下"关系逐渐削弱。主要表现在，高校自主权增加，高校将逐步取消行政级别和行政化管理，政府调控逐渐从微观管理转变为宏观监督。

1.4.3 创新网络理论

网络的概念,起源于20世纪60年代–20世纪70年代,英国的哈兰德在《网络与全球化》中对"网络"的定义。20世纪80年代–20世纪90年代,网络的概念开始流行,并广泛地运用在社会学、经济学、地理学等研究领域。研究区域创新网络最热门的有对硅谷地区的创新网络研究,如萨克森宁(1999)对美国硅谷地区的创新网络进行研究,发现区域创新网络对企业的发展帮助很大,硅谷地区几乎所有成功的企业都是依赖企业外部的创新网络而发展。弗雷曼(Freeman,1991)最早提出创新网络(Innovation Networks)的概念,是企业为获得和分享创新资源而在所达成的共识和默契的基础上相互联系形成的网络。

近年来,我国学者也逐渐关注创新网络理论,并希望通过运用理论指导实践。李新春(2000)指出,创新网络是以技术创新、产品设计到市场化的一整套政治的、市场的、社会的组织安排,在这一动态发展的组织结构化过程中,知识的积累、技术创新的概念化和市场化、信息的交流扩散、合作与竞争、各方为开发新技术市场利润而形成的各种正式与非正式关系,一起构成了一个动态的创新网络。盖文启(2002)对区域创新网络进行研究,提出区域创新网络是一定范围内,各个行动主体,包括企业、大学、研究机构、地方政府等组织及个人,在交互作用与协同创新的过程中,彼此建立起各种相对稳定的、能够促进创新的、正式或非正式的关系总和。区域创新网络具有动态性、系统性、开放性、非中心化和本地化的特征,区域经济也是在内部网络创新的推动下迅速发展的。区域创新网络除了企业之间的网络,还包括大学、研究机构的创新支持。主要作用有:生产新的知识和技术,开展教育和培训,承担起衍生企业和"孵化器"的作用;将科技信息和知识转变成新产品,实现区域创新。

蒋同明(2012)运用复杂网络理论对科技园区创新网络理论进行研究,通过实证分析,从微观角度研究了科技园区创新网络的网络结构及具有的网络特征,并从宏观角度对科技园区创新网络具有的系统特征进行分析,构建了科技园区创新网络结构模型,研究了科技园区创新网络中的企业与高校或科研院所、中介组织、园外企业等相互作用的关系,探讨了科技园区创新网络的演化规律。王文亮等（2014）对校企合作创新网络运行机制进行研究，提出校企合作创新网络是以大学、企业为主体，同时包括政府、金融机构、中介机构等其他要素及外部环境，不同的主体和要素之间、主体与环境之间相互作用的复杂系统。校企合作创新网络的构成要素有：大学、企业、政府、中介机构、金融机构和环境。

创新网络理论阐明了区域内企业与企业之间、企业与大学之间、企业与中介组织、大学与中介组织之间构建创新资源共享的关系。区域创新网络的形成使区域内创新资源发生交换，通过整合创新资源，形成创新合力，实现区域创新。创新网络对大学发展的意义在于，通过以大学为连接点，实现区域内的技术创新、产业创新、协同创新。大学在创新网络中扮演的多元角色，使大学自身的人才培养、学科建设、科学研究从创新网络中得到源源不断的能量，实现跨越式发展。

1.5 文献综述

本研究综述三个部分分别是：高校校地合作相关研究、地方大学转型发展相关研究、创业型大学相关研究。文献综述逻辑导图如图1.5所示。

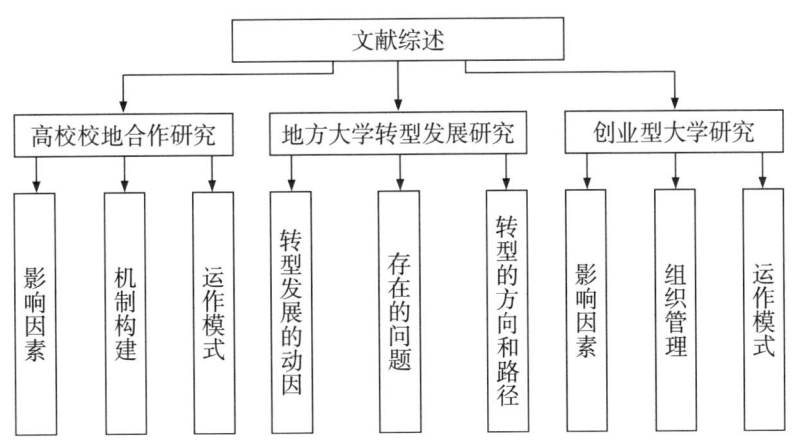

图 1.5 地方大学校地合作文献综述逻辑导图

1.5.1 高校校地合作相关研究

1.5.1.1 高校校地合作影响因素

高校校地合作主要有以下影响因素，第一，管理体制。何根海等（2009）提出，由于受计划经济时代的高等教育管理体制的影响和制约，高校在外部管理方面呈现"条块分割"的特征，在内部管理方面形成了封闭办学的特征，办学模式与学科结构呈现封闭的特征。在高校外部管理方面，地方大学一直隶属省教育厅，与地方政府合作共建。但是，与地方政府合作的成效取决于大学与政府之间关系的紧密程度。第二，主观认识。何根海等（2009）、申亚楠（2013）对地方大学校地合作主观认识、观念偏差进行了分析。大学中的一些教学科研人员对已形成的自我封闭的教学模式习以为常，对社会需求和市场缺乏了解，不适应也不愿意参加社会服务，使大学与外部脱节。因为固有的评价体制，一些教学科研人员热衷于发表论文、出版著作、成果报奖、晋升职称。大学的管理人员受传统观念的影响，也缺乏主动服务社会的意识及开拓发展外围的冲劲。第三，市场机制。杨宁等（2011）认为，校地合作存在外部动因，即高等教育事业发展的需要和地方经济社会发展、科学技术发展和文化提升的需要。当前，我国的高等教育还没有真正走向市场，缺乏市场竞争意识和危机意识，更缺乏为区域经济社会服务的主动性。美国的大学，市场介入到大学的科学研究中由来已久，一些科研成果尚未出实验室，就获得资本的青睐。市场机制深入到地方大学，激发地方大学发展应用性科研的活力，从而推动地方经济社会发展，是地方大学开展校地合作的重要因素。第四，合作动力。陈益林等（2009）、何根海等（2009）认为，高校受到现有高等教育考核评价机制和利益导向的影响，缺乏与政府合作的动力。地方政府缺乏依靠科技发展社会生产力、依靠科技进步促进经济社会发展的意识，与高校合作动力不足。地方企业过分追求"短平快"的项目，与高校的合作如昙花一现，没有与高校达成共同发展进步的共识。

1.5.1.2 高校校地合作机制构建

高校校地合作机制主要有以下几类，第一，校地合作利益共享机制。陈·巴特尔等（2006）对校地合作理念下的院校定位及其发展进行研究，对高校、地方政府、企业进行角色分析，提出院校应该明确其所服务区域的合理定位，找准自身定位；地方政府应该将区域范围内的高校发展作为地方教育发展战略规划的重要内容。院校与地方政府应该建立广泛的合作关系，实现利益共享。要主动承担地方重大科研课题和科技开发、转化项目；要大力发展校办科技产业，积极促进院校科研成果转化；要鼓励学生开展科学研究、科研创新和社会实践，使其受益于校地合作。第二，校地合作互动机制。李志大（2012）在《论校地合作互动机制的构建》中，提出校地合作互动机制是指高校紧紧围绕地方经济社会发展需求，充分发挥政府主导作用、企业主体作用和学校生力军作用，与地方企事业单位建立起的多方参与的、双向共赢的、长效保障的合作机制。校地合作机制要实现互动、共赢、长效。主要机制有：在管理体制方面，把社会服务纳入学校工作重要议程；要建立健全分层次、分类别的人员考核制度，完善社会服务的内部激励机制；要强化服务平台建设，提升社会服务能力。在平台建设方面，要搭建合作平台，构建开放式的服务平台；要创新管理模式，构建全方位的服务平台；要整合社会资源，构建立体化的服务平台。第三，校地合作人才培养的机制。何根海等（2011）提出要基于校地合作形成应用型本科人才培养的新机制，校地合作是地方应用型本科人才培养的基本途径之一，是应用型高等教育的一个显著特征。要基于校地合作、校企合作，形成人才培养的新目标；要注重实践，复合培养，形成人才培养新机制；要产学合作，工学交替，实现人才培养新途径；要注重质量，以用为先，构建人才培养新模式。

1.5.1.3 高校校地合作运作模式

高校校地合作运作模式主要有以下几类，第一，校地合作实习实践模式。陈玉慧（2008）对校地合作实习实践模式进行探讨，提出要围绕地方经济社会发展的重心，充分发挥学科专业特色和优势，积极与地方企业事业单位合作开展实习实践，解决实践课程经费不足等问题。通过校地合作实习实践，扩大学校影响力,增强社会对学校的了解,增加就业机会。第二,校地合作U-G-S模式。薄艳玲、肖起清(2015)对校地合作 U-G-S 模式进行探讨。U-G-S 模式是指地方大学、地方政府和农村中小学合作协同创新的教师教育模式。提出 U-G-S 模式为农村教师专业学习提供了政策支持和制度保障;创建了合作的文化氛围,促进了农村教师专业学习的文化自觉,U-G-S 模式使地方大学为农村培养大量优秀的教师。第三,校地合作异地办学模式。陈·巴特尔等(2006)对校地合作异地办学模式进行分析,发现"中大－珠海"模式是一个成功典范。中山大学珠海校区由中山大学和珠海市联合运作而成,发挥了名牌大学和经济特区成功联合的效应,同时中山大学珠海校区的建立也对珠海市文化、教育、科技、经济等方面的发展起巨大推动作用。第四,校地合作科技创新模式。何根海等(2011)提出,地方大学要突破传统课堂教学思路,实现学校专业教学和地方产业建设互动。形成校地合作学科与产业发展相适应的模式。要加强校企联合,积极推行地方企业到学校建立产学研用一体化的实验室、孵化站和研究机构,形成校地合作科技创新模式。第五,校地合作地方研究院模式。胡罡等(2014)以中山大学地方研究院为例,对地方研究院作为一种新兴校地合作模式进行研究。提出地方研究院在高校科技成果转化模式方面的创新是:为科技成果转化奠定良好基础的机制创新,科技与地方产业无缝对接的定位创新,提高科技成果实用性和先进性的环境创新,加强型孵化器的模式创新。第六,校地合作地方大学科技园模式。钟玮(2013)对地方大学科技园的协同创新功能进行探究,指出地方大学科技园是实行协同创新的有力载体。地方大学科技园以高校产学研体系、科技成果转化、创新人才培养、地方经济社会发展为校地合作动力,地方大学科技园在校地合作中实现"人才、资本、信息、技术"等创新要素活力的深度合作,可以促进地方科技、创新、创业的发展。

1.5.2 地方大学转型发展相关研究

1.5.2.1 地方大学转型发展的动因

地方大学转型发展存在以下动因:第一,地方大学在发展实践中出现瓶颈。

第1章 引言

《地方本科院校转型发展研究报告（2013年）》提出，当前我国地方本科院校存在的问题有：办学定位趋同；学科专业无特色；人才培养"重理论、轻实践"；科学研究"重科学、轻技术"；师资队伍"重学历、轻能力"；办学经费短缺；实践教学硬件条件不足；产学研合作教育不深入；企业参与合作育人缺乏。第二，高等教育分类发展、分类管理的要求。刘振天（2014）提出，大众化的教育走向分类管理、分类发展、特色办学的道路，是现代高等教育发展的规律，是世界高等教育发展的趋势。高校全部向综合性、研究型和学术型方向发展是不利的。张兄武等（2014）提出，高等教育系统的分化是社会人才需求的客观要求，推进地方本科高校转型是解决人才培养结构性矛盾的必由之路。钟玮（2015）提出，在高等教育后大众化时代，要求地方本科院校明确发展定位问题。当前地方高校提出创建"高水平""有特色""应用型"综合大学的目标是高等教育发展的惯性所致，一些地方本科院校把综合性大学甚至研究型大学作为未来发展的模板是当前较为突出的问题，要开展"特色高校"建设，打破"千校一面"的桎梏。第三，经济发展转型升级的需要。张应强（2014）在《从政府与大学的关系看地方本科高校转型发展》中提出，"就业难"问题是地方本科院校转型发展的动因。夏明忠（2014）提出，经济社会发展的需求是高等教育发展的第一推动力。随着知识经济时代的来临，我国经济正处于调整、转型、升级的进程中，知识创新成为经济发展的内驱力。经济转型升级要依据科技创新，也需要建立产学研协作创新联盟。第四，应用型人才培养的需要。杨小秋、曲中林（2018）提出，地方本科院校应找准在高等教育体系中的位置，根据自身的已有办学条件及可能的资源配置，不断完善应用型人才培养体系，为国家和社会发展培养数量多、质量高的应用型或技能型人才。第五，完善中国职业教育体系的需求。《关于加快发展现代职业教育的决定》指出："要探索发展本科层次职业教育。建立以职业需求为导向，以实践能力培养为重点，以产学结合为途径的专业学位研究生培养模式。"夏明忠（2014）提出，当前我国职业教育走到了十字路口，"断头路"严重阻碍了高职发展，打通从中职、专科、本科到研究生、博士的上升通道势在必行。要完善职业教育体系，就要引导部分地方本科院校转型，部分地方大学实现转型发展，可以完善中国职业教育体系。第六，地方大学自身发展的要求。钟玮（2015）认为，地方大学经过十多年的发展，在人才培养、学科建设、科学研究、办学规模等方面初显成效，但是办学"同质化"的特征较为明显。地方大学面临的问题是，地方大学从院系设置、专业设置到课程设置都出现雷同的现象，地方大学办学出现的"同质化"倾向促使转型发展。

1.5.2.2 地方大学转型发展存在的问题

地方大学转型发展存在以下问题：第一，认识和观念不到位。张应强（2014）提出，不少高校寄希望于通过转型发展获得政策红利，如获得经费支持和政策拨款等。夏明忠（2014）提出，多数新建地方本科院校在办学实践中有意无意地选择学术型、综合性、研究型大学的定位作为标杆和参照；学科专业、人才规格、课程体系、师资队伍、教学内容，甚至实验室建设都一味向重点大学看齐。第二，转型发展的盲目性。杨小秋、曲中林（2018）提出，我国高校资源不均衡，东部地区高等教育相对发达，中西部省份差异较为明显，转型发展出现省域差异，地方大学转型发展呈多样化态势。陈永斌（2014）提出，地方本科院校转型发展存在盲目性，如简单谋求办学层次的提升，片面主张办学空间的新一轮拓展，盲目推动办学资源的全方位扩张。第三，学校发展现状的局限。刘在洲（2014）提出，一些地方大学办学定位不准，专业设置与地方产业脱节，与区域经济需求匹配度不高，人才培养重理论轻实践，教学投入少，产学研合作不深入，双师型教师匮乏，等等。对未来发展的不确定以及学校发展现状的局限，使一些地方大学不想转型，不敢转型。第四，政府资源和政策导向存在问题。王者鹤（2014）提出，政府层面存在主导意识强大、法律和政策保障乏力、政府财政支持不足的问题。

1.5.2.3 地方大学转型发展的方向与路径

钟秉林等（2016）提出，地方大学转型要分类发展，探索多样化转型发展路径，转型的路径没有统一和唯一的模式，要根据地方本科院校的差异性和地方经济社会发展需求的多样性区别对待。钟玮（2016）提出，协同创新是地方本科院校转型发展的关键，要与地方政府、企业、其他高校、科研机构开展协同创新，实现转型发展。地方本科院校要做到办学定位面向地方，瞄准行业产业结构化升级；教学方面要加强和行业企业的合作，深化产教融合；科学研究方面要积极开展应用性的科学研究，促进区域经济发展。

第一，向应用技术大学转型。2014年3月22日，教育部副部长鲁昕在中国发展高峰论坛上发表讲话，提出教育部将引导部分地方本科院校向应用技术类型高校转型。《教育部2014年工作要点》中明确提出，教育部将引导一批本科高校在办学思路、模式、方法上向应用技术大学转变。董立平（2014）在《地方高校转型发展与建设应用技术大学》中指出，应用技术大学是以应用性技术研发与应用技术型人才培养为主来服务地方经济社会发展，其培养层次以本科教育为主，专业硕士与专业博士培养适当发展，学科专业定位以应用、特色、品牌为导向；人才培养定位是构建以就业需求和素养为导向的实践性、创新型、多样化人才培养体系。提出地方高校转型发展，要优化与构建呼应地方产业结构需求的学科专业结构，建立政、产、学、研、用良性互动机制。张婕等（2015）在《德国应用科技大学对我国地方高校转型发展的启示》中指出，应用科技大学的培养目标是，通过对学生进行必要的基础理论教育和充分的职业训练，使其成为在某一领域具有独立操作能力的应用型高级人才。提出六点建议，赋予高校充分的办学自主权；对接地方产业链；专业建设服务地方支柱产业；建设双师型教师团队；鼓励学生创新创业；选择最合适的生源。郭康（2016）分析了应用技术大学与区域经济的共生共赢关系，指出应用技术大学通过人才培养、科学研究、社会服务职能服务区域经济发展。李保玉（2017）指出，应用技术型大学是地方本科院校转型发展的现实选择，要在制度上为校地互动和产教融合提供保障，要增加投入，搭建平台，建立政校企合作联盟；要以应用性项目为载体，推动校地互动与产教融合。

第二，向创业型大学转型。翁默斯（2012）在《我国地方院校向创业型大学转型的多案例研究》中提出，创业型大学不是研究型大学的专利，创业型大学的多样性以及地方院校的生存遇到困难昭示着创业型大学是地方院校转型的一种战略选择。何毅（2013）在《建立创业型大学：地方大学转型发展的路径选择》中提到，创业型大学是特定时期"学术－市场－政府"三者权力模式变迁在大学发展模式上的反映。地方大学向创业型大学转型是既充满挑战又值得把握的良好契机。提出地方大学向创业型大学转型的要素是：具有高度的办学自主性及内驱的改革动力；在科学的评价体系引导下确立多元化的发展定位；确立高等教育市场化生存的大学经营策略；牢固树立为地方经济社会发展服务的发展战略。向创业型大学转型没有向应用技术大学转型一样，被关注得较少。张荔（2015）在《西方创业型大学发展对我国应用型大学战略转型启示研究》中，对创业型大学的兴起和发展脉络进行梳理，提出政府对学术创业给予政策和财政支持；官产学研结合促进知识产业化；营造创业创新的社会文化环境；大学开设创新的组织结构；高校寻求资金来源多样化。

1.5.3 创业型大学相关研究

对创业型大学的研究既有伯顿·克拉克引领的创业型大学转型发展理论，又有埃茨科威兹引领的大学、政府、产业"三螺旋"理论，这两个理论与本研究的校地合作、转型发展主题契合，需要进行深入的文献解读，以获得研究启迪。

1.5.3.1 创业型大学影响因素

内外部因素。Maribel Guerrero（2012）在《创业型大学的发展》中对创业型大学发展的内外部影响因素进行研究，发现外部影响因素分为正式与非正式影响因素，其中正式影响因素包括创业组织和政府结构、创业支持措施和创业教育；非正式影响因素包括大学和社会对创业的态度、创业教育方法、角色模型和奖励制度。内部影响因素分为资源型和能力型。资源型影响因素是大学的人力、物力、商业化因素；能力因素为大学的声誉地位、网络和地理位置。包括人力资本、金融资本、技术资本、社会资本、地位和声望。Latif Karimi

Sooreh（2011）在《定义与衡量创业大学：以重要绩效分析与 TOPSIS 法探讨伊朗情境》中基于伊朗的大学建设情况，对创业型大学的概念进行定义和操作化，研究发现，影响创业型大学建设的因素包括外部因素和内部因素。其中外部因素包括创业组织和政府结构、社会对创业的态度、创业扶持政策、创业教学方法、创业教育、创业汇报等；内部因素包括大学内部的资源和内部能力，内部资源包括人力资源、学科资源、科学研究资源、商业资源，内部能力包括学校所在的区域、网络、学校声誉等。通过内外部因素的作用，输出教学、研究、创业活动的结果。

环境因素。Maribel Guerrero，David Urbano（2014）在《两个欧洲地区创业型大学：案例研究比较》中，运用案例研究方法，对欧洲地区两所创业型大学进行研究，发现创业型大学通过探索、评估、利用、转化等相应的策略和关键性活动，为社区提供创业的氛围，为地区经济和社会发展服务，是天然的孵化器。该研究把影响创业型大学建设的制约因素总结为环境因素，环境因素指大学为支持创业活动创造的环境，如创业组织与治理结构、创业支持措施、创业教育课程、创业态度、角色模型和奖励制度。

社会因素。Jozsef Beracs(2014)在《大学改革中的新兴创业型大学：社会经济环境的调节作用》中对大学向创业型大学改革的特点进行分析，发现社会发展和创业氛围是影响创业型大学的因素，经济发展中的市场导向和创业导向是发展动力，具有创业精神是创业型大学改革的关键。Monica（2010）提出，在创业型大学的背景下，新的利益相关者和角色已经出现。社会对大学的创业支持服务表现在：创新管理整合模式、营造创业文化支持创新创业、企业家的金融支持、对初创公司的业务支持。

组织管理因素。Donald S.Siegel（2007）在《大学创业活动的兴起：组织与社会意义》中从组织管理的角度，对大学创业活动的兴起进行研究，发现大学技术转移办公室、衍生公司、学术企业家、大学中的创业行为，都是构成大学创业活动的元素。细化来看，资金引入、报酬激励、研究人员水平、鼓励学术创业、地域因素、管理的边界，都是当前创业型大学管理需要注重的因素。

教师因素。Arianna Martinelli（2008）在《成为创业型大学：一所中型研究型大学知识交流关系与教师态度的个案研究》中对一所向创业型大学转型的研究型大学中教师的创业态度进行研究，研究发现教师在开展大学-行业合作的过程中，对技术转让的态度和实践守则的意识影响其创业行为。教师尤其是研究人员，是创业型大学的重要构建要素。Johanna Hakala（2009）在《学术界的未来——创业型大学的初级研究者》中对创业型大学的研究人员进行研究，提出研究人员是创业型大学的重要构建要素，研究人员在大学的创业取向下考虑这些问题：我应该做什么样的研究，我应该优先考虑什么样的任务，我是否做得足够好，是否符合预期。Barbara Kalar（2015）在《四个欧洲国家的创业型大学、学术活动、技术与知识转移》中对四个欧洲国家的创业型大学的学者对大学开展创业活动的态度进行研究，研究表明自然科学领域的学者比社会科学领域的学者更多地认可该学科领域卷入创业活动中，院系对创业活动的认可态度会影响是否从事创业性活动。

研究经费及来源因素。Joshua B. Powers（2004）在博士论文《高等教育学术创业：机构对大学技术转移绩效的影响》中对大学中的创业活动进行研究，发现研究经费来源、政策制定和大学的技术转移有密切联系，如《拜杜法案》和随后的立法行动，激发并提高大学进行应用研究的兴趣。研究建议，在一些创业氛围不太浓的国家，要加强对中小企业创新的资助，并与大学发展伙伴关系，要促进发展新的风险投资基金，消除技术转让的法律障碍，保障大学教师参与创新创业的权益。

1.5.3.2 创业型大学组织管理

（1）国外学者对创业型大学组织管理的研究

创业型大学组织管理5个核心要素。伯顿·克拉克（1998）最早在《建立创业型大学：组织上转型的途径》中提出创业型大学组织管理的5个核心要素。第一，一个强有力的驾驭核心。大学需要一种更加有组织的方法，重塑它们制定计划的能力。第二，一个拓宽的发展外围。走出校门兴办研究中心或办事处，从事知识转让、工业联系、知识产权开发、继续教育、资金筹措以及校友事务。第三，一个多元化的资助基地。来自政府的资助减少后，通过更加强有力的手段筹措经费，产业界、慈善基金会、知识产权版税收入、学费和校友捐赠等均可成为多元化资助的组成部分。第四，一个激活的学术心脏地带。大学的院系是大部分学术工作开展的场所，它们是否接受转型是至关重要的。第五，整合的创业文化。像高科技企业一样，创业型大学也需要创业文化的引领。伯顿·克拉克从组织转型的角度，用五个方面把创业型大学的核心要素概括出来，对未来的创业型大学研究影响深远。

创业型大学组织管理的冲突。Williams Gareth（1994）在《高等教育机构创业主义的国家政策背景概述》中对创业型大学的冲突进行研究，发现国家、市场、学术三者的关系存在三种形式：第一种形式是国家处于学术与市场中间，学术与市场产生对立的冲突关系；第二种形式是国家、学术、市场分别为三个不同的方向，各不妥协；第三种形式是学术与市场形成对立冲突关系，国家处于其中起缓冲作用或加剧作用。Williams 对创业型大学的冲突进行研究，本质上是梳理国家、学术、市场三者的关系，在创业型大学组织管理方面，确实存在三者关系的强弱、消长。

创业型大学内部价值。Tatiana Sotirakou（2004）在《应对创业型大学内的冲突：对英国院系负责人的威胁和挑战》中提出，创业型大学内部的价值的改变，对其结构治理模式的变化产生影响。创业型大学在与政府、产业合作的过程中，催生出来一些新型组织，如创业型大学通过内部设立的技术转移部门、孵化器、大学—产业合作研究中心来实现创业活动。这些组织与母体大学的关系、组织内部的管理机制、组织的创新创业行为，以及与地方合作的机制等都是需要进一步研究的。Tatiana Sotirakou 提出的新型组织，普遍称为中介组织，中介组织是创业型大学的标志性组织，由于内部价值发生变化，催生出各种类型的中介组织。Merle Jacob（2003）在《瑞典大学制度中的创业变革：以查尔默斯技术大学为例》中对瑞典大学制度中的创业变革进行研究，以查尔默斯技术大学为例，对大学组织的灵活性和多样性对创业型大学建设的影响进行剖析，提出要设计一个整体的结构来支持以科学研究为基础的创业，要交流并支持创业价值的变革。如以大学为基础的研究的普遍价值是，创新是衡量的标准，如知识的进步；提供新的条件进行进一步的科学研究；提高或加深对过程的理解。而商业创新的价值是：新的应用技术产生的商业回报。Merle Jacob 提出创业型大学要以创新为价值，因为创新是科学研究的终极追求，而商业价值之间必然会产生一定的冲突和矛盾。

创业型大学的转型动力与管理核心。Henry Etzkowitz（2003）在《研究组作为准企业：创业型大学的发明》中研究了创业型大学转型的动力，指出缺乏研究经费是一些大学转向创业型大学的动力，企业家精神是社会文化心理在组织中的映射，并提出了创业型大学线性、反向线性和交互式创新的方式。大学成为知识生产、创业精神和工业制度的来源，科学研究模式随着大学的创业而改变。Maribel Guerrero（2014）提出，创业型大学管理的核心是打造多功能团队的能力，要实施创业教育计划，让教师或者学生加强创业技能和能力。要支持学术成果的转化，如建立技术转让办公室；要改善大学内部创业文化，形成创业价值；要让校友或企业家成为大学生创业者的榜样；要允许教师、学生充分参加各种类型的创业活动；要设立奖学金鼓励大学生创业；要给予完善的金融服务，孵化教师或学生的初创企业；运用社会资本，如公立或私营组织，促进大学-工业-政府的合作模式的形成；要促进区域发展的重要基础设施建设，增加投资者在该地区的投资兴趣，促进区域创新创业。

创业型大学组织发展策略。Peter Schulte（2004）在《创业型大学：制度发展战略》中对创业型大学作为一种组织发展策略进行研究，提出创业型大学必须承担起两个任务：第一，培养未来创业者、创业精神，以及在各学科领域中具有创业潜质的学生。第二，它必须以创业的方式运作，组织企业孵化器、技术园区以及类似的组织。通过这些组织，协助学生和校友建立企业。创业援助资金将用于新的初创企业。因此，创业型大学有助于其区域的发展。Peter Schulte 提出创业型大学必须以创业的方式运作，主要基于三个方面的考虑，一个是开展创业教育，如学生的创业教育、校友参与的创业指导；二是大学的科研技术转化，通过孵化企业，获得资金和利润；三是培养学生和教师的创业精神。从大学内部组织发展的角度来说，创业型大学通过以创业方式的运作，实现了教学、科研工作的创业化特色，并拉动区域经济的发展。David A. Kirby（2006）在《在英国创建创业大学》中应用创业理论对英国大学创建创业型大学的实践进行研究，提出要使英国大学建构创业发展的认知模式，从管理的角度，采取以下行动：学校上下要做到认可创业型大学的理念，要树立优秀创业教工的榜样；要实现法人化，即对院系、个人的创业行为做出法律认可；要鼓励和支持创业行动，如支持院系创办衍生企业、孵化企业和其他创业活动；要对院系和教师的创业行为进行鼓励，如股权、奖励资金等；要对学校教师或学生的创业行为予以鼓励，如举办商业计划大赛、创业大赛，等等。Alexander Styhre（2010）在《软化的官僚主义：在创业大学中适应新的研究机会》中将创业型大学定位为一种"软化"的官僚组织。从历史上看，大学制度是一种有组织的官僚形式，其特点是在大学的层次结构中，教师、学校、部门和研究团体具有职能作用；在向创业型大学转变的过程中，组织从层次化结构向网络化组织管理转型。Alexander Styhre提出的组织从层次化结构向网络化组织转型是指，原有的教师、学校、部门和研究团队，因为需要相互合作、相互配合，并应对外部环境的需求和变化，实现网络化组织的转型，在于实现交叉学科建设、交叉科学研究、交叉科技成果转化。除此之外，更要与外部机构加强联系，实现网络化管理。

创业型大学的规划与设计。Federico Cosenz（2013）在《创业型大学：对规划设计的主要管理和组织特征的初步分析》中对创业型大学组织管理和规划设计进行研究，提出由于预算的限制，国家政府不再全力支持高等教育机构，市场化趋势不可避免。引起大学向创业型大学转型的原因有，经济危机、高等教育竞争、创新发展。由于大量的公共资源的投入没有产生相当的研究和教学质量，创新、技术一致被认为是面对全球挑战真正的驱动力。从大学管理的微观角度研究了行政运行的机制，并从资金、投资、直接实现和非直接实现四个方面研究了创业型大学的管理程序。从学术利益相关者、学术治理的角度分析创业型大学管理系统，提出知识的增长与技术转移应该放在一个框架内，为达到创业型大学教育和知识增进的需要，有必要让大学与其他机构互动，以达成资源共享。Rómulo Pinheiro（2014）在《创业型大学设计：全球理念的诠释》中对创业型大学的规划设计进行研究，提出要将大学变为更具竞争力的组织，需要培养能够促进经济的发展、跨学科的合作与创新，解决各种利益相关者的需求，提高效率和透明度，要将大学从松散耦合组织变成战略组织者，创业型大学已经成为当代高等教育系统应对问题的解决之道。Rómulo Pinheiro 提出，创业型大学要关注多元化筹资，战略资源的配置，强化中心和指导核心，跨学科与多学科合作，教学与研究的合作以及技术转移与协作。建议在创业型大学管理上要重组学术活动在传统组织方式上的协调，要重新定义角色和职责并重新进行资源分配。在管理结构上，要从熟悉的地方挑选许多元素，组织研究中的矩阵结构；矩阵结构的目的是切割跨越各种水平和垂直功能区，处理多个冲突目标。

（2）国内学者对创业型大学组织管理的研究

创业型大学管理实践。刘叶（2010）在博士论文《建立创业型大学：管理上转型的路径》中以华中科技大学为例，对创业机会、创业资源、创业团队、创业价值、创业文化进行分析，建构高校创业型大学管理的模型。温正胞（2008）在博士后论文《创业型大学：比较与启示》中对创业型大学的生存实践进行研究，发现从规范性到功利性是创业型大学的选择；公司式的路径是创业型大学转型的组织转型方式；品牌经营、市场开发与营销、质量认证与管理体系开发、利益相关者分析和多元化的资金开发与成本控制是创业型大学的创业策略。彭绪梅（2008）的博士论文《创业型大学的兴起与发展研究》中对创业型大学"三螺旋"模式中的选择、内部系统构建进行研究，提出把创业型大学科研创新平台的组织再造，以及技术转移作为知识应用系统的主干的观点。伍醒（2011）在《创业型大学的科研特征及其改革意义分析》一文中对创业型大学的科研特征进行研究，发现价值导向功利、学科界限模糊、突破单一的学科评价标准和科研资金渠道多元化是其科研特征，这样的益处是避免科研发展的同质化倾向，增强科研发展的自主性，重构科研组织，改革知识产权管理制度、科研评价和奖励制度等科研制度。

创业型大学管理创新。王军胜（2013）在《协同创新与创业型大学的互动与互构》一文中从协同创新机制的视角出发研究创业型大学，发现两者之间在行动主体、组织载体、组织文化、经费来源、运行方式、实现方法与价值目标等方面存在许多共性。二者应实现五个方面的"互动"：组织的互动，如推进组织功能的衔接与资源共享；文化的互动，如促进协同、创新、创业的相互激荡；人才的互动，如加深高层次人才的汇聚与交流；目标的互动，如实现组织的可持续发展；经验的互动，如倡导组织发展中的学习与提升。刘永芳、龚放（2012）在《创业型大学的生成机制、价值重构与途径选择》中提出，大学、政府和市场三方相互作用、大学职能变迁和大学内部的权力制衡，是欧美创业型大学的主要生成机制。创业型价值观反映了传统学术价值观中的核心价值理念与服务经济的社会责任意识、市场导向的绩效理念的磨合与兼容。知识创新、技术转移与组织转型的协同，学术自由、大学自治与社会责任的结合，大学与政策制度环境的互动，结合自身个性转型的策略选择是建立和发展创业型大学需要特别关注的四个问题。张鹏、宣勇（2011）在《创业型大学学术运行机制的构建》中提出创业型大学组织柔性的概念，即强调组织柔性的实现与生产效率的提高，创业型大学学术运行机制的变革应当围绕学科、任务与平台三大核心要素展开，构建基于学科、面向任务整合资源的矩阵型组织结构。

1.5.3.3 创业型大学运作模式

（1）国外学者对创业型大学运作模式的研究

创业型大学的运作模型。Aidin Salamzadeh(2011)在《对创业型大学的系统框架：在伊朗环境中的IPOO模型》中对创业型大学的系统框架进行研究，提出IPOO模型。研究发现，创业型大学可以定义和描述为一个动态的系统，它包括输入（Input）：包括资源、文化、规章制度、结构、任务、创业能力，以及预期的社会、行业、政府和市场；过程（Process）：包括教学、研究、管理流程、物流流程、商业化、选择、资金和财务流程、网络、多边互动、创新、研究和开发活动；输出（Output）：包括企业家人力资源、有效的研究与市场需求、生产线的创新和发明、创业网络、创业中心；结果（Outcome）：包括创业型大学的其他产品和产出。Aidin Salamzadeh 较好地将创业型大学的资源利用、管理过程、产出和结果用 IPOO 模型的形式表述，对创业型大学的组织模式进行科学的分析。

创业型大学的模式剖析。Henry Etzkowitz（亨利·埃茨科威兹，1995）构建了创业型大学的三螺旋模式，并强调其在区域经济发展中发挥的作用。Henry Etzkowitz（2011）在《三螺旋：科学、技术与企业家精神》中指出，大学、产业和政府之间将科学研究转化为经济和社会发展的关系超越了资本主义与社会主义界限，大学在向知识型社会过渡中创造经济和社会发展平台。大学、产业和政府机构以及内部组织层面的根本变化，构成了以科学技术和企业家文化为基础的新型创新环境。如何创造条件建立高科技企业，通过私人和国家风险投资连接大学与公司的形成，成为国家和地区经济发展政策的核心问题。三螺旋模型是大学、政府和产业之间的互动，促进知识资本化，加快创新进程，加快制度间的新形式整合。作为三螺旋推进器的创业型大学，转变成公认的技术、人力资源以及各种知识的来源，造就了它正式的技术转移能力，而不是仅依靠非正式的对外联系。创业型大学利用在先进科学技术领域的研究和教学能力去形成新的公司，同时也把其教学能力从教育个体拓展到形成于创业教育和孵化项目方面的新组织。在科学研究方面，知识资本化改变了科学家对待研究成果的方式。三螺旋模型的标志是，大学、产业和政府形成混合组织平台，如风险资本公司、技术转移办公室、孵化器和科技园等，通过三个螺旋要素的整合创造出促进创新的新型组织形式。Henry Etzkowitz（2011）在《科学的规范性变化和三重螺旋的诞生》中提出，创业型大学形成伴随学术科学规范性的改变，学术科学规范性变革的过程使创业与知识进步相适应。从工业到知识经济的过渡中，大学-产业-政府三位一体的相互作用的出现和大学-产业-政府之间的合作被看作是创新趋势。大学作为工业和政府的平等合作伙伴，在促进技术创新和经济发展方面居于社会的中心地位。学术科学规范性的改变来自于行业的推动，创业型大学与工业的联系日益亲密，大学的改变较多地来自行业的要求，科学家根据行业要求掌握研究方向和主题，大量的资金从行业流入大学。学术界、产业界和政府机构领域的转型和相互关系越来越多地形成了国家和地区层面的创新动力。Henry Etzkowitz（2013）在《创业型大学剖析》中对创业型大学的模式进行详尽的剖析，提出在从工业转向知识型社会的过程中，产业集群和地区发展越来越依赖大学及其研究、教育和创业能力。促进经济、社会和区域发展，成为创业型大学在教学、科研之外的第三要务。Henry Etzkowitz认为，创业型大学发展经历几个阶段。第一个阶段是创业型大学利用自身资源寻求发展，如通过捐款、学费和补助金收入获得发展能力。第二个阶段，创业型大学在教职员工和学生活动产生的知识产权商业化方面发挥积极作用。在这个阶段，大学建立技术转移机构将科学研究成果转化。如牛津大学和剑桥大学，具有良好的学术科研基础，很快成为区域创新创业的领导者。第三个阶段，创业型大学采取积极的措施，与产业和政府的行动者合作，提高区域创新环境的效能。创业型大学在建立这些关系的基础上提升地位，在区域创新方面发挥战略作用。麻省理工学院开发了目前大多数学术与行业关系的模式，将咨询、专利、企业组建引入知识型区域的发展战略。斯坦福大学则是通过工程学院，在大学周围创造新的行业，通过发展工程学院使行业拥有技术基础。随着制度领域的距离的缩小，大学与知识社会越来越多地形成双向的影响力。

（2）国内学者对创业型大学运作模式的研究

第一类是伯顿·克拉克的创业型大学模式。邹晓东等（2011）在《创业型大学：概念内涵、组织特征与实践路径》中提出，伯顿·克拉克的研究路径是将大学作为一个能动的组织主体，关注的是大学这一组织如何像企业那样进行创业、革新，以应对外界环境的变化，这是大学组织上转型和大学进取与变革的路径。刘奕涛（2010）在《伯顿·克拉克"创业型大学"思想述评》中提出，伯顿·克拉克将转型视为一个持续进行的过程而非终点。创业型大学的转变需要持续变革的动力系统的推动，转型需要一种结构变革动力并且发展一种整体上乐于接受变革的内部氛围。陈霞玲、马陆亭（2012）在《创业型大学运行模式的比较与启示》中对伯顿·克拉克书中的沃里克大学进行案例分析，为了应对经费的削减，沃里克大学与外围的许多单位共同发展，并获得了组织地位。沃里克大学积极致力于大学与工业的合作，大力发展商学院、科学园区，以实现创收的理念。刘叶（2010）在《创业型大学的发展之道：以沃里克大学为例》中提出，沃里克大学通过建立学术与创业相互促进的组织管理体系实现机制创新；通过建立学术与创业双赢的管理体制实现体制创新；通过建构扁平化的组织结构实现学术自治、自主创业的组织保障。

第二类是埃茨科威兹的创业型大学模式。王孙禺、袁本涛等（2007）对亨利·埃茨科威兹的《麻省理工学院与创业科学的兴起》进行翻译，是国内最早译介麻省理工学院如何从一所赠地学院发展成世界著名理工科大学的历程。该书对麻省理工学院不同发展时期的创业行动进行研究，对MIT成为创业型大学的发展动力进行研究，发现：专利申请、专利管理、从科学中诞生产业、风险投资公司的创立、技术转让制度的推广是MIT成为创业型大学的模式。MIT通过与企业建立关系，与政府和军方建立关系，重塑了大学的角色和职能。通过内部专利管理制度的建立，鼓励创办新公司，参与创建风险投资公司，为MIT的发展打下坚实的基础。MIT在知识创造、知识传播、知识应用三方面构筑坚实的物质文化体系，保障学术创业的基础。王雁（2005）在博士论文《创业型大学：美国研究型大学模式变革的研究》中研究了创业型大学的组织与运行机制，将麻省理工学院、斯坦福大学等高校的组织和运作机制作为案例，研究了大学内部的跨学科组织、官产学边界跨越合作组织、大学的技术管理组织。其中官产学边界跨越合作组织包括大学-产业合作研究中心、工程研究中心、科技中心、国家实验室、大学研究园区、企业孵化器、高新技术咨询中心、师生创办的高技术企业。大学的技术管理组织有：校内的技术授权办公室、技术转移办公室；校外的研究基金会。技术转移的流程与模式、官产学合作的机制，也作为研究重点。易高峰（2011）在博士论文的基础上著有《崛起中的创业型大学——基于研究型大学模式变革的视角》，以美国为例，作者对创业型大学的发展模式进行研究，指出区域三螺旋空间是创业型大学的主要发展模式，并建构了G—U—I创业型大学发展模式。创业型大学与地方政府共建研究院模式、与企业共建创新创业平台模式、衍生企业模式、科技园模式。

1.5.4 当前研究存在的问题及未来的方向

通过对高校校地合作影响因素、机制构建、组织管理的文献进行梳理，发现当前对高校校地合作的研究存在以下问题：第一，研究不够全面，不够深入，不成体系。当前的研究多较为浅显，对校地合作影响因素的研究不够全面，对机制的探讨不够深入，对校地合作影响因素、机制、运作模式、组织管理等的研究不成体系。第二，研究缺乏理论支持。当前的校地合作研究多为从实践出发总结实践经验的研究，理论基础较为薄弱。第三，未能与转型发展实际相结合。当前的研究未能与转型发展的背景融合，也未能将校地合作管理与转型发展相结合。

通过对地方大学转型发展的动因、存在的问题和转型的方向和路径的文献进行梳理，发现当前对地方大学转型发展的研究存在以下问题：第一，研究较为宏观，多为政策性研究。对地方大学转型发展的动因分析多为对国家政策、经济发展、高等教育发展等因素的探讨，较少从高校自身发展的角度进行研究。第二，对转型发展的研究不够深入。一些研究浅尝辄止，缺乏对转型的方向、路径和措施的深入研究。第三，缺乏将转型发展与地方大学校地合作相结合的研究。当前研究主要集中在转型发展的宏观研究，缺乏将转型发展与校地合作相结合的研究。

通过对创业型大学影响因素、组织管理、运作模式的相关文献进行梳理，发现当前的研究存在以下问题：第一，缺乏对中国创业型大学实践的研究。当前研究案例多来源于欧洲、美国的大学，缺乏对国内的创业型大学建设实践的研究。第二，缺乏对中国特色创业型大学组织结构的研究。当前研究如"三螺旋"模式，多建立在美国的经济社会发展背景下，对中国的大学-政府-产业的关系探讨不足。第三，研究方法多以文献综述、比较法、案例法为主，缺乏实证研究。第四，缺乏将创业型大学的理论、思路运用于地方大学校地合作、转型发展的研究。

本书将把握以下几点：第一，深入研究地方大学校地合作的影响因素、利益主体、机制构建、创新机制、运作模式和管理机制，探究地方大学转型发展的方式。第二，运用混合研究方法，全面、深入、成体系地研究地方大学校地合作，形成地方大学校地合作管理机制模型。第三，将创业型大学理论与实践运用于地方大学校地合作、转型发展的研究。

1.6 研究问题

通过文献综述，在前人研究的基础上，提出以下研究问题：地方大学通过校地合作，从原来的大学—地方的松散关系，变成大学—地方的紧密关系。在这一动态发展过程中，地方大学校地合作的机制是如何建构的？

通过文献综述，在前人研究的基础上，本研究提出以下研究问题：

第一，地方大学校地合作的影响因素有哪些？

具体包括以下子问题：地方大学校地合作有哪些影响因素？各影响因素的重要性如何？表现如何？

第二，地方大学校地合作利益主体是怎样构成的？

具体包括以下子问题：地方大学校地合作的过程中，有哪些利益主体？不同利益主体分别扮演什么角色？重要性如何？地方大学、政府、企业在校地合作中扮演什么角色？

第三，地方大学校地合作机制是怎样建构的？

具体包括以下子问题：地方大学校地合作过程中，政府、地方大学、产业、中介组织之间形成怎样的机制？构建的新机制有哪些？办学资金来源与校地合作机制有什么关系？地方大学具体形成什么样的创新机制？地方大学、政府、企业创新角色有何不同？地方大学在校地合作中形成怎样的创新网络？地方大学如何在校地合作中开展协同创新？

第四，地方大学校地合作运作模式是怎样的？

具体包括以下子问题：地方大学校地合作运作模式有哪些？具体有哪些案

例？不同运作模式的管理特色、运行机制、组织特征是什么？存在的问题是什么？

第五，地方大学校地合作管理机制是怎样的？

具体包括以下子问题：地方大学校地合作管理机制模型是怎样的？管理因素有哪些？管理变革有哪些？对地方大学校地合作管理有何启示？

第六，地方大学如何通过校地合作实现转型发展？

具体包括以下子问题：地方大学通过校地合作实现转型发展的必要性有哪些？转型发展的途径是什么？对地方大学转型发展有何建议？

六个子研究之间的逻辑关系，如图1.6所示。

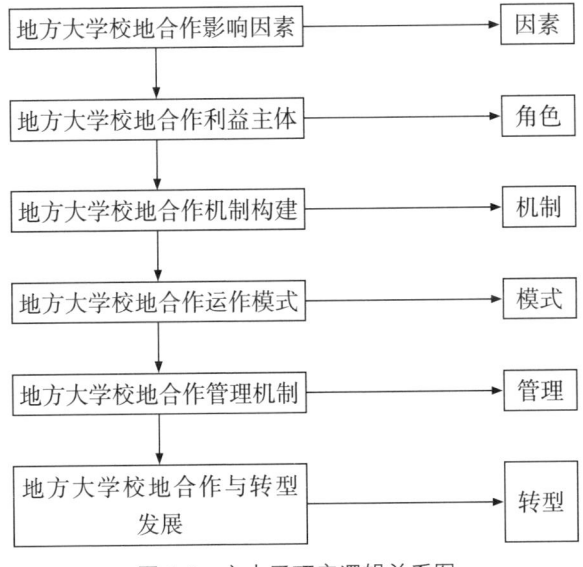

图1.6 六大子研究逻辑关系图

第 2 章　研究方法与样本介绍

2.1 研究方法

2.1.1 文献研究法

通过文献研究法，提炼总结"三螺旋"理论、资源依赖理论和创新网络理论三个理论基础。对校地合作、地方大学转型发展和创业型大学做详尽的文献研究。主要从影响因素、机制构建、运作模式三个方面梳理校地合作研究；从转型发展的动因、存在的问题、转型发展的方向和路径三个方面梳理地方大学转型发展研究；从影响因素、组织管理和运作模式三个方面进行文献梳理。熟悉理论基础和相关研究文献，为深入分析、研究做好准备。

2.1.2 问卷调查法

在研究访谈资料的基础上设计调查问卷，实施问卷调查。对地方大学校地合作影响因素、利益主体、机制构建、运作模式等情况进行调查。问卷调查以广东省内几所地方本科院校为调查范围，分别是：肇庆学院、韶关学院、惠州学院、广东石油化工学院、嘉应学院、东莞理工学院、韩山师范学院。调查对象为院校管理人员，包括校领导、职能部门的主要管理人员和二级学院主要管理人员。问卷采用封闭式调查问卷。

2.1.3 访谈法

通过对地方大学管理人员进行访谈，运用质性研究扎根理论，建构地方大学校地合作影响因素概念模型。通过深度访谈，对地方大学校地合作利益主体的界定、角色扮演和相互关系进行分析，并建构地方大学、政府、企业角色概念模型。运用扎根理论的方法，对地方大学校地合作过程中政府、地方大学、产业、中介组织相互之间形成的机制进行研究。访谈对象为广东省内地方大学管理人员，有肇庆学院、佛山科学技术学院、东莞理工学院、惠州学院、嘉应学院、广东石油化工学院、白云学院等地方大学的 55 名中高层管理人员。运用 Nvivo10.0 软件进行词频分析和逻辑分析。

2.1.4 案例分析法

通过案例分析法对地方大学校地合作运作模式进行研究，总结归纳校地合作的类型、模式和运作方式。案例选取采用"相互独立，完全穷尽"的抽样原则，选择广东省范围内的地方大学校地合作案例，总结地方大学校地合作的模式。案例地方大学有：肇庆学院、广东石油化工学院、白云学院、广东海洋大学、岭南师范学院、佛山科学技术学院、五邑大学、东莞理工学院、广东金融学院、惠州学院。

2.1.5 数理统计法

运用数理统计法对问卷调查的基础数据进行处理，主要采取描述性分析、相关性分析、多元线性方程、因子分析和结构方程模型等数理统计方法。采用 SPSS23.0 进行基础数据分析，运用社会网络分析程序 UCINET6.3 分析学校之间的联系，运用 AMOS21.0 进行结构方程模型的建构。

2.2 研究方法设计

本研究主体采用定性研究与定量研究相结合的混合研究设计。混合研究设计在教育管理研究中逐渐成为趋势，主要原因在于教育管理的特殊性。通过混合研究设计，可以将教育管理实践中的经验转化为规律，并指导实践。混合研究设计指将定量研究与定性（质性）研究相结合，来开展研究。混合研究设计中，定量研究和定性研究的顺序关系主要分为两类，一类是确证性研究，一类是探索性研究。

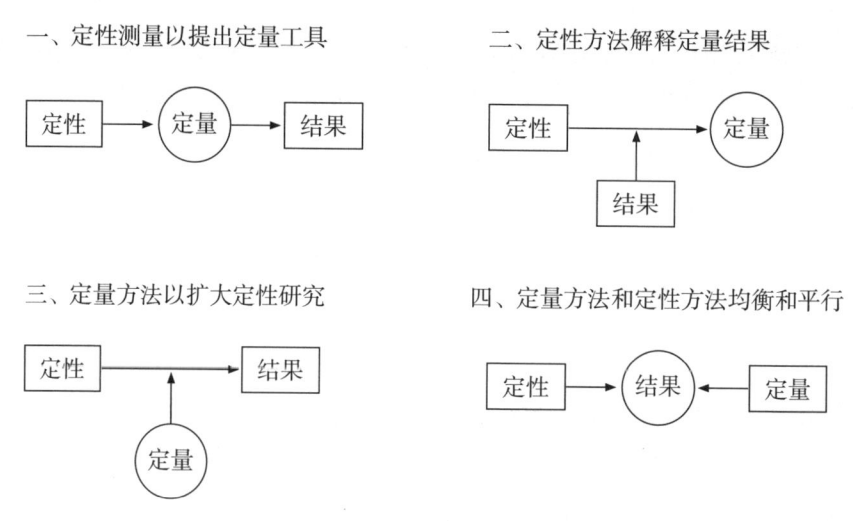

图 2.1 定性方法与定量方法相结合混合研究设计类型

定量和定性研究方法相结合的分类如图 2.1 所示，第一类情况为定性测量以提出定量工具。即先开展定性研究，然后在定性研究的基础上开展定量研究，得到研究结果。第二类情况是定性方法解释定量结果。即开展定量研究，用定性研究来解释研究结果。第三类情况是定量方法以扩大定性研究。即先开展定性研究，后开展定量研究，定量研究为定性研究的补充，来完善定性研究。第四种是定量方法和定性方法均衡和平行。即定性和定量研究同时进行，进行三角互证。

表 2.1 研究方法分章节设计表

章节	分章节研究方法设计
第一章 引言	运用文献研究法，对选题依据、研究背景、理论基础、现有研究、研究问题等进行梳理。
第二章 研究方法与样本介绍	对研究方法、研究设计、研究实施、效度信度检验、问卷样本进行总结。
第三章 地方大学校地合作影响因素	运用质性研究扎根理论建构校地合作影响因素概念模型；运用相关性分析进行因素分析。
第四章 地方大学校地合作利益主体	运用相关性分析等进行利益主体分析；运用质性研究扎根理论建构地方大学、政府、企业校地合作角色概念模型。
第五章 地方大学校地合作机制构建	运用相关性分析进行校地合作联系紧密度分析；运用社会网络分析法进行地方大学校际合作网络分析；运用质性研究扎根理论对校地合作机制构建进行梳理；运用因子分析法将校地合作机制进行提炼；运用多元线性回归方程建构创新创业、科技创新模型；运用质性研究方法对创新网络、协同创新机制进行阐释。
第六章 地方大学校地合作运作模式	运用多案例分析法研究校地合作运作模式的管理特色、运行机制、组织特征，建构校地合作运作模式理论。
第七章 地方大学校地合作管理机制	运用因子分析建构校地合作管理机制概念模型；运用结构方程模型建构校地合作管理机制数据模型；运用质性研究方法对校地合作管理机制进行解释。
第八章 讨论：地方大学校地合作与转型发展	运用比较法分析讨论地方大学校地合作与转型发展，并探讨地方大学转型发展的方向。
第九章 结论与建议	结论与建议。

2.3 研究实施

2.3.1 深度访谈

本研究在肇庆学院、佛山科学技术学院、东莞理工学院、惠州学院、广东石油化工学院、嘉应学院、白云学院等地方大学对 55 名中高层管理人员进行深度访谈，共获得访谈材料 10 万字左右。深度访谈人员结构如表 2.2 所示。

表 2.2 访谈人员结构

表 2.2-1

学校来源	代号	人数
肇庆学院	ZQU	20 人
佛山科学技术学院	FU	8 人
东莞理工学院	DGU	8 人
广东石油化工学院	SU	8 人
嘉应学院	JYU	6 人
惠州学院	HU	3 人
白云学院	BYU	2 人
共计		55 人

表 2.2-2

职级	人数
正厅级	2 人
副厅级	5 人
正处级	18 人
副处级	10 人
科级	5 人
协同创新项目负责人	15 人
共计	55 人

本研究采用结构访谈法，以便对所有访谈者的观点进行统一归纳和整理。访谈提纲围绕校地合作的影响因素、利益主体、机制构建、运作模式、组织管理来制定，通过面对面的访谈，获得第一手资料。访谈对象主要是地方大学中高层管理人员，如校级领导、处级领导、资深科长。校级领导能够宏观把握高校校地合作情况，体现了他们的治校理念。处级领导、资深科长是高校校地合作的具体操作人员，他们处于管理岗位，能更深切地了解校地合作工作各方面的情况。本研究还针对地方大学积极开展协同创新项目的情况，对项目负责人进行访谈。广东地方大学协同创新项目是学校开展校地合作的典范，负责人在具体工作实践中会遇到困难并获得经验，他们的访谈记录是宝贵的校地合作研究资料。研究选取的 7 所高校，分别是在校地合作工作中具有代表性的高校。如佛山科学技术学院、东莞理工学院正在创建广东省高水平理工科大学，在校地合作方面取得了较大成绩；广东石油化工学院在与石油行业合作中积累了丰富经验；肇庆学院、嘉应学院、惠州学院是地方本科院校，与地方校地合作的过程中既有经验，也有教训；白云学院在校企合作中具有丰富的实践经验。

2.3.2 问卷调查

本研究的问卷设计是在访谈实施之后，主要通过3个维度进行问卷设计。第一，对访谈资料进行了较为深入的分析，通过质性研究方法编码，列出校地合作影响因素，将高校、政府、企业在校地合作中扮演的角色、高校在大学－政府－企业之间的合作中形成的机制在问卷中列出。第二，运用比较法，与伯顿·克拉克、埃茨科威兹的经典理论形成对应，如大学与政府之间的合作关系、高校资金来源、创新地位的形成等。第三，根据校地合作实际情况设计问卷。如校地合作与当地政府部门的联系、与省内高校的联系、校地合作项目开展情况等。

问卷设计完成后，组织专家对调查问卷的内容效度进行评估，根据专家建议对问卷进行了修改。问卷进行了预调查，共计50份，获得较高的效度和信度。其中效度检验Kaiser-Meyer-Olkin测量取样适当性为0.960，Chronbach's Alpha系数为0.970。在肇庆学院、韶关学院、惠州学院、广东石油化工学院、嘉应学院、东莞理工学院、韩山师范学院七所高校组织问卷调查，调查对象为高校管理人员，问卷通过广东省地方大学校办系统发放纸质问卷，填答质量较高。共发放600份问卷，经过严格筛选，获得539份合格问卷，合格问卷回收率为89.8%。

2.3.2.1 调查问卷的效度与信度

对539份问卷进行效度信度检验，获得较高的效度和信度。进行结构效度检验，如表2.3所示，Kaiser-Meyer-Olkin测量取样适当性为0.940；Bartlett的球形检定大约卡方为92928.647，df为17391，显著性为0.000，有较高的效度。

表2.3 调查问卷结构效度表[①]

Kaiser-Meyer-Olkin 测量取样适当性		.940
Bartlett 的球形检定	大约卡方	92928.647
	df	17391
	显著性	.000

---

① 运用SPSS软件计算KMO与Bartlett检定。

如表 2.4 所示，对内部一致性信度进行分析，运用 SPSS 软件计算 Chronbach's Alpha 系数为 0.980，有较高的信度。

表 2.4 调查问卷内部一致性信度表

Chronbach's Alpha	项目个数
.980	186

2.3.2.2 调查问卷样本介绍

本研究问卷调查 539 个样本的学校分布、行政级别、职称分布如下。

如表 2.5 所示，肇庆学院 101 人，占 18.7%；嘉应学院 75 人，占 13.9%；韶关学院 83 人，占 15.4%；广东石油化工学院 50 人，占 9.3%；惠州学院 80 人，占 14.8%；东莞理工学院 78 人，占 14.5%；韩山师范学院 72 人，占 13.4%。

表 2.5 样本学校分布表

样本学校	个数	百分比
肇庆学院	101	18.7
嘉应学院	75	13.9
韶关学院	83	15.4
广东石油化工学院	50	9.3
惠州学院	80	14.8
东莞理工学院	78	14.5
韩山师范学院	72	13.4

如表 2.6 所示，本研究样本正厅级 5 人，占 0.9%；副厅级 8 人，占 1.5%；正处级 116 人，占 21.5%；副处级 213 人，占 39.5%；正科级 95 人，占 17.6%；副科级 42 人，占 7.8%；科员 60 人，占 11.1%。

表 2.6　样本行政级别分布表

行政级别	个数	百分比
正厅级	5	0.9
副厅级	8	1.5
正处级	116	21.5
副处级	213	39.5
正科级	95	17.6
副科级	42	7.8
科员	60	11.1

如表 2.7 所示，本研究样本正高级 91 人，占 16.9%；副高级 186 人，占 34.5%；中级 201 人，占 37.3%；初级 61 人，占 11.3%。

表 2.7　样本职称分布表

职称	个数	百分比
正高级	91	16.9
副高级	186	34.5
中级	201	37.3
初级	61	11.3

2.3.3 案例分析

本研究对广东省地方大学校地合作的运作模式进行案例分析，力求客观、全面。案例分析选取组织模式作为研究视角，主要有三个原因。第一，校地合作运作模式，是地方大学开展校地合作工作的重要依据。研究运作模式，就是研究如何开展校地合作，对地方大学开展校地合作具有指导意义。第二，研究校地合作运作模式具有比对意义，可以与欧美大学进行比较。第三，研究校地合作运作模式可探寻地方大学转型发展道路。从组织管理的角度研究校地合作，可以总结提炼地方大学校地合作工作经验，指导地方大学转型发展。

案例的理论抽样坚持全面、不重复的原则，案例选择广东省地方大学中在校地合作运作模式中表现突出的执行项目，研究执行项目的管理特色和组织特征。案例研究的实施通过查询资料、实地调研、对项目负责人进行访谈等方式开展。本研究进行多案例比较分析，对不同案例的组织模式进行比较，建构地方大学校地合作运作模式理论。如表2.8所示，本研究对地方大学校地合作的模式进行理论抽样，将协同育人平台、协同创新中心、校企合作项目、校产合作项目、校校合作项目、地方文化传承项目、地方研究院、大学科技园、智库、产业学院确定为地方大学校地合作的组织模式理论抽样的结果。选取广东省地方大学在不同模式中综合表现最出色的平台、项目作为案例，分别是：肇庆学院乡村卓越教师U-G-S协同育人平台、广东石油化工学院石化装备安全技术协同创新发展中心、广东白云学院校企合作项目、广东海洋大学水产产业合作项目、岭南师范学院与台湾师范类高校合作、五邑大学侨乡文化研究中心、佛山科学技术学院佛山中科协同创新研究院、东莞理工学院大学科技园、广东金融学院华南创新金融研究院、惠州学院仲恺信息学院。赴肇庆学院、广东石油化工学院、白云学院、广东海洋大学、岭南师范学院、五邑大学、佛山科学技术学院、东莞理工学院、广东金融学院、惠州学院十所院校进行实地调研，访谈案例机构管理人员。

表2.8 本研究案例列表

案例编号	案例
1	肇庆学院乡村卓越教师U-G-S协同育人平台
2	广东石油化工学院石化装备安全技术协同创新发展中心
3	广东白云学院校企合作项目
4	广东海洋大学水产产业合作项目
5	岭南师范学院与台湾师范类高校合作
6	五邑大学侨乡文化研究中心
7	佛山科学技术学院佛山中科协同创新研究院
8	东莞理工学院大学科技园
9	广东金融学院华南创新金融研究院
10	惠州学院仲恺信息学院

2.4 校地合作能力指标测评

校地合作能力指标的测评是根据广东省创新强校工程相关指标加总获得。2014年,广东省教育厅、广东省财政厅印发《广东省高等教育"创新强校工程"实施方案(试行)》,提出广东省高等教育"创新强校工程"实施方案。"创新强校工程"是为加快提升广东省高等教育发展水平,以协同创新为引领,提出的实施方案。通过加强统筹,即加强省级政府统筹,充分发挥协同创新引领作用,积极推进高等教育管理体制和运行机制改革,紧紧围绕国家和省教育规划纲要的战略部署,有效推动广东省高等教育事业科学发展。通过分类指导,把高校分为博士授权高校、硕士授权高校、一般本科高校(公办、民办)几个层次来评估。一般本科高校(公办)的指标从2014年开始在不断完善,到2017年其考核指标的内涵和评分标准趋于稳定。一级指标有:管理体制机制改革、师资队伍、人才培养、学科建设与科学研究、社会服务、综合管理绩效评价。一级指标下面各有分项指标,从这些分项指标中选取与校地合作密切相关的指标,如下:现代大学制度建设、人事管理制度改革、人才培养机制改革、科研体制机制改革、资源配置机制改革、生师比、学历结构、高层次人才引培、教师培养培训、双师双能教师引育、教师交流访学、教师管理及制度建设专业认证、优质专业和课程建设、校企共建专业、教师教学能力提升、实践(实训)教学学分(学时)、校内外实验(实践)教学平台建设、创新创业教育、学分制改革、校企协同育人、信息化建设及国际、港澳台交流与合作、教学成果奖、教学评估、学科技能竞赛、毕业设计(论文)选题、学士学位授予工作质量、省级重点学科的增量(或层次提升)、协同创新平台认定及建设成效、现有或新增高层次科研创新平台及建设成效、制度建设及学术不端行为、重大科研奖励(成果)、师均高水平论文数、师均科技项目经费、社科项目经费或综合科研项目经费、新型研发机构和新型智库建设;技术转移机构、科研成果转化服务平台及其他产学研合作平台建设;有关研究、开发、服务机构的运作及产出情况;发明专利申报授权及专利奖;软件著作权、鉴定的科技成果、横向合作经费、成果转让经费、咨政建言或服务中小学教师专业发展、科研成果转化应用典型案例等指标。

如表2.9与图2.2所示，校地合作能力评分为2016年与2017年两年的平均值。将与地方大学校地合作密切相关的指标遴选出，这些指标的单项得分加总评分为地方大学校地合作能力。被遴选出的指标有：现代大学制度建设、人事管理制度改革、人才培养机制改革、科研体制机制改革、资源配置机制改革、双师双能教师引育、校企共建专业、校内外实验（实践）教学平台建设、创新创业教育、校企协同育人、协同创新平台认定及建设成效、现有或新增高层次科研创新平台及建设成效、重大科研奖励（成果）、师均科技项目经费、新型研发机构和新型智库建设；技术转移机构、科研成果转化服务平台及其他产学研合作平台建设、发明专利申报授权及专利奖；软件著作权、鉴定的科技成果、横向合作经费、成果转让经费、咨政建言或服务中小学教师专业发展、科研成果转化应用典型案例等与校地合作密切相关的指标。

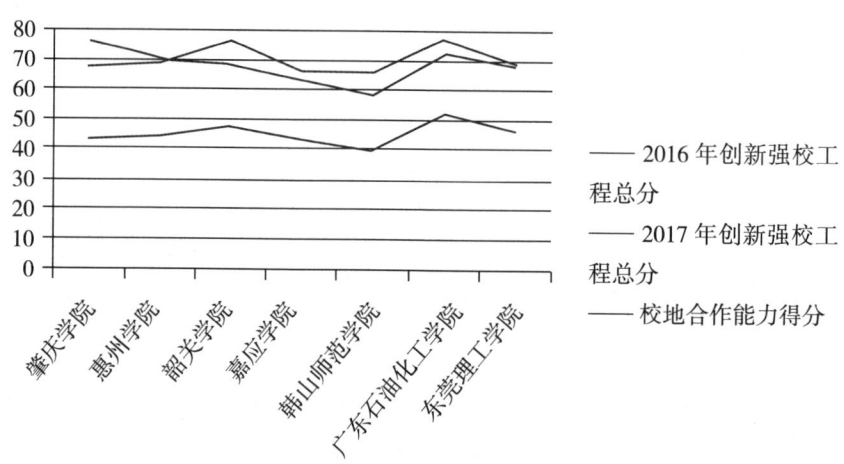

图2.2 七所地方大学校地合作能力得分图

表 2.9 七所地方大学校地合作能力得分表

地方大学	2016年创新强校工程总分	2017年创新强校工程总分	校地合作能力得分
肇庆学院	67.58	75.26	43.07
惠州学院	69.13	70.19	44.01
韶关学院	76.2	68.45	46.99
嘉应学院	66.29	62.84	42.72
韩山师范学院	65.58	58.8	40.09
广东石油化工学院	76.19	71.33	51.27
东莞理工学院	68.25	68.25	46.55

第 3 章 地方大学校地合作影响因素

3.1 地方大学校地合作影响因素概念模型

对地方大学中高层管理人员和省级、校级协同创新项目负责人进行深度访谈，高校管理人员和协同创新项目负责人在校地合作方面有丰富的经验。通过质性研究方法对地方大学校地合作的影响因素进行全面分类、分析。运用扎根理论的方法，自下而上建构理论，通过系统收集数据，通过开放编码、主轴编码、选择性编码的过程，建构校地合作影响因素概念模型。

3.1.1 开放编码

根据访谈过程中出现的与影响因素相关的问答，对每一句话进行概念化。如"与地方学校沟通不是太顺畅""地方能提供什么？我们学校能提供什么"编码为"沟通"；再如"文化上的差异。学校与外界的价值观存在差异"编码为"文化差异"。通过开放编码，找出内容不一的编码。

第 3 章 地方大学校地合作影响因素

表 3.1 校地合作影响因素开放编码词条示例

序号	范畴	编码词条示例
1	沟通	地方大学与地方的沟通不畅，比如地方需要什么？我们能提供什么？（ZU03）
2	需求	主要是地方的需求不明，我们的学科建设、专业的课程设置与地方的需求有差异。（ZU08）
3	文化差异	学校与外界的价值观存在差异。以我们的教师考核制度为例，比如说教师发表文章搞科研与为地方服务是两回事。在考核支撑评定上存在差异。（ZU20）
4	政策制度	肇庆的柑橘产业是支柱产业，我们的服务是针对产业的，地方政府对产业发展有引领作用，包括地方政策的制定。（ZU11）
5	城市环境	深圳、广州的城市环境和肇庆不一样，人文素养、文化品位，决定未来能否合作。城市环境不好，就会失去合作机会。（ZU13）
6	地方文化认同	我到肇庆工作已经有 15 年了，肇庆民风淳朴，是广府文化的发源地，端砚制作、玉器加工等工艺发达。肇庆环境非常好，蓝天白云，有中国最美的绿道。（ZU16）
7	服务能力	我们自身能力不够强，水平不够高，很多学校认识不到位，参与到地方经济社会发展的过程中，能力不够。（ZU05）
8	积极性	地方院校的认识不到位，参与合作的积极性不高。（ZU06）
9	平台建设	需要搭建一个满足供需的平台，需要能够与专业学科对接、满足各方资源整合的平台。例如，可以按照企业需求，整合学校各学院学科和师资资源为企业服务。（ZU07）
10	战略规划	学校要做好顶层设计，要重点发展哪一个学科群，对接哪一个产业，做好战略规划。（ZU03）
11	高校投入	我们对与地方合作的投入力度不够，主要在于方向不明确。比如，从学校建设的角度，教学、科研、社会服务、文化传承，自然会投入。但没有人知道，我们投入到校地合作中会有什么好处？（ZU12）
12	高校自身定位	学校的定位很重要。现在讲应用型大学，什么是应用型大学？是培养应用型人才和开展应用型科研。（ZU09）
13	教师专业水平	教师专业水平不够，使地方企业、地方产业不愿意与地方大学合作。（ZU19）
14	与政府沟通	省市共建搭建了一个与政府沟通的桥梁，没有这个框架，我们与地方政府的合作东一榔头，西一棒槌。有了省市共建的框架协议，政府会重点扶持、发展一些主导产业及其相关学科。（ZU01）

续表：

序号	范畴	编码词条示例
15	合作对接	与企业、产业的对接是关键，这要设立专门机构。学校层面要设立机构对接，二级学院层面要设立机构对接。（ZU02）
16	合作意愿	我们学院非常愿意搭建平台，如建立"肇庆新兴产业科技服务智慧超市"，将企业的问题收集起来，在学院寻求专家、教师为企业集中服务。（ZU08）
17	合作效益	与企业合作产生的效益，是下一步企业是否愿意继续合作的重要因素。如科研合作、人才培养合作，企业也看中效益的。（ZU04）
18	项目质量	一些合作项目，因为质量不高，就停止了。（ZU17）
19	项目匹配	项目匹配很重要，如我们的乡村卓越教师U-G-S协同育人平台，正好与各县区教育部门的需要相匹配，同时也是肇庆学院培养卓越教师需要的平台。（ZU03）
20	项目吸引力	我们建立新能源汽车产业服务平台，这对肇庆市新能源汽车企业是很有吸引力的，开展合作是很顺利的。（ZU07）

3.1.2 主轴编码

主轴编码是二级编码，即通过分类发现范畴。在开放编码中，将编码分为四大类，第一类为内部环境，第二类为外部环境，第三类为机制，第四类为项目合作。将开放编码合并同类项到四大类型编码中，形成四个主轴编码。

3.1.3 选择性编码

主轴编码后，在每一个类别内部，会出现相关的关系，即范畴与范畴之间的关系。通过梳理这些关系，找到能够提纲挈领的核心类属。如"高校服务地方经济社会、企业的能力"为"能力因素"，"高校顶层设计、高校协同平台建设、高校投入"为"管理因素"。如表3.2所示，通过三级编码以后，建构的影响因素模型。

表 3.2　校地合作影响因素三级编码

类别	影响因素	内涵
内部环境	能力因素	服务地方经济社会的能力
	管理因素	顶层设计、平台建设、校地合作投入
	战略因素	自身定位、积极性
	软实力因素	教师专业水平、人才培养水平
外部环境	经济因素	地方经济、产业发展
	政治因素	政府支持、政策制定
	地域因素	城市环境
	认同因素	对高校服务能力的认同
	文化因素	高校与地方价值观
机制	需求因素	明确需求
	沟通因素	与地方政府、企业的沟通
	合作因素	合作意愿、合作经费、合作效益
	对接因素	形成高校与产业、企业的对接
项目	质量因素	项目的质量
	匹配因素	项目的匹配
	吸引因素	项目吸引力

3.1.4 校地合作影响因素概念模型建构

通过三级编码，总结有内部环境、外部环境、机制与项目四个类属，其中内部环境包括能力因素、管理因素、战略因素和软实力因素；外部环境包括经济因素、政治因素、地域因素、认同因素、文化因素；机制包括需求因素、沟通因素、合作因素、对接因素；项目合作包括质量因素、匹配因素和吸引因素。四个类属相互间的关系是：内部环境与外部环境有交互，高校内部环境通过机制与外部的政府、企业开展合作。通过以上分析，可得到高校校地合作影响因素研究模型，如图 3.1 所示。

图 3.1 地方大学校地合作影响因素概念模型图

3.1.5 校地合作影响因素概念模型解释

校地合作影响因素概念模型中内部环境指地方大学针对校地合作的内部环境。其中能力因素指高校服务地方经济社会发展的能力。管理因素指地方大学内部管理，包括顶层设计、平台建设和校地合作投入。战略因素指地方大学自身定位和开展校地合作的积极性。软实力因素指地方大学教师的专业能力、人才培养水平等。地方大学教师专业能力包括教师科技创新能力、高校教师的教学水平、教师服务地方经济社会的能力等；人才培养水平指地方大学人才培养的数量、质量、就业能力等。

外部环境是指地方大学外部与其发生信息交换、工作交互的环境。其中经济因素指地方经济产业的发展。政治因素指政府的支持和政策的制定。地域因素指所在城市的层次，如城市环境、城市发展潜力等都是影响校地合作的因素。认同因素指外部环境对地方大学的认同。如果外部环境对地方大学较为认可，会促进校地合作。文化因素指高校外部环境对事物的价值判断、评价体系、风俗文化等。

机制是指内部环境和外部环境相互之间的交互形成的机理。其中需求因素指与地方大学合作的政府部门、企业或其他组织的需求会影响校地合作。沟通因素指地方大学在校地合作的过程中与政府部门、企业或其他组织之间的沟通。合作因素指相互之间的合作意愿、合作经费和合作效益。对接因素指形成一种机制，促进地方大学与产业企业的对接，尤其是专业与产业之间的对接。

项目是指校地合作项目。其中质量因素指以项目为载体的校地合作质量，包括项目的实施情况、获得的成效等。匹配因素指项目设计是否与双方的诉求相匹配。吸引因素指项目对合作双方是否有吸引力，是否新颖。

地方大学校地合作影响因素概念模型的启示有：第一，需求因素。即地方经济社会发展对地方大学科学技术发展、社会思想发展的需求。政府和地方大学双方都要建设相关机构，了解相互之间的需求。第二，沟通因素。政府和地方大学之间建立定期沟通的机制，使双方的资源、需求、计划得到充分理解。第三，合作因素。相互之间的合作涉及合作意愿、合作经费与合作效益，要使得合作得到最大收益，就要使双方充分合作。要避免合作双方信息不对称，建立合作平台，实现充分合作。第四，对接因素。形成机制成效的关键是实现政府与地方大学对于合作方向、合作能力的对接。要形成机制，促进地方大学与产业企业的对接，尤其是专业与产业之间的对接。第五，项目因素。精心设计校地合作项目，对于校地合作取得成功至关重要。项目设计要注意质量因素、匹配因素和吸引因素。要从地方大学的目标与定位出发，落实项目在校内的负责机构，由该机构组织实施合作项目。如果涉及多方面的合作，要成立交叉合作组织，任命交叉合作组织的负责人，由该负责人实现校地合作网络组织形态管理。

3.2 地方大学校地合作影响因素重要性分析

根据以上理论建构的概念模型中获得的内部环境共计 4 个因素，外部环境共计 5 个因素，机制共计 4 个因素，项目共计 3 个因素，根据实际情况进行进一步研究分析，共获得地方大学校地合作影响因素 20 个，将其设计在调查问卷中，进行重要性打分。

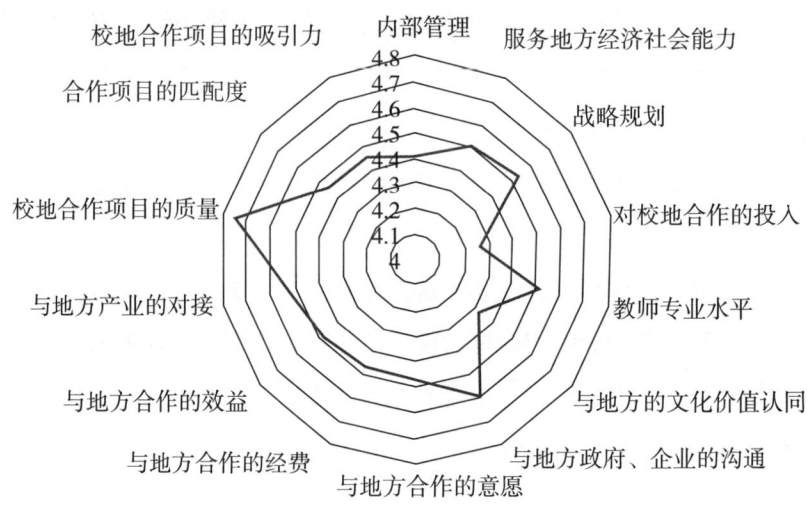

图 3.2 地方大学校地合作重要性打分排序图

表 3.3 地方大学校地合作重要性打分排序表[①]

序号	影响因素	得分	排序
1	高校内部管理	4.408	16
2	高校服务地方经济社会能力	4.492	9
3	高校战略规划	4.525	5
4	高校对校地合作的投入	4.275	20
5	高校教师专业水平	4.499	7
6	高校本科生培养机制	4.511	6
7	地方经济产业发展水平	4.409	15
8	地方政府的支持	4.683	2
9	地方城市配套环境	4.293	19
10	地方对高校服务能力的认同	4.498	8
11	高校与地方的文化价值认同	4.325	18
12	地方对高校合作的明确需求	4.384	17
13	高校与地方政府、企业的沟通	4.586	3
14	高校与地方合作的意愿	4.461	13

① 得分是计算评分与百分比的加权平均数。

续表：

15	高校与地方合作的经费	4.464	12
16	高校与地方合作的效益	4.477	10
17	高校与地方产业、企业的对接	4.529	4
18	校地合作项目的质量	4.743	1
19	校地合作项目的匹配度	4.466	11
20	校地合作项目的吸引力	4.447	14

根据以上排序得分进行分类，地方大学校地合作影响因素的重要性分成5类，重要性排序如表3.4所示。第1类，校地合作项目质量。合作项目是地方大学开展校地合作的载体，地方大学开展校地合作最重要的就是合作项目的质量。第2类，外部环境依赖。对外部环境的依赖是地方大学与外部合作中受制于外部环境的条件，如地方政府的支持及与地方政府、企业、产业的沟通和对接等。第3类，战略规划。战略规划因素是地方大学决定资源投入在哪个方向的战略性决定因素。第4类，服务地方能力。服务地方能力是地方大学拥有的独特的、实力较强的、得到地方认可的服务能力。第5类，组织管理。校地合作的组织管理是高校运用内部权力，在校地合作中调整资源分配和资源投入的因素。组织管理因素包括校地合作效益、经费、意愿等因素，同时包括地方大学对校地合作的认同、需求、投入等。

表3.4 地方大学校地合作影响因素分类排序表

类别重要性排序	因素分类
第1位	合作项目质量
第2位	外部环境依赖
第3位	战略规划
第4位	服务地方能力
第5位	组织管理

地方大学校地合作影响因素分为合作项目质量、外部环境依赖、战略规

划、服务地方能力、组织管理五个因素，每类对应的影响因素如表 3.5 所示。项目质量对应的因素是校地合作项目的质量；外部环境依赖对应的因素是地方政府的支持、高校与地方政府和企业的沟通、高校与地方产业和企业的对接、地方经济产业发展水平、地方城市配套环境；战略规划对应的因素是高校战略规划；服务地方能力对应的因素是高校本科生培养机制、高校教师专业水平、地方对高校服务能力的认同、高校服务地方经济社会能力、高校与地方合作的效益；组织管理对应的因素是校地合作项目的匹配度、高校与地方合作的经费、高校与地方合作的意愿、校地合作项目的吸引力、高校内部管理、地方对高校合作的明确需求、高校与地方的文化价值认同、高校对校地合作的投入。

表 3.5 地方大学校地合作影响因素分类表

因素分类	打分排序	因素
项目质量	1	校地合作项目的质量
外部环境依赖	2	地方政府的支持
	3	高校与地方政府、企业的沟通
	4	高校与地方产业、企业的对接
	15	地方经济产业发展水平
	17	地方城市配套环境
战略规划	5	高校战略规划
服务地方能力	6	高校本科生培养机制
	7	高校教师专业水平
	8	地方对高校服务能力的认同
	9	高校服务地方经济社会能力
	10	高校与地方合作的效益
组织管理	11	校地合作项目的匹配度
	12	高校与地方合作的经费
	13	高校与地方合作的意愿
	14	校地合作项目的吸引力

续表：

因素分类	打分排序	因素
组织管理	16	高校内部管理
	18	地方对高校合作的明确需求
	19	高校与地方的文化价值认同
	20	高校对校地合作的投入

根据地方大学管理人员对校地合作影响因素的重要性的打分情况，将因素分成5个大类。第一，校地合作项目质量。项目质量是决定校地合作质量的重要指标。只有通过实施高质量的校地合作项目，才能有力地推动校地合作。在转型发展的背景下，只有抓好校地合作项目质量，强调合作项目的水平和质量，才能取得成功。第二，外部环境依赖。外部环境依赖是校地合作的重要影响因素，在转型发展前，地方大学对外部环境依赖的需求并不强烈。转型发展以后，地方大学强烈地需要得到地方政府的支持，并努力建设渠道，实现与地方政府、企业、产业的沟通和对接。第三，战略规划。战略规划因素常被忽视。近年来，随着广东省"省市共建"计划和"冲一流、补短板、强特色"计划的实施，地方大学逐渐重视战略规划。战略规划要与粤港澳大湾区建设和地方经济社会发展的趋势结合起来，与地方大学专业建设、学科建设结合起来。第四，服务地方能力。服务地方能力是地方大学校地合作的核心，地方大学要开展好校地合作，就要练好"内功"，不断提升服务地方经济社会的能力，在地方政府的支持下，逐步与地方达成合作。第五，组织管理。校地合作的组织管理是不容忽视的影响因素，地方大学开放思路、科学管理，使校地合作成为转型发展的重要手段。如佛山科学技术学院在建设广东省高水平理工科大学的过程中，重视与佛山市的校地合作，取得良好成效。

3.3 小结与讨论

国外对大学外部合作的研究中，将影响因素总结为内外部因素（Maribel

Guerrero，2012）、环境因素（David Urbano，2014）、社会因素（Jozsef Beracs，2014）、组织管理因素（Donald S.Siegel，2007)、教师因素（Arianna Martinelli，2008）、研究经费及来源因素（Joshua B.Powers，2004）等。本研究发现，校地合作影响因素分为内部环境因素、外部环境因素、机制因素、项目合作因素。本研究通过质性研究扎根理论的方法，总结出20个影响因素，囊括了内外部因素、环境因素、社会因素、组织管理因素、教师因素等，印证国外相关研究。与国外研究不同的是，本研究提出了机制因素和项目因素。其中，机制因素包括需求因素、沟通因素、合作因素和对接因素；项目因素包括质量因素、匹配因素和吸引因素。机制因素主要指校地合作的体制机制，体制机制对地方大学校地合作至关重要。项目因素在国外的大学与外部合作实践中是最受重视的，国外大学在与政府、企业、产业的合作中以项目为载体，开展项目合作的执行、考核、评估、拨款等工作。

根据资源依赖理论（Jeffrey Pfeffer，1978），地方大学对外部环境的依赖引发校地合作的需求。本研究发现，地方大学校地合作外部环境依赖主要是指其受制于外部环境的条件，地方大学的外部环境依赖在影响因素中处于较为重要的位置。外部环境依赖主要包括地方政府的支持，地方产业、地方企业的发展，与地方政府、企业、产业的沟通与对接；地方大学要争取在校地合作中处于主动地位，与合作方主动沟通和对接；地方大学要主动利用人力资本、品牌、地位、桥梁等资源与地方产业、企业进行资源交换；地方大学要塑造发展环境，为自身发展提供有利条件。

根据伯顿·克拉克的转型理论，一个强有力的驾驭核心是转型的关键。（Burton R. Clark，1998）本研究发现，战略规划的制定与执行是强有力的驾驭核心的体现。战略规划与校地合作存在重要联系，战略规划决定校地合作方向。校地合作开展得是否到位，是否与地方经济社会发展相适应，是否实现地方大学开展校地合作的目标，将影响战略规划的执行。好的战略规划可以促进校地合作顺利开展。战略规划的制定要做到符合地方大学的发展实际，与地方经济、产业发展战略结合，利用优势学科引领地方经济、产业发展。国外学者提出，教师的能力和态度对外部合作至关重要，教师的能力与态度是地方大学校地合作的重要影响因素。（Barbara Kalar，2015）。本研究发现，服务地方经济社会能力、教师专业水平、人才培养水平等因素组成地方大学校地合作的软实力，要提高地方大学校地合作软实力，提高地方大学服务地方经济社会能力、教师专业水平和人才培养水平。伯顿·克拉克提出，大学转型发展需要一个激活的学术心脏地带。（Burton R.Clark，1998）本研究印证了伯顿·克拉克的观点。地方大学要围绕地方经济社会需求，以院系为基础，形成服务地方经济社会的能力。院系是服务地方经济社会能力形成的载体，是激活的学术心脏地带形成的核心。地方大学要以院系为基础，提高服务地方经济社会的能力和提高教师专业水平，让院系走出象牙塔，具备服务地方经济社会的实力；让教师的专业发展与地方经济社会发展相结合，培养地方大学教师服务地方经济社会的能力。

第4章 地方大学校地合作利益主体

4.1 地方大学校地合作利益主体重要性排序

地方大学校地合作利益主体主要为地方大学、其他高校、地方政府、地方产业、地方企业、地方研究机构、地方行业组织、地方事业单位、地方中介组织、地方风险投资机构。其他高校是指地方大学以外的其他高等院校。地方政府指地方市委、市政府及其直属组织机构。地方产业指地方支柱性产业、主导产业,以及对地方产生重要影响的产业。地方企业指地方辖区内运营的企业,如国有企业或私营企业。地方研究机构指在地方成立的、与地方经济社会发展密切相关的研究性机构,如地方果树研究所。地方行业组织指在地方成立的行业性组织机构,如地方环保产业联盟。地方事业单位是指地方政府下辖事业性单位,如中小学、中职学校,医院、新闻机构等。地方中介组织是指帮助地方企业技术转化、孵化的中介组织,一般设在高新技术开发区、产业园、大学科技园。地方风险投资机构指筹集资本并对具有成长性的企业进行投资的机构。

地方大学校地合作的十大利益主体重要程度如图4.1所示。地方大学与九大利益主体开展合作,是最重要的利益主体,地方大学的重要程度为最高分5分,地方政府得分4.388,地方企业得分4.223,地方产业得分4.155,地方研究机构得分4.082,地方行业组织得分3.962,地方事业单位得分3.831,其他高校得分3.773,地方中介组织得分3.599,地方风险投资机构得分3.471。

第 4 章 地方大学校地合作利益主体

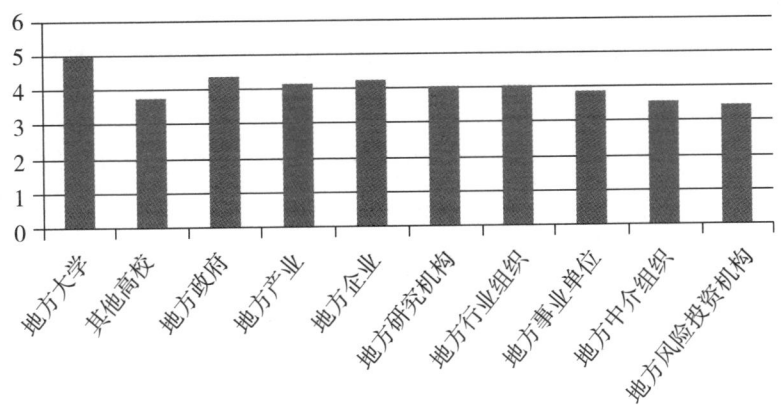

图 4.1 校地合作利益主体重要性排序图

表 4.1 校地合作利益主体重要性打分排序表

利益主体	得分	排序
地方大学	5	1
其他高校	3.773	8
地方政府	4.388	2
地方产业	4.155	4
地方企业	4.223	3
地方研究机构	4.082	5
地方行业组织	3.962	6
地方事业单位	3.831	7
地方中介组织	3.599	9
地方风险投资机构	3.471	10

如表 4.1 所示，地方大学位列第 1，地方大学是校地合作的组织者，是校地合作最重要的利益主体。地方政府位列第 2，地方政府在校地合作中扮演重要角色，在校地合作中制定相关政策、提供经济资助，为地方大学与地方企业、产业合作牵线搭桥，使其与地方大学的松散联系成为紧密合作。地方企业位列第 3，地方企业是校地合作的重要主体。在"产教融合"的趋势下，

地方大学遴选优质企业在专业建设项目、教学内容改革和课程建设项目、师资队伍建设项目、实验实践项目、创新创业教育改革项目等方面开展合作。地方产业位列第4，地方大学与地方产业的合作主要在产业对接方面。如广东省"冲一流、补短板、强特色"计划要求地方大学建设一批与地方产业相适应的专业，广东省地方大学在对接地方产业、推进专业建设、学科建设等方面取得明显的成效。地方研究机构位列第5，地方研究机构与地方大学的合作主要是致力于解决地方科技、农业、生产等实际问题。如肇庆学院柑橘产业技术体系肇庆综合试验站，是肇庆学院与广东省农科院果树所、肇庆市农业科学研究所联合成立，为肇庆市果农解决柑橘黄龙病问题提供服务。地方行业组织位列第6。地方行业组织是地方行业企业的联盟性组织，地方大学通过与地方行业组织合作，引领地方行业发展。如肇庆学院与肇庆市新能源汽车行业协会合作，积极探索人才培养的新路径，合作培养能胜任产业发展需求的新型工科人才，并为肇庆市新能源汽车产业发展出谋划策。地方事业单位位列第7位。地方事业单位如新闻机构、医院、中小学，是地方大学校地合作的重要主体。如肇庆学院积极与各县市区的中小学合作，成立教师教育改革创新试验区，为地方培养大批优秀基础教育教师，提升肇庆市乡村基础教育水平。其他高校位列第8。地方大学与其他高校具有一定的竞争关系，所以地方大学与其他高校的合作较为谨慎和保守。一些地方大学重视并积极与其他高校寻求合作。如肇庆学院获得广东工业大学"组团式"帮扶，开展专业建设、学科建设、实验室建设等方面的合作。地方中介组织与地方风险投资机构分别位列第9位、10位。地方大学创新性科研成果较少，科研成果的转化几率不高，地方中介组织与地方风险投资机构的重要性并未得到重视。随着创新驱动发展战略的开展，地方政府、地方大学逐渐重视科研成果的转化，地方中介组织与地方风险投资机构将发挥重要作用。

4.2 地方大学与不同利益主体校地合作质量相关性分析

将地方大学与不同利益主体校地合作质量进行相关性分析，其中地方研究机构相关系数为0.261，通过显著性检验，说明地方研究机构与地方大学合作质量越高，校地合作能力越强。地方企业相关系数为0.220，通过显著性检验，说明地方企业与地方大学合作质量越高，校地合作能力越强。地方产业相关系数为0.182，通过显著性检验，说明地方产业与地方大学合作质量越高，校地合作能力越强。地方政府相关系数为0.154，通过显著性检验，说明地方政府与地方大学合作质量越高，校地合作能力越强。其他高校相关系数为0.152，通过显著性检验，说明其他高校与地方大学合作质量越高，校地合作能力越强。地方行业组织相关系数为0.108，通过显著性检验，说明地方行业组织与地方大学合作质量越高，校地合作能力越强。地方事业单位、地方中介组织、地方风险投资机构均未通过显著性检验。如表4.2和图4.2所示。

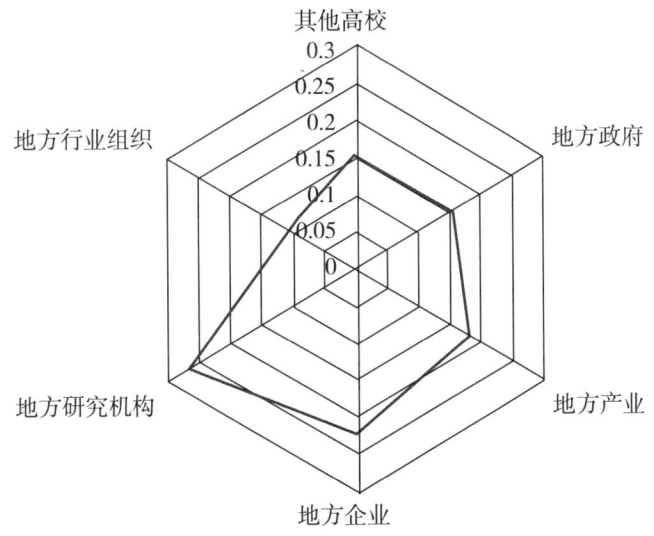

图4.2 地方大学与不同利益主体校地合作质量相关性系数图

表 4.2 地方大学与不同利益主体校地合作质量相关性系数表

利益主体	系数（皮尔逊）	显著性（双尾）
其他高校	0.152**	0.000
地方政府	0.154**	0.000
地方产业	0.182**	0.000
地方企业	0.220**	0.000
地方研究机构	0.261**	0.000
地方行业组织	0.108**	0.000
地方事业单位	−0.046	0.288
地方中介组织	−0.019	0.652
地方风险投资机构	−0.023	0.594

本研究表明，地方大学与地方研究机构合作质量越高，地方大学校地合作能力越强。地方研究机构是地方政府或地方企业成立的科研机构，是与地方经济、地方产业联系最紧密的研究机构，地方大学加强与地方研究机构的合作，可以较快提升校地合作能力。一些地方大学认为地方研究机构的研究水平不高，不重视与地方研究机构的合作。本研究表明，地方大学要较快地提升校地合作能力，要重视与地方研究机构的合作，提高合作质量。并不是必须要"高精尖"的研究机构，"接地气"的研究机构对提升地方大学应用科学研究水平帮助很大。如肇庆学院西江流域柑橘产业协同创新中心长期与地方果树研究所合作，提升服务地方柑橘产业的能力和解决柑橘黄龙病等应用型科研能力。近年来，广东省地方大学开始加强与地方高端研究机构的合作，如佛山科学技术学院与中国科学院广州分院密切合作，成立佛山中科协同创新研究院，充分发挥研究院的人才、技术、项目等资源优势，大力推动科技创新、平台建设、人才培养和国际合作。

本研究表明，地方大学与地方企业合作质量越高，校地合作能力越强。"产教融合"对地方大学与地方企业的合作提出越来越高的要求，在人才培养方面，要求地方大学与地方企业形成实习实训方面的合作；在科学研究方面，要求地方大学与地方企业形成应用型研究方面的合作；在师资队伍培养方面，要求地方大学与地方企业形成"双师型"教师培养的合作。如表4.3所示，近年来，广东省实行创新强校工程，要求地方大学加强与地方企业的密切合作，形成校企协同育人平台、协同创新中心、科研成果转化平台等，取得明显成效。

表4.3　广东省部分地方大学省级协同创新发展中心一览表

地方大学	广东省协同创新发展中心（含培育中心）
深圳大学	粤港现代信息服务协同创新中心
广东石油化工学院	广东石化装备安全技术协同创新发展中心
广州大学	广州大学协同创新发展中心
韶关学院	粤北生猪生产及疫病防控协同创新发展中心
惠州学院	服装协同创新发展中心
五邑大学	侨乡文化与遗产协同创新发展中心
嘉应学院	粤台客家文化传承与发展协同创新中心
岭南师范学院	粤台教师教育协同创新发展中心
韩山师范学院	潮人文化创意产业协同创新发展中心
广东金融学院	广东特色金融建设协同创新发展中心
肇庆学院	西江特色文化研究与传播协同创新发展中心

本研究表明，地方大学与地方产业合作质量越高，校地合作能力越强。地方产业是指支撑地方经济发展的主导产业。广东省实施省市共建以来，地方大学加强与地方产业的合作，如广东海洋大学与湛江市水产产业密切合作，积极服务地方企业。当前与地方产业合作存在的问题是对接问题，地方大学未能转变观念，理清地方传统产业、优势产业和新兴产业，并在人才培养、专业设置、研究所设置等方面与之形成对接。本研究表明，地方大学与地方政府合作质量越高，地方大学校地合作能力越强。地方大学加强与地方政府合作，有助于获得土地、经济资助、行政支持等方面的优惠政策。如东莞理工学院在广东省高水平理工科大学建设的框架下，与东莞市政府密切合作，在学科建设、科技创

新、创新创业等方面获得东莞市政府的大力支持。

本研究表明，地方大学与地方政府合作质量越高，地方大学校地合作能力越强。如广东省部分地方大学在高水平理工科大学建设框架下，加强与地方政府合作，获得土地、经济资助、行政支持等方面的优惠政策。如东莞理工学院利用区位优势，与东莞市政府密切合作，在学科建设、科技创新、创新创业等方面获得市政府的大力支持。地方大学加强与地方政府的密切合作，形成校地共建的"双赢"机制，在地方政府的大力支持下，与地方企业、地方产业、地方行业组织加强合作，形成促进地方经济社会发展的校地合作机制。

本研究表明，地方大学与其他高校合作质量越高，地方大学校地合作能力越强。在现有机制下，其他高校与地方大学有竞争关系，相互合作的意愿不高，地方大学必须打破桎梏，与其他高校形成合作关系，尤其是与更高层次的高校形成"对标"发展合作关系，获得"对标"高校的大力支持，如成立联合实验室，开展专业建设，形成互惠共赢的合作关系，实现跨越式发展。本研究表明，地方大学与地方行业组织合作质量越高，地方大学校地合作能力越强。地方行业组织是连接地方产业、企业的机构，对行业发展产生重要影响。地方大学通过与地方行业组织合作，掌握行业发展情况和市场动向，有利于专业建设、学科发展。如广东石油化工学院，与茂名市石油行业加强合作，与石化行业机构签订科研攻关协议，开展重点实验室建设，为石化企业解决石化装备安全技术问题。

4.3 地方大学、政府、企业校地合作角色概念模型

访谈围绕地方大学、政府、企业在校地合作中的角色及作用进行，运用扎根理论的方法，自下而上建构理论，通过系统收集数据，经过开放编码、主轴编码的过程，建构地方大学、政府、企业校地合作角色概念模型。

4.3.1 开放编码

根据访谈过程中出现的与地方大学、政府、企业校地合作角色相关的问答，对每一句话进行概念化。如"地方大学主要任务是人才培养，我们是公

立本科院校,每年培养大量的本科生"(ZU02)编码为"人才培养";再如"地方大学也搞科学研究,但我们的研究与清华北大不同,清华北大是研究卫星如何上天,地方大学则主要做'马桶如何不会漏水'这样的应用型科学研究"(ZU01)编码为"科学研究"。通过开放编码,找出内容不一的编码。如表4.4所示。

表4.4 地方大学、政府、企业角色开放编码词条示例

序号	范畴	编码词条示例
1	人才培养	地方大学就是为地方社会经济发展培养人才,而不是与985、211大学拼科研项目的等级、数量、到款,也不是拼学科建设,而是要切实注重专业建设和人才培养质量。(ZU05)
2	科学研究	我们搞的科研应该是应用型的,在基础研究与应用研究中间放一个光标,这个光标左右摆动,地方大学的科学研究应该是光标靠近应用研究。但不能说地方大学就完全没有基础研究,我们的一些教师,基础研究也做得不错。(ZU01)
3	战略规划	地方大学与地方合作,需要以地方大学为主来进行战略规划,地方大学在校地合作中是管理的主角。(ZU11)
4	产业服务	我们要引领地方产业发展。如肇庆市大力发展电子商务,我们把电子商务专业做强,这是先有产业后有学科。有产业,但是我们的服务力量跟不上也不行。(ZU08)
5	文化传承	西江历史文化研究院就是做文化传承的,我们将西江流域的文化、历史全面研究,目前我们还在建设一个博物馆。(ZU07)
6	创新引领	地方大学有没有创新?有。这个创新和科学研究一样,是基于应用的。我们学校的一些教师与企业合作,开展了一些实用性的研究,也申请了专利。(ZU09)
7	政策制定	从宏观上来说,是政府的政策,没有政策怎么合作?(ZU10)
8	工作协调	我们的教师教育学院如现在与怀集、封开、广宁的中小学开展UGS合作,需要政府做大量的协调工作。(ZU03)
9	合作服务	政府主要是桥梁和服务的作用,集中企业、行业的技术需求,促进地方高校进行技术研发。(SU06)
10	产业布局	现在肇庆要大力发展环保产业,成为十三五的重中之重,我们学校也将环境工程专业作为省市共建重点专业之一。(ZU06)

续表：

序号	范畴	编码词条示例
11	研发资助	政府通过项目基金支持地方高校的科学研究，为行业企业提供研发资助，支持发展具有高技术含量、自主技术知识产权的高新企业和行业。(SU01)
12	创新引导	政府的作用是决策和引导。如技术战略方向的决策，科技资金重点集中，关键技术问题突破，引领科技战略发展。（SU02）
13	经济资助	一些企业与我们学校合作，提供研究开发经费，如食品与制药工程学院与行业领头企业施强集团合作，为我们的教师科研提供研发经费的资助，还设立了"施强班"。（ZU06）
14	合作培养	我们有六大专业：美术学、视觉传达、产品设计、环境艺术设计、动漫、工艺美术。美术学这个专业是广东省最早创办的。我们现在与大龙学校的校校合作，实施从一年级到初三都进行师生培训，让我们的学生到大龙学校为学生培养美育，进行艺术熏陶。(ZU03)
15	合作科研	我们和很多企业都开展了校企合作项目，从区域方面讲，我们主要跟高新区合作较多，我们通过各类项目走遍了高新区企业，并努力促成企业和学校其他学院开展科研合作。（SU06）
16	产业支撑	企业是校地合作的一个依托，起很重要的支撑作用。企业是发展的原动力，产业的联动在企业，从市场中获得需求。高校要服务产业，必须要从企业中找支点。（ZU01）
17	技术转移	将地方大学的科研成果到企业中转化，这是很常见的，学校的教师做出的科研成果能及时技术转移是好事。（SU02）
18	创新支持	以新概念引领，发展创新创业、互联网+的校地合作，以发展互联网+为主体发展，例如可以互联网+第三产业、互联网+教育等，这也跟我院新专业学科电子商务专业有对接。互联网+真正为我们的发展提供了支持。（ZU07）

4.3.2 主轴编码

主轴编码是二级编码，即通过分类发现范畴。在开放编码中，将编码分为三大类，第一类为地方大学，第二类为政府，第三类为企业。将开放编码合并同类项到三大类编码中，如表4.5所示。

表 4.5 地方大学、政府、企业校地合作角色分析表

类别	角色定位	内涵
地方大学	人才培养	地方大学培养应用型人才
	科学研究	地方大学开展以应用型为主的科学研究
	战略规划	地方大学对校地合作进行战略规划
	产业服务	地方大学为地区产业发展服务
	文化传承	地方大学通过研究、传播等方式发展和传承地方文化
	创新引领	地方大学引领区域创新驱动发展
政府	政策制定	政府为校地合作制定相关政策
	工作协调	政府为校地合作进行工作协调
	合作服务	政府为校地合作进行合作服务
	产业布局	政府根据地方大学学科发展和地方经济社会发展进行产业布局
	研发资助	政府为地方大学提供研发资助
	创新引导	政府引导区域创新驱动发展
企业	经济资助	企业在校地合作中为大学的人才培养和研发等工作提供经济资助
	合作培养	企业与地方大学合作培养应用型人才
	合作科研	企业与地方大学合作进行科学研究
	产业支撑	企业为产业发展提供支撑
	技术转移	企业在校地合作中为大学的科研提供技术转移
	创新支持	企业为区域创新提供支持

4.3.3 地方大学、政府、企业校地合作角色概念模型

通过访谈，对地方大学、政府、企业校地合作角色进行分析，可得到地方大学、政府、企业校地合作模型，如图 4.3 所示。在此，地方大学与地方政府的合作是校地合作的重要组成部分。地方大学与企业的合作需要在政府的支持下开展，所以与一般的校企合作不一样，是在校地合作框架下开展的校企合作，所以也是校地合作的一部分。

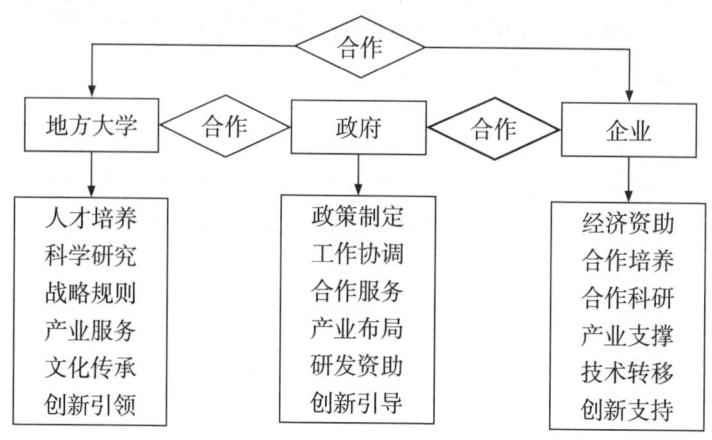

图 4.3 地方大学、政府、企业校地合作角色概念模型

地方大学在校地合作中扮演的角色有，第一，人才培养。地方大学最根本的任务是为地方培养服务经济社会的应用型人才，人才培养是其重要职能。地方大学作为应用型本科院校，是以培养应用型本科人才为己任，人才培养是最根本的职能和立命之本。第二，科学研究。地方大学大多强调教学，但是科研对教学有促进作用，所以地方大学也具有科学研究的职能。地方大学的实验条件较为薄弱，较难开展"高、精、尖"的研究，地方大学校地合作中科学研究的定位应该是应用型研究。第三，战略规划。地方大学在校地合作中进行战略规划，加强与地方经济社会的合作，对接地方产业，促进地方大学发展和地方经济社会发展。第四，产业服务。地方大学产业服务是新的理念。在美国，大学服务地方产业的案例很多，如美国硅谷计算机产业的发展是得益于斯坦福大学的计算机专业及电子和通信工程专业的发展。地方大学产业服务源于校地合作，源于服务地方经济社会发展，是在校地合作中的重要职能。第五，文化传承。地方大学相互区别的特征是地方特色，地方大学具有研究、传播、传承地方文化的优势。大学本身具有文化传承创新的职能，地方大学在传承地方文化方面，具有当仁不让的使命。第六，创新引领。地方大学在区域范围内，是高端的创新组织，引领区域创新驱动发展。创新驱动发展战略要求发挥区域创新

资源的作用，开展原始创新、集成创新和引进消化吸收再创新，地方大学在创新驱动发展中扮演创新引领的角色，引领区域创新。

政府在校地合作中扮演的角色有：第一，政策制定。政策制定是地方政府在校地合作中出台相关政策，支持校地合作。政策制定是地方政府进行社会事务管理的基本手段，在校地合作的过程中，政策制定成为支持地方大学校地合作的方式。如佛山市政府大力支持佛山科学技术学院发展智能制造、电子信息、新材料与新能源、生物工程与食品工程、节能环保、制造服务等专业，制定相关政策，使佛山科学技术学院成为拉动佛山市科技经济发展的动力。第二，工作协调。地方政府根据地方大学的需求，积极做好工作协调，使校地合作顺利进行。地方政府为校地合作进行工作协调，如广东省"省市共建"。省市共建计划实施之后，地方政府积极主动帮助地方大学解决校地合作中遇到的困难和问题，并将此项工作作为一项重要工作来抓。第三，合作服务。地方政府为校地合作进行合作服务。地方政府在校地合作中，提供的合作服务主要包括为地方大学和地方产业、地方企业牵线搭桥，形成具有战略合作意义的高端合作项目等。第四，产业布局。地方政府根据地方大学学科发展和地方经济社会发展进行产业布局。地方政府重点产业的确定，需要与地方经济传统、地方新兴产业发展相结合。在地方大学开展产教融合，积极与地方产业、地方企业合作以后，地方政府开始借助地方大学的优势专业进行产业布局，形成相得益彰的成效。第五，研发资助。政府为地方大学提供研发资助。我国地方政府为地方大学和地方科研机构提供研发资助，主要是通过科技厅、科技局等进行专项科研资金、研发资金的申请和发放。校地合作开展以后，专项科研资金、研发资金向地方大学倾斜。第六，创新引导。地方政府引导区域创新驱动发展。地方政府自身无法开展创新，通过创新引导，使地方的创新活动、创新经济绽放活力。

企业在校地合作中扮演的角色有，第一，经济资助。企业在校地合作中为大学的人才培养和研发等工作提供经济资助。一些具有社会责任感的大型企业，在校地合作中为地方大学提供资助，如为"订单式"培养提供资助，或为大学开展企业需要的科研活动提供资助。如肇庆学院与施强集团密切合作，施强集团在人才培养和研发方面给予一定的经济资助。第二，合作培养。企业与地方大学合作培养应用型人才。如校企协同育人模式，目的是为特定企业或相关行业培养合格的人才。如广东石油化工学院与本地石化集团共同开展"双体系渗透融合人才培养模式创建与实践"的合作培养。第三，合作科研。企业与地方大学合作进行科学研究。地方知名企业在寻求发展的过程中，也运用地方大学的资源，在地方政府的大力支持下，形成科研合作。如东莞理工学院与西门子集团合作成立"智能制造创新中心"，是西门子（中国）有限公司与我校战略合作共建的联合实验室。第四，产业支撑。企业为产业发展提供支撑。地方企业是地方产业的支撑，在校地合作中，扮演产业支撑的角色。如肇庆市高新区小鹏汽车落户肇庆邀请肇庆学院汽车专业的专家进行评估，新能源汽车产业在肇庆市成为新兴产业。第五，技术转移。企业在校地合作中为大学的科研提供技术转移。在美国，大学与企业合作进行技术转移，一些前沿技术未出大学校门就已经被企业买断，这是美国大学开展创业活动的典型模式。在创新驱动发展战略实施以后，孵化创办新企业成为一种技术转移模式。如教师创业或学生创业生成的企业，以及与大学密切合作的企业，将地方大学的科研成果转化，进行技术转移。第六，创新支持。企业为区域创新提供支持。市场提供创新的需求，企业掌握市场的动向，开展创新研发等。

4.4 地方大学、政府、企业校地合作角色定位重要性分析

地方大学管理人员对地方大学、政府、企业角色定位的重要程度进行打分，排序结果如表 4.6 所示。地方大学角色定位的重要性中，人才培养排第 1 位，得分 4.627；创新引领排第 2 位，得分 4.550 分；科学研究排第 3 位，得分 4.532 分；战略规划排第 4 位，得分 4.461 分；文化传承排第 5 位，得分 4.314 分；产业服务排第 6 位，得分 4.275 分。政府角色的重要性中，研发资助排第 1 位，得分 4.499；创新引导排第 2 位，得分 4.484；政策制定排第 3 位，得分 4.465；工作协调排第 4 位，得分 4.36；产业布局排第 5 位，得分 4.352；合作服务排

第 6 位，得分 4.33。企业角色的重要性中，创新支持排第 1 位，得分 4.526；合作科研排第 2 位，得分 4.473；合作培养排第 3 位，得分 4.440；技术转移排第 4 位，得分 4.423；经济资助排第 5 位，得分 4.364；产业支撑排第 6 位，得分 4.309。

地方大学校地合作角色定位中，重要性第 1 位是人才培养。如肇庆学院的办学理念是"以生为本，以质立校，学术并举，崇术为上"，"崇术为上"的意思是地方大学最重要的就是培养应用型人才，为地方经济社会发展服务。纽曼在《大学的理念》中强调，大学最重要的使命是人才培养。在校地合作中，人才培养体现在运用政府、企业等资源服务人才培养，如开展校企协同育人项目、与企事业单位合作开展实习实训等。地方大学校地合作角色定位中，重要性第 2 位是创新引领。大学的创新引领作用在区域经济发展中特别重要，没有一个机构能像大学一样支撑起创新引领的功能。在区域创新驱动发展中，地方大学校地合作中的创新引领作用至关重要，地方大学拥有高水平的教师团队、较为先进的实验设备、与地方经济社会紧密结合的科研课题，是引领地方创新创业的高地。地方大学校地合作角色定位中，重要性第 3 位是科学研究。地方大学不能放弃科学研究，地方大学教师中拥有博士学位的占较大比例，博士具备科研创新能力。地方大学在校地合作中，与地方科研机构和地方企业紧密合作，开展应用型科研，服务地方企业技术研发是地方大学需要承担的社会责任。如果不开展科学研究，大学脱离了研究高深学问的使命，那大学与职业培训机构无异，正是因为地方大学积极开展科学研究，才焕发生命力。

表 4.6　地方大学、政府、企业角色定位重要性打分排序表[①]

地方大学	得分	排序
人才培养	4.627	1
科学研究	4.532	3
战略规划	4.461	4

① 得分计算是评分与百分比的加权平均数。

续表:

	得分	排序
产业服务	4.275	6
文化传承	4.314	5
创新引领	4.550	2
地方政府	**得分**	**排序**
政策制定	4.465	3
工作协调	4.36	4
合作服务	4.33	6
产业布局	4.352	5
研发资助	4.499	1
创新引导	4.484	2
地方企业	**得分**	**排序**
经济资助	4.364	5
合作培养	4.440	3
合作科研	4.473	2
产业支撑	4.309	6
技术转移	4.423	4
创新支持	4.526	1

地方政府校地合作角色定位中，重要性第 1 位是研发资助。钟玮（2018）在《教育、科技、创新——珠三角城市创新驱动发展综合评价研究》中发现，地方政府为地方的高校提供的研发资助越多，地方的教育、科技、创新水平越高。如广东省深圳市和佛山市，地方政府提供的研发资助很高，有力推动了地方的创新科技发展。地方政府校地合作角色定位中，重要性第 2 位是创新引导。即政府引导区域创新驱动发展。如佛山市政府对创新驱动发展非常重视，引导地方大学、地方企业合作，帮助大学、科研机构、企业形成合作体系，牵头引导大型科研项目在佛山落地。在校地合作中地方政府要抓好资源分配、政策倾斜等杠杆，引导地方大学等机构开展创新。地方政府校地合作角色定位中，重要性第 3 位是政策制定。地方政府在政策制定方面具有话

语权和决定权，政府的政策导向对校地合作起重要作用，政府是主导，通过政策制定影响校地合作。

地方企业校地合作角色定位中，重要性第1位是创新支持。企业掌握第一手的市场动态和需求，创新的动力来自于企业。在企业开展创新具有天然的优势。创新支持是地方企业在校地合作中支持地方大学开展创新，如建立联合实验室、提供研究基金等为地方大学开展创新活动提供有力支持。地方企业校地合作角色定位中，重要性第2位是合作科研。如肇庆学院建立《肇庆学院"双师型"教师认定与管理暂行办法》《肇庆学院教师校外实践锻炼管理办法》等制度，与企业开展科研合作，并把高水平的教师派驻到企业，培养大量双师型教师，同时为企业解决实际问题。地方企业校地合作角色定位中，重要性第3位是合作培养。通过开展校企合作培养项目，将行业、企业标准嵌入学生职业训练、专业课程学习中，既为地方大学培养合格的应用型人才，又为企业培养合格的产业人才。如东莞理工学院与西门子公司等知名企业建立联合学院培养应用型人才。

4.5 地方大学、政府、企业构建校地合作"三螺旋"

埃茨科威兹的三螺旋理论，是其创业型大学理论的核心，本研究中的校地合作"三螺旋"与之不同之处在于地方大学成为"三螺旋"的基础和主导。地方大学是立体的、全方位的，与政府、企业开展合作，是校地合作"三螺旋"的基础。在埃茨科威兹的三螺旋理论中，大学、政府、企业势均力敌，三者相互作用。本研究经过访谈、数据分析，认为地方大学是校地合作"三螺旋"的基础和主导，主要原因如下：

第一，地方大学具有校地合作的强烈需求。地方大学在人才培养、学科建设、师资队伍建设、科研创新等方面，亟须开展校地合作。人才培养方面，需要地方大学与政府、企业合作，大力培养应用型人才。学科建设方面，需要地方大学加强与主导产业、重点企业合作，开展具有地方特色的，集产业集群发展和拉动地方经济社会为一体的学科建设。师资队伍建设方面，地方大学培养

"双师型"教师需要与企业开展密切合作。科研创新方面，地方大学需要与地方产业、地方企业合作，开展应用型、实用型的科研创新。从地方大学的自身发展来说，只有通过扩大校地合作的外延，将人才培养、学科建设、师资队伍建设、科研创新扎根校地合作，才能建设好立足于地方经济社会发展的、有特色的地方大学。

第二，地方大学掌握校地合作的重要资源。地方大学在人力资源、科学技术资源、人才培养资源等方面具有优势。人力资源是地方大学校地合作最重要的资源，地方大学拥有高学历、高水平的教师队伍，可以为地方行业、企业提供专家级的咨询。科学技术资源是地方大学校地合作最核心的资源，通过科技创新，可促进地方科学技术转化和创新驱动发展。人才培养资源是地方大学校地合作的潜力，每年大量的大学毕业生可为区域人力资源发展提供保障。

第三，地方大学在校地合作中获得最大利益。地方大学在校地合作的过程中寻求自身发展的动力。当下，地方大学在发展过程出现"同质性""趋同化""无特色"等问题，主要原因是未能紧密依靠地方经济社会发展。地方大学要突破现状，就要与地方主导产业紧密结合，与地方文化特色紧密结合，培养服务地方经济社会的应用型人才。政府、企业、大学三者形成校地合作"三螺旋"，地方大学获得最大利益。大学通过校地合作，在人才培养、科学研究、社会服务、科技创新发展中获得政府、企业的帮助，获得价值最大化。

第四，地方大学为校地合作提供组织保障。从校地合作组织管理的角度，地方大学是校地合作最佳的组织者。在校地合作工作的组织过程中，地方大学从专注于教学、科研的松散组织变成区域发展的战略领导者。地方大学通过学科建设，培育优势学科、优势产业，同时学科建设反哺产业。地方大学通过智库建设，向政府建言献策，为区域战略发展提供咨询意见，影响地方产业的构建和经济发展的走向。地方大学通过与企业密切合作，形成校企战略联盟，构建新型应用型人才培养体系，为区域发展提供充足的人力资本。

4.6 小结与讨论

埃茨科威兹（2000）在《三螺旋：大学、产业、政府创新战略》中提出，未来社会将是三螺旋社会。对比埃茨科威兹的三螺旋理论，本研究对大学、政府、企业三者在校地合作中的角色进行研究，建构校地合作"三螺旋"。埃茨科威兹的三螺旋理论是基于对创业型大学的研究，如硅谷通过斯坦福大学周边的创业有力拉动了区域经济。（Etzkowitz，1998）地方大学校地合作"三螺旋"是基于校地合作，校地合作并非完全指向创业，创业是校地合作的一部分。校地合作"三螺旋"是根据中国地方大学的发展现状和中国政府、企业的发展现实形成的。校地合作包括与政府、企业进行人才培养、科学研究、产业服务、文化传承、创新创业等方面的合作。

与埃茨科威兹的三螺旋理论相比，本研究中的校地合作"三螺旋"存在以下特征。第一，校地合作"三螺旋"以地方大学为基础和主导。埃茨科威兹的三螺旋理论提出，大学、产业、政府三个机构，每一个都保留自己原有的身份和作用，既相互独立又相互作用，三者势均力敌。在校地合作"三螺旋"中，大学因为具有校地合作的强烈需求，掌握校地合作的重要资源，在校地合作中获得最大利益，为校地合作提供组织保障，所以校地合作"三螺旋"以地方大学为基础和主导，而非埃茨科威兹提出的三者势均力敌。第二，校地合作"三螺旋"中有混合组织，即中介组织，存在于大学科技园中。在中小城市，中介组织和风险投资机构并不活跃。地方大学与中介组织、风险投资机构联系不紧密，合作质量不高。在校地合作"三螺旋"中，由地方大学建立的中介组织进行科研成果转化，如大学科技园中的转化机构。第三，校地合作"三螺旋"中，政府起重要作用。校地合作，是地方大学在政府的大力支持下与地方的合作。中国地方政府在产业布局、资源分配、体制机制、政策制定方面具有较大决策权，校地合作"三螺旋"要紧紧依靠政府，依赖政府，实现校地合作。第四，校地合作"三螺旋"中，大学、政府、企业各自扮演独立的角色，在合作的过程中相互交叉且扮演独立的角色。根据埃茨科威兹的三螺旋理论，大学、产业、政府每一方在完成自己传统功能的同时，承担另两方的角色。本研究表明，大学、政府、企业在校地合作中扮演独立的角色，在合作的部分扮演相互交叉且各自独立的角色。如在创新的过程中，地方大学扮演创新引领的角色，地方政府扮演创新引导的角色，企业扮演创新支持的角色。在产业合作中，地方大学扮演产业服务的角色，地方政府扮演产业布局的角色，企业扮演产业支撑的角色。在人才培养中，地方大学扮演人才培养的角色，地方政府扮演工作协调的角色，企业扮演合作培养的角色。在科学研究中，地方大学扮演科学研究角色，政府扮演研发资助的角色，企业扮演合作科研的角色。第五，文化传承在校地合作"三螺旋"中的作用。地方大学在校地合作中对文化传承投入较大，将文化传承作为校地合作的重要载体来推进"三螺旋"。如五邑大学的"侨乡文化中心"，将世界范围内的"侨乡文化"研究机构纳入合作范畴，与归侨人士紧密合作，以文化传承为载体，有力地推动校地合作"三螺旋"。

第 5 章　地方大学校地合作机制构建

5.1 地方大学与不同利益主体校地合作机制构建

5.1.1 地方大学与政府合作机制构建

埃茨科威兹（2016）在《创新中的创新：三螺旋中大学－政府－产业的关系》论文中，阐述了三种不同形式的三螺旋。第一种是中央集权的三螺旋，政府完全掌控着大学和工业两个系统，如计划经济体制下的政府与大学和产业的关系，所有资源都在政府的掌控之下。第二种是放任自由的三螺旋，是政府、大学和产业没有交集，资源处于分散状态。第三种是交互的三螺旋，即政府、大学、产业相互有交集，相互作用，螺旋发展，如市场经济体制下，政府、大学、产业资源相互交换。我国属于社会主义市场经济体制，政府、大学、产业属于第三种交互的三螺旋，但在中国的国情下，市场经济不是完全开放的，政府具有较多的管制权，所以，本研究提出的校地合作"三螺旋"，是依赖于大学与政府密切合作的校地合作，在校地合作的基础上形成的"三螺旋"。

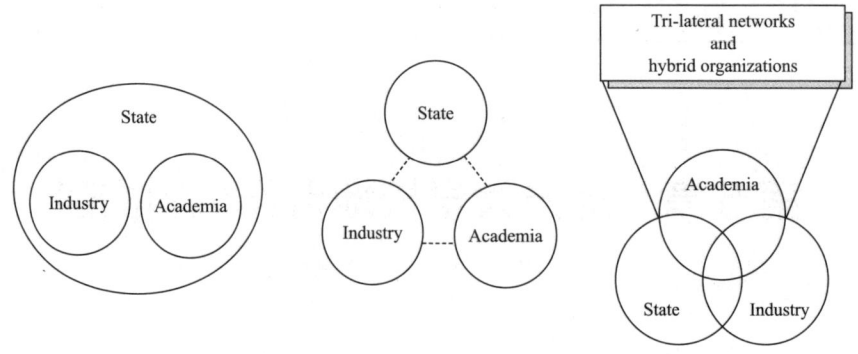

图 5.1　三种不同形式的三螺旋[①]

埃茨科威兹（2013）在《创业型大学剖析》论文中提出，大学与政府之间关系的四种形式：第一，互动：大学与政府密切合作，大学不是与社会隔绝的象牙塔。第二，独立：大学是一个相对独立的机构，而不是政府制度层面的附属物。第三，交融：解决互动和独立原则之间的紧张关系，创造混合组织形式。第四，互惠：革新大学内部结构与工业和政府变化的关系，对内部结构进行持续改造。对比埃茨科威兹的研究，本研究对大学与政府之间的关系进行调研，如表 5.1 所示，地方大学与政府的关系中，对联盟、合作、引导、互惠这四种关系比较认同，其中，有 92.6% 认同合作关系，有 91.7% 认同互惠关系，有 77.0% 认同引导关系，有 70.7% 认同联盟关系。对竞争、牵制关系较为不认同，其中最不认同的是牵制关系（有 51.4% 不认同牵制关系），其次是竞争关系（有 46.4% 不认同竞争关系）。

第一，地方大学与政府的合作关系。在计划经济时代，我国大学与政府一样，属于"公家"。大学与政府的行事模式一致，具有指令性、计划性、统一性。到 20 世纪 90 年代初，取消了大学生分配制度。这意味着大学与政府的关系，在市场经济的冲击下，逐渐弱化。1999 年扩招以后，迎来了我国高等教育大众化时代。在生源扩招的趋势下，政府更多地是为大学提供服务。如一些

[①] 资料来源：Henry Etzkowitz 的论文 *Innovation in innovation: the Triple Helix of university-industry-government relations*，论文对不同国家体制下的三螺旋进行分类研究。

大学建设新校区，大批购地，大量贷款，还有一些大学偿还不清债务，政府都会出面协调。2017年，自《关于深化高等教育领域简政放权放管结合优化服务改革的若干意见》出台以来，高校专业学科设置、岗位设置、职称评定、薪酬分配、内部治理等得到极大的自主权，政府对大学的服务功能更加凸显。地方大学最认同与政府的合作关系，说明地方大学意识到，在自身发展的过程中，要密切与地方政府合作，才能获得发展。如一些地方大学，与地方政府的关系融洽，在资金投入、土地储备等方面得到地方政府的支持和关照。但有一些地方大学没有寻求与地方政府的合作，既得不到资金支持，又得不到校区扩建的机会，学校发展寸步难行。在现实中碰壁以后，地方大学意识到必须寻求与地方政府的良好合作，才能在地方获得发展。

第二，地方大学与政府的互惠关系。互惠关系，一般是指两个利益体之间互惠互利，价值交换。地方大学拥有丰富的学术资源、智力资源，地方政府拥有丰富的行政资源，两个利益主体在寻求自身发展的过程中，可以互惠互利。任何组织都有自利性，地方政府要寻求经济增长点，需要依靠地方大学的科学研究和学科建设，建设优势学科，把地方大学的优势学科转化成地方主导产业和地方经济新的增长点。地方大学要寻求发展，需要依赖地方政府的政策支持、工作协调、产业布局、研发资助。地方政府与地方大学形成互惠共赢的关系以后，地方经济社会发展速度会成几何级增长。

第三，地方大学与政府的引导关系。引导关系主要是指地方政府与地方大学的互相引导。地方政府对地方大学的引导有以下作用：首先，政策上保持与中央政府的一致。地方政府在政策把握方面具有优势，地方政府对地方大学的政策引导，可以使地方大学的行动与中央政府的政策保持一致。其次，对地方大学进行创新引导。地方政府具有创新引导的能力，通过产业布局、资金支持、政策支持等对地方大学进行创新引导。地方政府发挥好创新引导的功能，可以有力地推动区域创新驱动发展。此外，引导地方大学融入地方文化。地方文化是支撑地方民众文化认同的支点，地方政府通过引导地方大学融入地方文化，发挥地方大学文化研究的优势，传承地方文化。地方大学对政府的引导，主要体现在建立智库,开展政策、产业、经济、科技等方面的咨询。

第四,地方大学与政府的联盟关系。地方大学与政府的联盟关系,常常出现在危机事件发生时。如一些较大的危机事件发生时,地方政府与地方大学会结成联盟,对抗危机,共渡难关。如非典时期,政府与大学结成联盟,共同抵御非典,取得良好效果。在非常时期,地方大学与政府的联盟,将两者合为一体,共同完成目标。

第五,地方大学与政府的牵制关系和竞争关系。地方大学管理人员较不认同地方大学与政府的牵制关系。牵制指互相制约,主要指负向的制约;竞争指互相竞争,主要指对资源的竞争。在一定的历史时期,我国地方大学与政府确实存在牵制关系与竞争关系,如在计划经济时期,政府对指标的限制可以牵制大学的发展;如在一些特殊时期,政府与大学会争夺对大学的管理权。但是随着我国经济、社会、文化、政治的不断发展,地方大学与政府逐渐摆脱牵制、竞争关系,走向合作、互惠、引导、联盟的良性关系。

我国地方大学与政府之间的关系,在高等教育"放管服"改革以后,从原来的政府统管逐渐转变为管理角色的淡化,政府与地方大学之间合作的关系加强。政府与地方大学的合作主要在以下几个方面:一是产业合作。政府通过与地方大学密切合作,进行产业布局,引领地方产业,培育地方大学相关专业。二是创新驱动发展。政府通过与地方大学密切合作,引导区域创新驱动发展。三是丰富地方市民文化生活。地方政府利用地方大学丰富的设施、场地资源,丰富市民文化生活。四是发展地方高等教育。提供大量的高等教育人力资源储备,服务地方经济社会发展。

表5.1 地方大学-政府关系分析表[①]

	非常不认同	比较不认同	一般	比较认同	非常认同
联盟	0.7	4.6	23.9	49.7	21.0
合作	0	1.3	6.1	52.3	40.3

① 数据为百分比。

续表:

	非常不认同	比较不认同	一般	比较认同	非常认同
竞争	13.0	33.4	26.2	20.6	6.9
牵制	32.3	19.1	25.2	16.9	6.5
引导	0.6	4.1	18.4	53.1	23.9
互惠	0.4	0.9	7.1	37.3	54.4

如表5.2和图5.2所示，对地方大学校地合作能力与地方政府部门合作紧密程度进行相关分析，与市政府办公室、市委办公室、市人大政协、市委组织部、市委宣传部、市发展改革局、市经济信息化局、市教育局、市科技局、市人力资源与社会保障局、市环保局、市住房城乡建设局、市农业局、市社科联联系越紧密，地方大学校地合作能力越强。其中相关系数最高的是发展改革局，相关系数为0.290；其次是市人力资源与社会保障局，相关系数为0.224；第三为市经济信息化局，相关系数为0.221；第四是市科技局，相关系数为0.205；第五是市人大政协，相关系数为0.189；第六是市教育局，相关系数为0.150。地方大学与大部分的政府组成部门合作越紧密，校地合作能力越强。可见，要大力提高地方大学的校地合作能力，首先要提高地方大学与政府部门的合作能力。

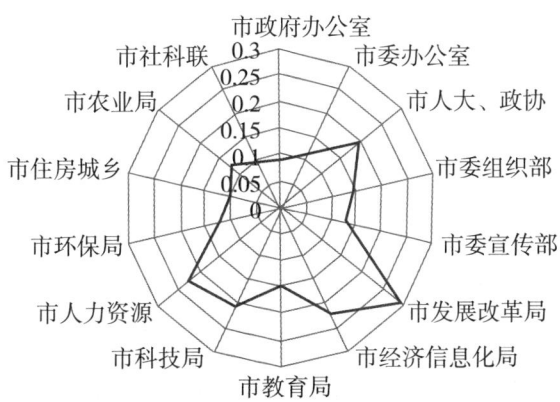

图5.2 地方大学校地合作能力与政府部门合作紧密程度相关性系数图

地方大学与地方政府部门密切合作形成的校地合作机制是地方大学服务区域经济社会发展的基础。地方政府部门具有不同职能,如发展改革局,具有推动地方产业发展,进行产业布局的功能;如人力资源与社会保障局,具有引进人才,人力资源开发的职能;如科技局,具有推动地方科学技术发展,资助地方科技研发的职能。地方政府部门在与地方大学的合作中,扮演的是管理者、服务者的角色。地方大学要发挥校地合作的作用,积极寻求地方政府部门的支持。一些地方大学,长期封闭,不重视与地方政府部门的关系,遇到问题不能积极地与地方政府做好沟通协调,不注意维护相互之间的友好关系,这种思维不可取。社会在不断发展进步,地方政府部门也逐渐从管理型转型为服务型政府,一些政府部门的服务意识不断增强,地方大学应积极与政府部门加强联系。一些地方大学,积极与地方政府部门沟通、联系,获得了良好的发展机遇。如佛山科学技术学院,被确定为广东省高水平理工科大学建设单位以后,积极与佛山市政府合作,针对佛山市的主导产业、新兴产业进行专业结构调整和学院调整,并获得佛山市政府在土地批复、资金资助、工作协调等方面的大力支持。

表5.2 地方大学校地合作能力与政府部门合作紧密程度相关性系数表

政府部门	系数(皮尔逊)	显著性(双尾)
市政府办公室	0.088*	0.040
市委办公室	0.109*	0.011
市人大、政协	0.189**	0.000
市委组织部	0.142**	0.001
市委宣传部	0.129**	0.003
市发展改革局	0.290**	0.000
市经济信息化局	0.221**	0.000
市教育局	0.150**	0.000
市科技局	0.205**	0.000
市人力资源与社会保障局	0.224**	0.000

续表:

政府部门	系数(皮尔逊)	显著性(双尾)
市环保局	0.121**	0.005
市住房城乡建设局	0.102*	0.017
市农业局	0.120*	0.005
市文广新局	0.034	0.436
团市委	0.081	0.060
市社科联	0.094*	0.030
官方行业组织	0.069	0.108
各区县政府部门	−0.014	0.738

以广东省为例,广东省"省市共建"机制是省委、省政府推动政府与地方大学密切合作的有力举措。在原有的机制下,一些地方政府不太重视与地方大学合作,一些地方政府尚未找到合适的方式与地方大学合作。省市共建的机制,解决了地方政府不重视地方大学和缺乏合作方式的问题。省市共建机制较好地将地方政府与地方大学连接在一起,并使地方大学成为地方经济发展的动力。省市共建机制赋予地方政府一定的责任,如资金投入、市场引导、产业布局、项目合作等,为地方政府合理利用地方大学资源,大力发展创新经济,服务创新驱动发展,大力发展地方高等教育起重要作用。省市共建机制是加强"政府－大学"合作的尝试,是广东省委省政府加速地方大学融入地方,为地方服务的重要举措。地方大学顺理成章地合理运用政府资源,开展有益于教学、科研、社会服务、文化传承创新的活动。广东省"省市共建"机制有效地整合了地方大学内部资源、政府资源和地方其他资源。在内部资源整合方面,突破学院、学科壁垒,整合分散在各学科、学院的专业技术、人才、科研平台的力量,围绕行业发展的技术需求进行协同攻关,着力破解制约学科整合发展的机制障碍。在产学研深度融合方面,探索创新产学研用深度融合关键问题的对接机制,通过校企深度合作,形成产教深度融合、校企紧密合作的办学格局。在人才培养改革方面,实现"专业设置与产业需求、课程内容与职业标准、教学过程与生

产过程"三个对接，实现应用型人才培养新模式。在合作交流机制方面，深化科研开放与合作，鼓励和支持以项目研究、人才派出和引进、平台基地建设为载体，深度参与科研合作与交流，有效集聚创新资源，推进交流与合作。在全面对接产业发展方面，通过建设产学研战略联盟，全面服务行业企业科技进步与创新发展需求，凝聚专业特色与办学优势，组建各类协同创新平台，提升产业科技攻关能力，共建校企研发机构，提高综合创新能力，联合建立校企研究中心，有针对性地开展行业科技服务。

省市共建机制有利于提升地方大学对地方经济社会发展的影响力，通过省市共建加强地方大学与政府的合作，发挥地方大学智囊组织的作用，对地方政府主政大有裨益。如智库是集中教授、博士等高端人才的组织，为政府的决策、产业发展、社会发展提供咨询意见。通过构建智库，可以扩大地方大学对地方经济社会发展的影响力。智库形成的作用有：第一，专家咨询。将地方大学中专业水平最高的专家集中起来，当政府遇到决策问题，可以请教专家。第二，专业组织。形成专业智库组织，在地方产业发展、产业布局、社会和谐、社会发展等方面提供专业咨询意见。第三，智库对接。将专业智库对接到地方相关产业、相关部门，直接服务地方经济社会发展。第四，反哺教学科研。智库在参与地方经济社会决策、发展过程中，将新发现、新成果及时反哺地方大学教学科研。第五，学科交叉。在地方大学建立智库，主要是政策咨询、经济咨询、产业咨询和科技咨询等方面。建立这些咨询平台需要在地方大学内部形成学科交叉机制。为解决一个问题，需要多个学科、多个领域的专家共同合作，形成学科交叉机制。

5.1.2 地方大学与企业合作机制构建

我国是社会主义市场经济体制，企业在市场中根据需求生产产品，大学通过与企业合作获得市场动向。地方大学与企业的合作机制主要体现在以下四个方面：第一，与企业开展人才培养合作。地方大学与企业密切合作，设计人才培养方案，把握行业动向，加深专业能力，培养学生职业素养。第二，与企业合作搞科研。地方大学通过与企业合作开展应用性科学研究，为企业产品研发与生产提供创新动力。第三，培养"双师型"教师。地方大学通过向企业派驻"双师型"教师，可为企业解决相应问题。第四，在企业开展实习实训。地方大学通过向企业提供实习实训人才，加强学生的职业素养和实习实训能力，同时为企业提供"半成品"的人力资源。

如表5.3所示，广东省教育厅牵头，促成一批企业与地方大学形成校企合作的对接，项目类型有：实验实践项目、教学内容改革和课程建设项目、创新创业教育改革项目、师资队伍建设项目等。项目载体有：联合实践基地、课程建设项目、联合实验室、创新创业教育综合改革项目、中青年教师教学能力提升项目等。由教育主管部门牵头，促成地方大学与企业合作具有以下优势：第一，保证合作企业的质量。通过教育主管部门牵头，优质企业慕名而来，改变校地合作项目中企业质量堪忧的现状。第二，设定合作内容。教育主管部门通过咨询教育专家，设计有助于地方大学实习实践、课程建设、创新创业、师资队伍建设、科学研究的项目，使地方大学与企业的合作内容更加科学，更加丰富。第三，形成双向选择机制。地方大学根据学校的人才培养、学科布局，选择校企合作项目；企业根据地域、学校学科专业发展等选择合作的地方大学。

表5.3 2018年度广东省教育厅促成校企合作成功对接部分项目表

项目名称	项目类型	项目载体	企业名称	学校名称
百度云智学院人工智能校企联合实训基地	实验实践项目	联合实践基地	北京百度网讯科技有限公司	深圳大学、广东工业大学、南方医科大学、华南农业大学
信息化背景下课程教学改革	教学内容改革和课程建设项目	课程建设项目	北京超星尔雅教育科技有限公司	暨南大学、广州美术学院、广东技术师范大学、电子科技大学中山学院

续表：

项目名称	项目类型	项目载体	企业名称	学校名称
增强现实/虚拟现实（AR/VR）联合实验室项目	实验实践项目	联合实验室	北京捷冠科技有限公司	深圳大学、仲恺农业工程学院
广东省—原点市场调查有限公司校企合作协同育人项目	创新创业教育改革项目	创新创业教育综合改革项目	佛山原点市场调查有限公司	佛山科学技术学院
物联网工程相关专业师资队伍建设项目	师资队伍建设项目	中青年教师教学能力提升项目	广东诚飞智能科技有限公司	广东技术师范大学、电子科技大学中山学院、岭南师范学院
广东志高空调有限公司校企合作联合实践基地项目	实验实践项目	联合实践基地	广东志高空调有限公司	佛山科学技术学院、广东海洋大学寸金学院
酷校跨境电商校企合作课程建设项目	教学内容改革课程建设项目	课程建设项目	广州大洋教育科技股份有限公司	广东工业大学华立学院、韶关学院

2017年12月，国务院办公厅发布《关于深化产教融合的若干意见》，《意见》提出，要促进高等教育融入国家创新体系和新型城镇化建设，推动学科专业建设与产业转型升级相适应，健全需求导向的人才培养结构调整机制。提出，要强化企业重要主体作用，主要机制有：拓宽企业参与途径，深化"引企入教"改革，开展生产性实习实训，以企业为主体推进协同创新和成果转化，发挥骨干企业引领作用等。"产教融合"机制的亮点主要在三个方面：第一，校企协同育人。要求大学与企业协同合作，在人才培养中互相融合，尤其在学生实习实训阶段，要求企业的深度参与。第二，构建创新生态系统。增强骨干企业、小微企业聚集人才资源，牵引产业升级的能力。第三，促进学科专业发展。建立紧密对接产业链、创新链的学科专业体系，促进学科专业交叉融合，加快推进新工科建设。在原有机制下，政府不参与地方大学与企业的合作，校企合作

较为松散，合作质量不高。地方政府参与地方大学与地方企业的合作后，鼓励地方大型企业、主导产业与地方大学合作，对提高校企合作质量有极大好处。以欧洲应用技术大学为例，由地方政府出面牵线搭桥，应用技术大学与地方企业的合作，贯穿学生培养的全过程。地方政府通过出台相应政策，给予地方企业补贴，要求、鼓励地方大型企业积极参与应用技术大学的人才培养。欧洲应用技术大学在政府的协调下开展的校企合作模式，对我国地方大学与企业密切合作及培养应用型人才具有启发意义。

如图 5.3 所示，地方大学与企业形成校企战略联盟机制。地方大学与地方企业联盟开展协同创新，过程是地方大学通过教学合作进行人才培养，通过科研合作进行科学研究，在与企业联盟开展合作的过程中，培养双师型教师；地方大学通过与地方企业联盟开展协同创新，实现校企协同发展。校企战略联盟是将某一行业、产业的企业联合起来，形成战略联盟，推动高校人才培养和产业高新技术发展。校企战略联盟与一般的校企合作有区别，校企战略联盟是与多个企业形成企业联盟合作。企业可以是行业协会组织的企业群，也可以是地方大学根据自身需求遴选多个企业形成的战略联盟。校企战略联盟可以形成集群效应，在区域经济社会发展中形成影响力。通过教学合作进行人才培养，通过科研合作进行科学研究，同时培养双师型师资队伍，最终实现校企协同发展。地方政府为地方大学牵线搭桥，形成校企战略联盟，聚集相关企业，提升产业能力，同时提升地方大学人才培养、科学研究能力。如肇庆市新能源汽车产业是新兴产业，肇庆市高新区先后引进小鹏汽车、玛西尔、中电汽车、合普动力、宝龙汽车等企业。新能源汽车产业集群形成以后，在政府的支持下形成新能源汽车产业联盟，肇庆学院汽车专业与肇庆市高新区新能源汽车产业联盟合作，在专业建设、人才培养、应用型科学研究方面协同发展，形成校企战略联盟。新能源汽车产业联盟对应用型汽车人才培养、新能源汽车合作研究、双师型教师的培养起重要作用。

地方大学与企业形成校企战略联盟机制有以下作用：第一，实现知识再生。校企战略联盟使地方大学通过与企业形成联盟合作关系，进行科研和产品研发，实现知识生产、知识再生。第二，实现资源优化。地方大学的科学研究、人才培养、社会影响等是大学内部资源，企业的市场动态捕捉能力和实用技术应用是企业核心资源，校企合作战略联盟可减少内耗，避免浪费，实现双方资源配置的最优化。第三，实现共同效益。校企合作战略联盟使地方大学成为企业的强大科研后盾，形成新的行业企业生产力；企业帮助地方大学实现应用型人才培养改革。第四，实现风险共担。校企合作战略联盟使地方大学和企业群共同面对风险，参与主体可化解各自的风险，使校企合作战略联盟面对的风险实现最小化。

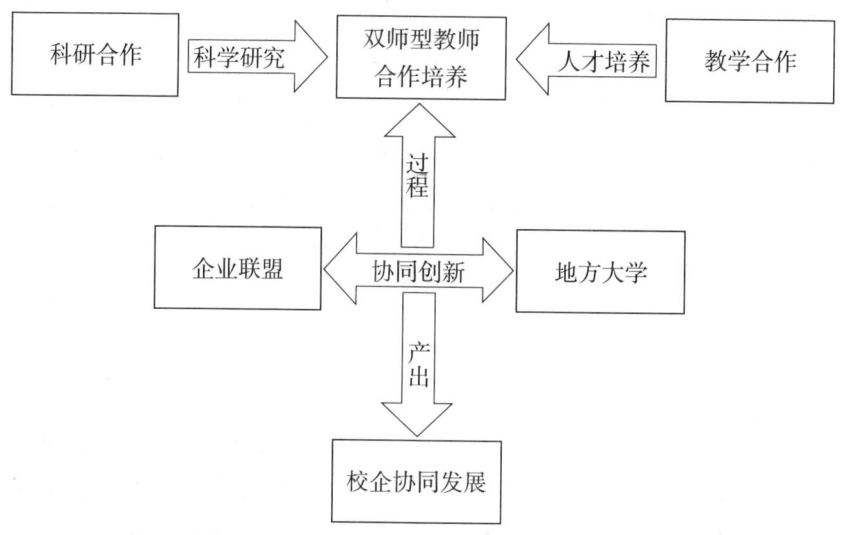

图 5.3　校企战略联盟机制示意图

5.1.3 地方大学与其他高校合作机制构建

通过对广东省七所地方大学的 539 个样本进行数据统计，运用社会网络分析程序 UCINET6.3 分析学校之间的联系，如图 5.4 所示，图中正方形面积越大，表示与其他六所高校联系越紧密，图中箭头代表与对方高校联系较为紧密。如嘉应学院与肇庆学院、韶关学院、惠州学院、韩山师范学院、广东石油化工学院均为双向箭头，说明嘉应学院与这五所地方大学之间的联系很紧密。如肇庆学院与嘉应学院、韶关学院、惠州学院均为双向箭头，说明肇庆学院与这三所地方大学之间的联系很紧密。广东石油化工学院、韩山师范学院对肇庆学院是单箭头，说明这两所地方大学与肇庆学院的单向联系很紧密。如惠州学院与韶关学院、嘉应学院、肇庆学院、韩山师范学院均为双向箭头，说明惠州学院与这四所地方大学之间的联系很紧密。惠州学院对东莞理工学院是单箭头，说明惠州学院与东莞理工学院的单向联系很紧密。如韶关学院与肇庆学院、嘉应学院、惠州学院为双向箭头，说明韶关学院与这三所地方大学之间联系很紧密。广东石油化工对韶关学院是单向箭头，说明广东石油化工学院与韶关学院的单向联系很紧密。如韩山师范学院和嘉应学院、惠州学院双向联系很紧密，与肇庆学院的单向联系很紧密。如广东石油化工学院与嘉应学院的双向联系很紧密，与韶关学院、肇庆学院的单向联系很紧密。如东莞理工学院，因地处深莞惠城市群，仅有惠州学院与其单向联系很紧密。七所地方大学相互之间联系的紧密程度与历史发展、地理位置、学术交流、校际沟通有关，七所地方大学关系图客观反映了学校之间的沟通与交流。

地方大学相互之间加强沟通和交流，对地方大学的发展有很大帮助。同类院校之间具有很多相似性，在与上级主管部门沟通时，可以发现共性问题，及时向上级主管部门反映问题。如一些地方大学结成区域教师教育联盟，协同推动区域教师教育发展。如图5.4所示，广东省七所地方大学相互之间的联系非常紧密，这对地方的高等教育集群式发展很有帮助，地方大学要通过相互之间的联系，找出共同点，发现不同点，形成特色。如广东石油化工学院，原来是茂名学院，在专业设置方面与韶关学院、肇庆学院、嘉应学院、惠州学院很相似，2010年更名为广东石油化工学院，并重组相关院系。因为该校前身是广东石油化工高等专科学校，在石油行业具有优势积累，茂名学院为发扬石化行业特色，培养石化行业人才，更名为广东石油化工学院。更名以后，该校在石化行业人才培养、科学研究、社会服务等方面如鱼得水，独树一帜。

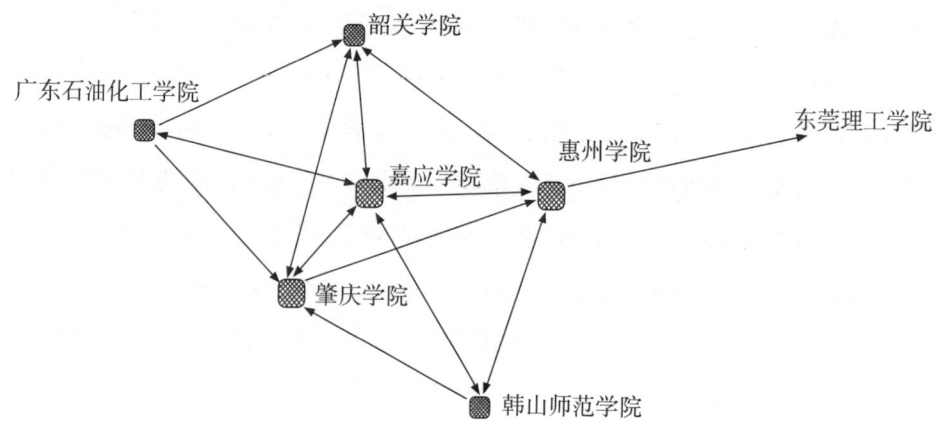

图 5.4　广东七所地方大学联系图

对地方大学与省内高校合作的紧密程度与校地合作能力做相关性分析,如表5.4和图5.5所示,地方大学与理工科类高校合作越紧密,校地合作能力越强;地方大学与行业类院校合作越紧密,校地合作能力越强。其中通过显著性检验且正相关的高校是：佛山科学技术学院,相关系数 0.221；五邑大学,相关系数 0.121；广东财经大学,相关系数 0.112；中山大学,相关系数 0.118；华南理工大学,相关系数 0.267；广东工业大学,相关系数 0.247；广东农业大学,相关系数 0.105。

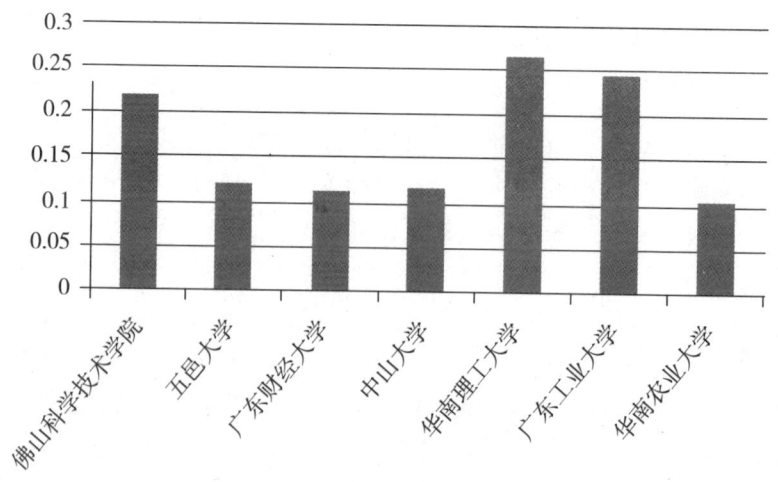

图 5.5　地方大学校地合作能力与省内高校合作紧密程度相关性系数排序图

地方大学与省内外高校合作形成的校地合作机制是地方大学内生发展的动力。如表 5.4 所示，相关系数最高的是华南理工大学和广东工业大学。这两所大学是历史较为悠久、学科较为完备的理工科大学，与它们的联系越紧密，校地合作能力越强。在地方大学重点学科建设、人才培养、服务地方经济社会中，会遇到困难，如果有帮扶高校结对发展，将对地方大学提升实力很有帮助。如表 5.4 所示，与佛山科学技术学院合作越紧密，校地合作能力越强；与五邑大学合作越紧密，校地合作能力越强。佛山科学技术学院、五邑大学都是理工科较强的地方大学，说明与理工科类地方大学联系越紧密，校地合作能力越强。如表 5.4 所示，与广东财经大学、中山大学、华南农业大学联系越紧密，校地合作能力越强。广东财经大学和华南农业大学是行业特色类水平较高的高校，说明与行业特色类水平较高的高校联系越紧密，校地合作能力越强。中山大学是广东省内"双一流"高校，文理综合，科研实力在近年提升很快，地方大学与中山大学联系越紧密，校地合作能力越强。

表 5.4 地方大学校地合作能力与省内高校合作紧密程度相关性系数表

高校名称	系数（皮尔逊）	显著性（双尾）
肇庆学院	0.027	0.573
韶关学院	−0.030	0.522
嘉应学院	−0.065	0.522
惠州学院	−0.096*	0.040
广东石油化工学院	−0.027	0.557
岭南师范学院	−0.009	0.835
韩山师范学院	−0.224**	0.000
东莞理工学院	0.064	0.169
佛山科学技术学院	0.221**	0.000
广东技术师范学院	0.051	0.241
五邑大学	0.121**	0.005
广东财经大学	0.112**	0.009
广州大学	0.063	0.142

续表：

高校名称	系数（皮尔逊）	显著性（双尾）
中山大学	0.118**	0.006
华南理工大学	0.267**	0.000
广东工业大学	0.247**	0.000
华南农业大学	0.105*	0.015
华南师范大学	−0.046	0.292

近年来，广东省重视对地方大学的扶持，省教育厅根据地方大学未来发展战略，安排实力较强的高校与地方大学结对发展，成为地方大学发展的对标高校。地方大学与高层次大学形成结对发展的意义深远。一方面，地方大学可以利用结对高校雄厚的学术资源、科研资源发展重点学科，开展人才培养，服务地方经济社会发展；另一方面，地方大学可以与结对高校对标发展，向对标高校看齐，在重点学科建设、专业建设、国际交流等方面获得跨越式的发展。2018年，广东省开展高校教育人才"组团式"帮扶工作，由省委组织部、省委教育工委（省教育厅）结合工作实际，确定对口帮扶高校，采取"校对校"结对的形式，从高水平大学组团选派高校教育骨干人才，整体帮扶粤东粤西粤北地区受扶高校学科建设和教育人才队伍建设，带动受扶高校教学科研和管理水平的整体提升，促进受扶高校人才培养能力快速提高，增强受扶高校服务地方区域经济社会发展的能力水平。帮扶高校通过派出帮扶团队，主要在编制规划、学科建设、人才培养、教师队伍建设、科学研究、成果转化等方面，对地方大学进行"组团式"帮扶。

表5.5 2018年广东省高校教育人才"组团式"帮扶高校对应一览表

帮扶高校	被帮扶高校
中山大学	嘉应学院
华南理工大学	广东石油化工学院
暨南大学	五邑大学

续表：

帮扶高校	被帮扶高校
华南农业大学	韶关学院
华南师范大学	岭南师范学院
广东工业大学	肇庆学院
南方医科大学	广东医科大学
深圳大学	韩山师范学院
南方科技大学	惠州学院

5.1.4 地方大学与地方研究机构合作机制构建

地方大学与地方研究机构构建的校地合作机制主要有两种类型。第一种是"接地气"类型，即地方研究机构是"接地气"的，是服务地方经济社会发展的。如肇庆学院西江流域柑橘产业协同创新中心长期与肇庆市农科所、果树研究所合作，解决柑橘黄龙病等实际问题。第二种是"高精尖"类型，即地方大学与区域范围内高端研究机构合作，形成机制，促进地方大学开展高水平科学研究。如五邑大学与江门市大健康国际创新研究院、英国利物浦热带医学院合作建立江门－利物浦公共卫生研究所。地方大学与两种类型的地方研究机构开展校地合作都是有必要的。"接地气"类型的地方研究机构，科研水平不高，但实际应用水平较高，可以切实解决地方经济社会发展、农业生产问题。"高精尖"类型的地方研究机构，在地方存在数量较少，是非常珍稀的。"高精尖"类型的地方研究机构，对地方新兴产业的形成具有推动作用。

本研究表明，地方大学与地方研究机构的合作质量越高，校地合作能力越强，相关系数为0.261。但是，地方大学与地方研究机构的联系并不紧密，如表5.6所示，地方大学与地方研究机构合作紧密程度仅得分3.524，排序为第6。一方面，地方大学亟须与地方研究机构形成高质量的合作，另一方面，二者的联系并不紧密。地方大学与地方研究机构合作机制构建的主要目标是：构建科研合作体系，服务地方经济社会发展或形成地方新兴产业。因此，地方大学与地方研究机构要构建的理想机制是：地方大学与地方研究机构、其他高端科研机构、高水平大学的科研机构合作形成校地合作机制。地方大学与地方科研机构合作的触角可以延伸至其他高水平科研机构。如五邑大学与中科院建设"数字光芯片联合实验室"，实验室促进五邑大学在半导体材料领域的科研水平提升、产学研合作平台建设和人才培养，同时促进数字光芯片技术在智能制造领域的应用，助力江门产业转型升级。地方大学与科研机构加强合作的意义在于，促进应用型科研水平提升，促进科技创新。不论是与"接地气"的科研机构合作，还是与"高精尖"的科研机构合作，地方大学都要围绕自身学科建设、学科布局的发展规划开展校地合作，促进地方经济社会发展。

表 5.6 地方大学与不同利益主体合作紧密程度表

利益主体	得分	排序
其他高校	3.723	2
地方政府	3.767	1
地方产业	3.576	4
地方企业	3.656	3
地方研究机构	3.524	6
地方行业组织	3.528	5
地方事业单位	3.468	7
地方中介组织	3.109	9
地方风险投资机构	3.261	8

地方大学与地方合作建立地方科研机构，如地方研究院等，与地方经济社会发展形成融合态势。如肇庆学院与粤桂合作特别试验区（肇庆）合作，成立粤桂合作战略发展研究院；肇庆学院与肇庆高新区合作，成立产业创新研究院。高校成立地方研究院的意义在于，以科研机构为载体，通过与地方密切合作，影响地方经济社会发展。如清华大学海峡研究院，依托两岸清华大学技术、人才，充分发挥三方优势，服务于加快海峡两岸经济区和一带一路核心区建设的

国家战略，打造创新创业生态圈，积极支持福建省及厦门市快速发展，促进海峡两岸融合，推动福建自贸区的发展，努力建成国际一流的科技创新、高技术产业化基地。对于科研实力较弱的地方大学来说，从服务地方经济社会发展着手，建立服务地方经济社会发展的研究机构，具有战略意义。如肇庆学院与肇庆高新区联合成立的产业创新研究院，对高新区的产业布局、产业发展发挥了战略指导作用。地方大学与地方合作成立地方产业技术研究院是地方大学展示学校办学实力，促进科研成果转化，支持学生就业创业，推动地方经济社会发展的重要载体。

5.1.5 地方大学与多元主体合作机制构建

加强地方大学与多元主体合作，构建地方大学服务地方经济社会发展机制意义深远。自威斯康星大学提出"为本州服务"的思想以来，服务地方经济社会的理念就在大学扎根。地方大学与地方开展校地合作建立学科、育人平台，建设智库、文化机构、产业学院、研发平台、校企战略联盟、企业孵化中心，这些服务地方经济社会发展的机制，有力推动地方大学服务地方经济社会发展，成为地方大学服务地方经济社会有规可循的章法。

地方大学与多元主体开展校地合作的机制是指地方大学校地合作中与其他高校、地方政府、地方产业、地方企业、地方研究机构、地方行业组织、地方事业单位、中介组织、风险投资机构等利益主体形成的校地合作机制。地方大学与多元主体机制的构建，使地方大学成为服务区域经济社会发展的主力军。地方大学通过与企业研发机构、政府支持的研发机构合作开发高新技术或实用技术服务地方企业；地方大学通过与其他高校合作提升科研实力和人才培养能力；地方大学根据政府主导产业开办相关产业学院服务地方主导产业；地方大学与地方文化机构密切合作，实现地方文化传承创新；地方大学通过与地方政府及其所属事业单位合作创办智库等机构影响区域战略发展和区域行业发展；地方大学通过与地方行业组织合作形成校企战略合作联盟服务地方行业企业发展；地方大学与地方中介组织合作进行技术转移和企业孵化；地方大学与风险投资机构合作获得发展的资金支持。地方大学通过与中介组织合作，发挥中介组织中的孵化器、科研成果转化机构的作用，形成创业机制。

如图5.6所示，地方大学通过与多元主体合作共建机制，成为区域经济社会发展的重要组织者。第一，地方大学与区域其他高校和地方研究机构合作，共建学科与育人平台。通过与区域其他高校合作，提升人才培养、科学研究的能力；通过与地方研究机构合作，提升服务地方科技发展的能力。如肇庆学院通过"组团式"帮扶，与广东工业大学开展全面合作，广东工业大学在高水平大学、高水平理工科大学建设过程中，开放资源，助力肇庆学院提升科技创新和社会服务能力。帮扶主要内容包括学科一对一帮扶共建、提升重点创新平台和争取重大科研项目以及高层次科技奖励、联合培养研究生、教学工作指导、人才培养合作、师资队伍建设及学术交流等六个方面。

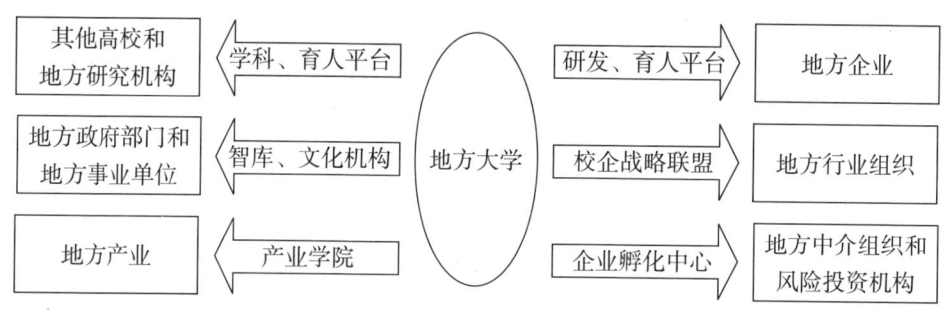

图 5.6 地方大学与多元主体合作机制构建示意图

第二，地方大学与地方政府部门和地方事业单位合作，形成智库和文化机构。智库是地方大学服务地方政治、文化、经济、产业发展的重要载体，可以发挥地方大学专家群的作用；文化机构主要指研究、传播地方文化的机构。如肇庆学院与肇庆市委市政府共同成立肇庆市决策咨询研究院，该研究院主要与市委政策研究室和市政府经济研究室合作开展决策咨询调研。

第三，地方大学与地方产业合作，创办产业学院。产业学院是深化产教融合的重要载体，是将产业与人才培养融合的平台。如惠州学院与仲恺高新区合作成立仲恺信息学院，该学院搭建学校、政府、国际和行业企业协同育人平台，实行管理机制创新，建立由惠州学院和仲恺高新区联合指导下的理事会决策机制的管理模式。学院将提升服务地方能力和人才培养能力，建立全过程对社会需求及时响应的人才培养模式，积极打造人才培养模式改革实验区、双师双能型教师挂职锻炼基地、大学生双创教育示范基地、电子信息产业高端技术人才培训基地、仲恺基础教育师资培训基地、产业技术工人培训基地；学院将服务地方主导产业行业与经济社会发展，服务面向全领域，提供科技服务、智库服务、文化服务。

第四，地方大学与地方企业合作，进行技术研发，搭建育人平台。地方大学与企业的合作研究平台、协同育人平台是校企合作的重要体现形式。如校企合作是白云学院的办学特色，学校推行"产教融合、校企合作、工学结合"的校企协同育人的人才培养模式，目前校内已建立东风日产、中国移动、中国联通、白云电气、台湾全量、北京精雕、深圳远征汽车、西门子等一批由企业拨资的实验室，校外在东运镁业、白云电气、美的集团、格力电器、秋鹿服饰等近六百家企业建立实习基地。

第五，地方大学与地方行业组织合作，形成校企战略联盟。校企战略联盟的特点是将行业、产业的多个企业形成联盟关系，共同提升人才培养质量，服务应用型科学研究，解决产业发展的共同问题。地方大学与地方行业组织通过聚集该行业的企事业单位，形成聚集效应，与地方大学在人才培养、科学研究等方面通力合作。地方行业组织有地方法律协会、地方新闻工作者协会、地方教师协会，地方产业组织如新能源汽车产业协会、环境保护产业协会，等等。如肇庆学院与地方法律协会紧密合作，建立知识产权学院，培养知识产权专业人才。如肇庆学院与市新能源汽车协会合作，组织全市新能源汽车企业联合形成战略联盟，希望在产品设计、技术研发方面对全市新能源汽车起作用。

第六，地方大学与地方中介组织和风险投资机构合作形成企业孵化中心，成为区域经济发展的新力量。企业孵化中心对地方大学创新创业教育、地方市民创新创业有重要推动作用。如肇庆学院大学科技园2017年成为国家级大学科技园培育单位，2018年依托本单位科技成果成立的企业4个，以本单位知识产权作价投资的形式注册的企业数2个。

地方大学与多元主体合作构建机制主要有以下作用：第一，带动地方产业发展。地方大学通过建设产业学院和校企战略联盟，引领行业企业发展，形成优势产业，带动地方产业发展。如小鹏汽车落户肇庆市的过程中，肇庆学院的汽车专家发挥了作用，包括前期的项目评估，后期的咨询等。第二，拉动地方经济。地方大学通过为地方企业提供科研平台和技术支持，鼓励教师和学生创办高科技企业，建设大学科技园等拉动地方经济。如柑橘是肇庆市的一个重要产业，肇庆学院西江流域柑橘产业协同创新中心为解决柑橘黄龙病进行研究，请省内外的专家来为果农解决实际问题，为果农带来很大经济利益。第三，繁荣地方文化。地方大学通过建设智库、文化机构，提升地方文化品位，繁荣地方文化。如肇庆学院利玛窦研究中心成功举办了两届"利玛窦与中西文化交流学术研讨会"，提升了肇庆利玛窦研究的水平。第四，发展地方高等教育。地方大学通过进行应用型人才培养，建立科研平台，大力发展地方高等教育。

5.2 地方大学校地合作新构建机制因子分析

5.2.1 开放编码：地方大学校地合作机制梳理

根据访谈过程中出现的与地方大学合作机制相关的问答，对每一句话进行概念化。如"我校正在通过省市共建争取政府资金、政策、服务、桥梁等方面的支持"（ZU08）编码为"争取政府优惠政策"。通过开放编码，找出内容不一的编码。如表5.7所示。

第5章 地方大学校地合作机制构建

表5.7 校地合作机制开放编码词条示例

序号	范畴	编码词条示例
1	科技成果转化	我校与佛山市的知名企业合作，根据企业的产品开发需求，开发设计新产品，企业将我们的科研成果直接进行转化。（FU03）
2	风险资本支持	在企业孵化过程中，获得一定的风险资本支持，现在风投很热，很多新产品尚未开发出来，就得到风投的热捧。（FU03）
3	企业孵化	我校专门建了一个"创客方舟"，给学生提供创新创业的机会，有一些微创企业孵化出来。2017年我校大学科技园被认定为广东省首批前孵化器建设试点单位、国家级科技企业孵化器、广东省小微企业孵化示范基地。（ZU20）
4	科技园建设	我校科技园是广东省建设得最早的地方大学科技园。2017年被认定为国家级大学科技园培育单位。（ZU20）
5	创新创业活动	创新创业是大学发展的理念，我们将创新创业作为一种理念去做，将此贯彻到人才培养的全过程。如培养学生的创新思维和创业理念。（ZU01）
6	知识产权保护	我校教师申请专利的积极性很高，去年就申请了500多项专利，我们鼓励每个学院的老师都申请专利。（FU01）
7	争取政府优惠政策	我校与高新区共建了产业创新研究院，我市高新区做出了很多努力，给予了相应的政策，目的是整合我校科技开发资源，为高新区服务。（ZU15）
8	获得政府研发资助	佛山市政府给予的研发资助是仅次于深圳市的，在"腾笼换鸟"的产业升级过程中，佛山市不断鼓励高校、企业开展创新，给予大量的研发资助，这是这几年淘汰落后产能取得成绩的秘诀。（FU08）
9	合作的目标	项目的合作要有共同的目标，就像力学讲的，形成合力，政府、企业、高校都要朝这个目标努力。（FU05）
10	合作的质量	项目质量很重要，有一些校地合作项目，仅停留在签协议的阶段。我们文科类，比较不容易受到重视。但是我院积极与肇庆市人大常委会开展合作，成立肇庆市地方立法研究与咨询服务基地，目前已取得良好成效。（ZU18）
11	合作的场地	最大的困难是硬件建设空间不够，学生老师都很想入驻，但没有空间，现在只有4000多平方米的有限空间。现在正在建设的肇梦空间南区北区、创客方舟是一个很大的推动。（ZU16）

续表：

序号	范畴	编码词条示例
12	合作的利益分配	首先要保证自身的技术能力能为企业提供技术服务，准确掌握本专业、本行业的技术发展趋势。一旦企业对我们失去信心，必然在企业群去失信誉，损失无法估量。（ZU08）
13	创新成效	我校要求每个学院和学科都要瞄准国际国内先进水平，围绕佛山创建国家级创新城市和打造珠江西岸先进装备制造业产业带的需求，大力改善办学条件，大力提升办学水平，产出一流科技成果，培养一流创新人才。（FU01）
14	创业教育	我校的做法是在人才培养上树立以学生为中心，知识探究、能力培养、价值塑造"三位一体"的教育理念，把创新创业教育融入人才培养全过程，本科生培养强化"重基础、强能力、宽视野、多样性、个性化"的理念。（GU01）
15	产业影响力	在保证企业生存、行业发展的前提下，在政府良性运转的基础上及其能力范围内，提出技术发展、新产品研发、技术储备等意见或建议，促进产业发展。（ZU13）
16	区域经济影响力	肇庆市正在发展新能源汽车产业，全市对外招商引资，对内盘活优势资源，整合新能源汽车产业链，努力将新能源汽车打造成千亿级产业。我校机械与汽车工程学院与市汽车协会合作，努力在汽车产业方面贡献力量。（ZU17）
17	智库建设	我校成立的肇庆市决策咨询研究院就是新型智库，研究院在服务肇庆经济社会发展中应发挥桥梁和纽带的作用，整合利用校、市内外的有效资源，加强交流和合作，解决肇庆当前亟待解决的课题。（ZU01）
18	知识创造	在科技研发的过程中，新的研究发现、开发出新型产品，在校地合作中是很重要的知识更新和创造。（FU10）

5.2.2 组织战略视角中地方大学校地合作新构建机制归纳

将开放编码获得的18个范畴纳入问卷中，并提出相关问题："请问您所在的高校在校地合作中形成的机制效果如何？"对该题项进行因子分析，在元件变量的分析中，考虑的因素有：因子得分数在本元件中较高、是否在其他元件中有较高的分数表现、不在其他元件中重复考虑。如表5.8所示，元件1中分数较高且没有被其他元件抽取的变量有：创新创业活动、知识产权保护、争取政府优惠政策、获得政府研发资助、创新成效、创业教育。元件 2 中分数较高且没有被其他元件抽取的变量有：产业影响力、区域经济影响力、智库建设、知识创造。元件 3 中分数较高且没有被其他元件抽取的变量有：科技成果转化、风险资本支持、企业孵化、科技园建设。元件 4 中分数较高且没有被其他元件抽取的有：合作的目标、合作的质量、合作的场地、合作的利益分配。综合所得，4 个元件从元件 1 到元件 4 归纳整理成新机制分别是：创新创业机制、区域影响力机制、产业转化机制、项目合作机制。

表 5.8 地方大学校地合作新机制因子分析表

机制因子	元件 1	元件 2	元件 3	元件 4
科技成果转化	.684	.185	.344	.260
风险资本支持	.693	.136	.294	.475
企业孵化	.673	.238	.428	.159
科技园建设	.705	.080	.476	−.192
创新创业活动	.732	−.073	.368	−.368
知识产权保护	.693	−.218	.093	−.197
争取政府优惠政策	.764	−.435	.024	.017
获得政府研发资助	.786	−.392	−.004	.003
合作的目标	.782	−.164	−.218	.057
合作的质量	.778	−.176	−.233	.165
合作的场地	.766	−.200	−.274	.146
合作的利益分配	.785	−.165	−.233	.204
创新成效	.821	−.217	−.016	−.141
创业教育	.805	−.111	−.053	−.272
产业影响力	.781	.331	−.233	.033
区域经济影响力	.734	.418	−.195	.032
智库建设	.684	.499	−.153	−.152
知识创造	.658	.481	−.275	−.218

第一，创新创业机制。元件1中有创新创业活动、知识产权保护、争取政府优惠政策、获得政府研发资助、创新成效、创业教育6个变量，将这6个变量归纳成创新创业机制。校地合作创新创业机制是指，地方大学在校地合作过程中出台相应体制机制，开展创新教育，鼓励教师、学生开展创新创业活动。地方大学通过争取政府优惠政策、获得政府研发资助等方式开展创新创业活动，开展知识产权保护，对学生开展创业教育，开展应用型的科研创新，取得创新成效。创新创业机制对地方大学意义重大，开展创新创业教育和创新科学研究可以帮助地方大学实现转型发展。一些地方大学对创新创业理解深刻，已经走在前列，如温州大学大力开展创新创业教育，并取得良好成效。一些地方大学正在起步阶段，也取得较为明显的成绩，如肇庆学院荣获2018年度全国创新创业典型经验50所高校之一。创新驱动发展战略对地方大学开展创新创业提出了新的要求：地方大学具有丰富的学术资源、科研资源，将科研成果转化成产品，将极大提升区域创新能力。校地合作创新创业机制，为地方大学服务地方创新创业提供有力保障，地方大学与地方工业园区积极合作，成立创新创业园，推广地方创新创业文化，提升创新意识，激发创业活力。

构建创新创业机制对地方大学具有组织战略意义。一是创新创业成为地方大学办学理念。创新创业成为办学理念，融入地方大学的教学、科研和社会服务中。创新创业教育是地方大学培养应用型人才的重要载体；创新创业科研推动地方大学应用型科学研究；创新创业社会服务使地方大学融入地方创新创业。二是地方大学搭建创新创业平台。地方大学通过建立创新创业机制，搭建创新创业平台。地方大学适合开展应用型科学研究，越是地方大学，越要强调创新创业。通过搭建创新创业平台，实现应用型科研成果的迅速转化。三是创新创业机制使地方大学转型成为创业组织。地方大学通过孵化器等科研成果转化机构将教师、学生的创新科研成果转化，转型成为创业组织。地方大学转型成为创业组织，使地方大学形成与地方经济社会发展的密切联系，推动地方创新创业。四是创新创业机制使地方大学成为创新组织。地方大学通过开展创新活动，鼓励教师开展创新科研，学生进行创新探索，形成鼓励创新、培育创新人才的创新组织。五是建立创新创业机制形成组织变革。地方大学是教学组织、科研组织，建立创新创业机制后，会发生组织变革，将从较为封闭的组织转变为开放型组织。在组织的边界，地方大学不断与外部环境进行资源交换，使外部创新创业资源融入地方大学的发展建设中。

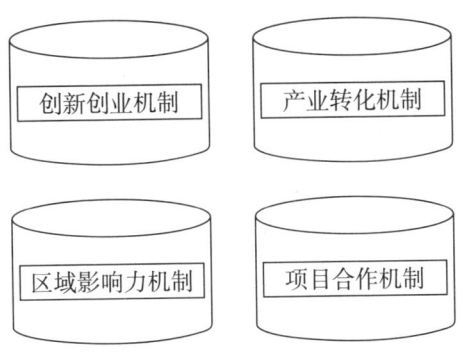

图 5.7　地方大学校地合作新构建机制因子分析图

第二，区域影响力机制。元件 2 中有产业影响力、区域经济影响力、智库建设、知识创造 4 个变量，将这 4 个变量归纳成区域影响力机制。校地合作区域影响力机制是指地方大学在校地合作中，建立体制机制，服务地方经济、社会、文化、政治等各个方面，提升政策影响力、产业影响力、区域经济影响力和科技影响力。地方大学通过知识创造服务地方企业，通过智库建设服务地方政府，通过服务地方产业，扩大产业影响力和区域经济影响力。"肇庆学院转型发展的目的，就是要让培养的人能够在地方经济发展上起作用，在学科结构方面，要积极适应地方经济结构，在专业设置上，瞄准地方最大的产业。我们培养的人才，要面向产业、面向企业、面向政府。"（ZU01）校地合作区域影响力机制的建构，中心在于服务地方经济社会发展，地方大学要结合学科专业、人才培养，精心设计对接地方经济社会发展的机制，提升区域影响力。

构建区域影响力机制对地方大学具有组织战略意义。一是地方大学成为智库组织。地方大学聚集了高层次专业人才，对地方发展建设具有独特的视角和深刻的观点。地方大学通过建立智库组织提高区域影响力，为地方经济社会发展服务。二是地方大学影响地方产业布局。地方大学通过发展优势学科，聚集高端专门人才，对相关产业进行渗透或创造相关产业在地方落户，影响地方产业布局。三是地方大学对区域发展产生影响。地方大学通过发展高等教育，为地方培养和输送应用型专门人才。地方大学通过建设智库和地方合作科研机构，对地方经济、社会、产业、政策等方面产生影响。四是地方大学进行区域知识生产和文化传承。地方大学对地方特色文化研究具有先天优势，进行区域知识生产和文化传承是地方大学区域影响力的重要体现。五是地方大学成为区域战略组织。地方大学成为区域战略组织，是地方发展的需要，也是自身发展的需要。地方大学通过建立区域影响力，成为区域发展的核心，成为影响区域发展的战略机构。

第三，产业转化机制。元件3中有科技成果转化、风险资本支持、企业孵化、科技园建设4个变量，将这4个变量归纳成产业转化机制。产业转化机制是指，地方大学在校地合作中将科研成果转化成产品，形成产业，成为产业发展的动力，推动、影响地方产业发展。地方大学通过大学科技园建设，进行产业孵化，通过风险资本支持，对教师科研成果进行科技成果转化。校地合作产业转化机制的建构，对于区域经济发展意义深远，地方大学从科研生产的环节转向产品生产的环节，地方大学的触角伸得更长，功能更为多元。

构建产业转化机制对地方大学具有组织战略意义。一是地方大学进行科研成果转化。地方大学将教师的科研成果进行转化，打破大学和地方产业的组织壁垒，实现科研成果的效益化。二是地方大学进行企业孵化。地方大学对教师、学生的创业项目进行企业孵化，产生经济效益。三是地方大学获得风险资本支持。地方大学获得风险投资，实现资本的注入，使组织获得经济活力。四是地方大学成为经济组织。地方大学不再单纯是教学、科研机构，而是具有经济能力的经济组织。地方大学通过知识生产、科研合作、文化传承、人才培养与外部环境进行经济交换，并产生经济效益。五是地方大学创造新的产业。地方大学通过科研成果转化、企业孵化，形成产业规模，创造新的产业，成为地方新兴产业的孵化中心。

第四，项目合作机制。元件 4 中有合作的目标、合作的质量、合作的场地、合作的利益分配 4 个变量，将这 4 个变量归纳成项目合作机制。项目合作机制，是以项目为依托，在校地合作中通过项目合作形成合作机制。项目合作机制要重点把握合作目标、质量、场地和利益分配，建立以承担项目、完成项目为载体的机制。以往的校地合作项目都是短期的、小规模的，在政府的支持下与大型企业开展长期合作。以项目为载体的合作机制，优势在于明确项目合作多方权利，规定合作利益主体的责任，要求项目的实施、完成符合要求和规定时限。通过承担校地合作项目，地方大学在教学、科研、服务社会、文化传承等方面得到能力的提升。

构建项目合作机制对地方大学具有组织战略意义。一是地方大学建立以项目为载体的发展模式。地方大学以项目为载体进行人才培养、科学研究、学科建设，推动教学、科研、社会服务，实现发展使命。二是建立多元合作组织。项目的完成需要多方共同努力，建立政府、企业、高校、其他主体合作的多元合作体系，建立有利于学校发展的项目合作组织。三是建立交叉发展的组织结构。地方大学的组织结构以院系为单位，将通过项目合作实现交叉发展，即通过一个项目集中不同专业领域的专家，实现交叉发展。四是项目成为地方大学的发展传统。好的发展项目，使地方大学的人才培养、学科建设、科学研究、社会服务走向成熟，持续发展，将成为地方大学的发展传统。五是项目承载地方大学的未来。通过规划设计与地方大学战略发展方向一致的项目，淘汰不合适的项目，指引地方大学的未来发展。

5.3 地方大学办学资金来源与校地合作机制构建

5.3.1 地方大学办学资金来源与校地合作能力分析

伯顿·克拉克在《建立创业型大学：组织上转型的途径》一书中，提到转型的途径之一：一个多元化的资助体系。高校办学资金来源不同，校地合作机制也不同。如美国高等教育办学资金的来源主要包括政府拨款、学费、产业收入和社会捐赠等。美国高校办学经费资金来源主要有：第一，学费。学费是美国高等教育办学经费中的重要来源之一。美国公立大学大约20%的经费来源于学费，私立高校有约40%的经费来源于学费。第二，政府投入。美国高等教育经费的来源大部分是从政府中支出，尤其是公立大学和公立高等研究机构。第三，社会捐赠。美国高等教育的经费很大部分来自高校校友和社会人士的捐赠。因为美国对于教育捐赠具有完善的立法支持，即用于教育的捐赠款项可以冲抵个人所得税或企业的赋税。第四，产业收入。美国高等教育机构通过经营校办产业、进行科研服务和进行专利销售来获得营利性收入，进而将这些营利性收入作为办学经费。

如表5.9所示，根据本研究的调查，认为地方大学办学资金来源比最大的是政府办学经费的占57.5%，认为学生学费占很大比例的占26.9%，其他的都小于10%。如5%认为科研项目资金占很大比例，2%认为校友捐赠占很大比例，1.9%认为企业研发资助占很大比例，1.7%认为社会捐赠占很大比例，1.3%认为产业支持资金占很大比例，0.9%认为校办产业占很大比例。可见，政府办学经费、学生学费是地方大学最主要的办学资金来源。

表5.9 地方大学办学资金来源表（%）

来源	很少比例	较少比例	一般	较大比例	很大比例
政府办学经费	1.5	4.8	11.7	24.5	57.5
校办产业	24.5	28.0	25.8	20.8	0.9
校友捐赠	12.1	29.5	34.1	22.3	2.0
社会捐赠	15.4	26.9	46.2	9.8	1.7
学生学费	0.7	4.1	24.9	43.4	26.9
科研项目资金	2.2	22.8	42.9	27.1	5.0
企业研发资助	10.4	31.0	51.0	5.8	1.9
产业支持资金	13.7	31.5	47.9	5.6	1.3

如表5.10所示，对地方大学办学资金来源与校地合作能力进行相关性分析，科研项目资金占比越大的地方大学，校地合作能力越强，相关系数为0.215；

校办产业占比越大的地方大学，校地合作能力越强，相关系数为0.189；企业研发资助越大的地方大学，校地合作能力越强，相关系数为0.187；产业支持资金占比越大的地方大学，校地合作能力越强，相关系数为0.173。政府办学经费、校友捐赠、社会捐赠、学生学费未通过检验。办学资金来源不同，校地合作机制不同。与美国大学相比较，中国地方大学大部分办学资金来源于政府办学经费和学生学费，产业收入和社会捐赠较少。根据办学资金来源的不同，中国地方大学在校地合作机制方面需要加强的是，第一，建立科研奖励机制，多方面争取科研项目资金。科研项目资金来源包括政府、企业、基金会等，争取更多的科研项目资金，有利于提升地方大学的校地合作能力。第二，建立校办产业发展机制，大力发展校办产业。校办产业越发达，地方大学校地合作能力越强。第三，建立企业研发资助机制，获得企业研发资助。获得企业研发资助越多，地方大学校地合作能力越强。第四，建立产业基金资助机制，获得产业支持资金。产业支持资金越多，地方大学校地合作能力越强。第五，建立校友联络机制，获得社会捐赠和校友捐赠。利用校友资源多方面加强校地合作，可有力推动中国地方大学的发展。以上校地合作机制对地方大学可持续发展意义重大。

表5.10 地方大学校地合作能力与办学资金来源相关性系数表

办学资金来源	系数（皮尔逊）	显著性（双尾）
政府办学经费	0.058	0.182
校办产业	0.189**	0.000
校友捐赠	0.020	0.063
社会捐赠	0.007	0.872
学生学费	0.080	0.063
科研项目资金	0.215**	0.000
企业研发资助	0.187**	0.000
产业支持资金	0.173**	0.000

5.3.2 地方大学办学资金来源与考核机制分析

地方大学最重要的办学资金来源是政府拨付的办学经费,争取获得更多的政府拨款是地方大学实现跨越发展的重要影响因素。以广东省为例,2014年开始,广东省开展卓有成效的"创新强校"工程。创新强校工程将高校分成博士授权高校、硕士授权高校、公立本科院校、民办本科院校、高职院校等不同层次,对每一个层次设定不同的指标进行考核,拨款与创新强校考核成绩挂钩。在广东省"创新强校"工程中,特别强调协同创新机制的建立。以公立本科院校为例,分别进行管理机制改革、师资队伍建设、人才培养、学科建设与科学研究、社会服务、综合管理绩效评价六个大方面的考核。在管理机制方面,要求地方大学建立现代大学制度,进行人事管理制度改革、人才培养机制改革、科研体制机制改革、资源配置机制改革。师资队伍建设方面,对双师双能教师引育、教师交流访学、教师管理制度等方面进行考核。人才培养方面,强调校企共建专业、学生实习实践、创新创业教育、校企协同育人、学科技能竞赛等指标。学科建设与科学研究方面,强调省级重点学科、学科创新平台、高层次科研创新平台等指标。社会服务方面,强调新型研发机构和新型智库建设、技术转移机构、发明专利申报、咨政建言、科研成果转化等。综合管理绩效考核强调学校统筹力度、财务管理、创新强校工程项目管理等指标。

广东省部分地方大学2016年获得创新强校工程资金分配情况如表5.11所示,各高校略有差距,工程资金是根据2015年创新强校工程考核的情况来进行分配。根据创新强校工程的要求,各高校进行了相应的体制机制改革。以肇庆学院为例,2017年出台了《肇庆学院用人制度综合改革实施办法(试行)》《肇庆学院"人才特区"管理办法(试行)》《肇庆学院机构设置改革方案》《肇庆学院学术规范》,修订了《肇庆学院科研经费管理办法》等管理制度。

第5章 地方大学校地合作机制构建

表5.11　2016年广东省部分地方大学创新强校工程资金分配表

地方大学	奖补（万元）	创新强校工程专项资金（万元）
岭南师范学院		1 461
韩山师范学院		1 381
广东石油化工学院		1 728
韶关学院	15	1 620
嘉应学院		1 450
惠州学院		1 568
肇庆学院		1 369

2018年，广东省提出高等教育"冲一流、补短板、强特色"的计划。一批地方本科院校被纳入广东省粤东西北高校"冲一流、补短板、强特色"计划。广东省高等教育"冲一流、补短板、强特色"计划是广东省教育厅根据教育部"双一流建设"思想提出的针对广东省高校发展的具体计划，要求不同层次的高校，根据国家的要求和自身的发展进行冲一流、补短板、强特色的调整。2019年广东省粤东西北高校"冲一流、补短板、强特色"计划经费安排如表5.12所示，下一年度经费将根据项目完成情况进行调整。办学经费拨付与考核挂钩，根据指标评分进行考核，评价指标成为指导地方大学发展的方向，是实现高等教育跨越式发展的一种方式。

广东省"创新强校"工程、广东省高等教育"冲一流、补短板、强特色"计划的考核评价指标影响和指导了地方大学的发展，并迅速提升了一批地方大学的办学实力。将办学经费拨付与考核评价挂钩，形成相应的机制，促进地方高等教育发展，具有高等教育管理的杠杆作用。考核评价指标中涉及大量与校地合作有关的机制，对地方大学校地合作具有推动作用。

表 5.12　2019 年广东省部分粤东西北高校"冲一流、补短板、强特色"计划经费安排表

高校	计划经费（万元）	创新平台建设资金	奖励资金	组团式帮扶资金	合计（万元）
广东海洋大学	5 000	412			5 412
五邑大学	17 000	423	180	960	18 563
韩山师范学院	5 000	303	90	960	6 353
嘉应学院	5 000	278		960	6 238
广东医科大学	5 000	380		960	6 340
岭南师范学院	5 000	384		960	6 344
韶关学院	5 000	365		960	6 325
惠州学院	5 000	384	30	960	6 374
肇庆学院	5 000	387		960	6 347

5.4 地方大学服务区域创新驱动发展机制

地方大学服务区域创新驱动发展机制是指地方大学在校地合作过程中形成的，地方大学、其他高校、地方政府、地方产业、地方企业、地方研究机构、地方行业组织、地方事业单位、中介组织、风险投资机构等利益主体交互作用和协同创新形成的相对稳定，能够促进创新的、正式或非正式的关系总和。

5.4.1 地方大学校地合作与区域创新地位

地方大学通过校地合作构建区域创新地位，主要体现在以下四个方面。第一，地方大学拥有创新资源。创新资源是在创新中拥有的人力、物力、智力等方面的资源，如地方大学在一个学科领域拥有实验室平台、创新团队等。地方大学拥有科研创新平台，拥有教授、博士等高层次人才，拥有支持创新的制度体系，所以地方大学在区域范围内较多地拥有创新资源。第二，地方大学开展创新活动。创新活动是指为创新开展的活动。如地方大学教师、学生通过科学研究、技术开发、创意设计可开展创新活动。如肇庆学院共有 100 多个研究所，研究所设在二级学院，由二级学院组织开展科研、创新等工作。第三，地方大学作为区域创新主体。

创新主体是指在创新中的活动主体。如地方大学在区域范围内,是高等研究机构,是具有创新条件的区域创新主体。第四,地方大学作为创新网络中心。创新网络中心是指在创新活动中构建的网络中心,如地方大学在创新网络中担任网络中心的角色,运用创新资源,组织创新活动的开展。地方大学最适合成为区域创新网络中心,大学与政府、企业、研究机构相比,具有组织优势和发展潜力。

表 5.13 地方大学校地合作创新地位情况表(%)

区域创新地位	非常不好	比较不好	一般	比较好	非常好
拥有创新资源	1.5	6.7	38.6	49.4	3.4
开展创新活动	0.9	4.8	33.8	51.6	8.9
区域创新主体	1.3	7.2	40.3	43.8	7.4
创新网络中心	1.5	8.0	43.8	37.5	9.3

如表 5.13 所示,地方大学校地合作创新地位在拥有创新资源、开展创新活动、区域创新主体、创新网络中心方面的表现如下:认为比较好与非常好两项加总得分最高的是开展创新活动,占 60.5%;第二是拥有创新资源,占 52.8%;第三是区域创新主体,占 51.2%;第四是创新网络中心,占 46.8%。综上所述,对于地方大学来说,区域创新地位的构建,最重要的是构建创新网络,成为创新网络中心。目前我国地方大学在成为创新网络中心方面表现一般,要通过政策倾斜、资金安排等方式使地方大学成为创新网络中心。如出台政策或者给予研发资助,使地方大学成为区域创新活动的组织者,成为创新网络中心。

表 5.14 地方大学校地合作能力与区域创新地位相关性系数表

区域创新地位	系数(皮尔逊)	显著性(双尾)
拥有创新资源	0.084	0.052
开展创新活动	0.126**	0.003
区域创新主体	0.130**	0.002
创新网络中心	0.163**	0.000

如表 5.14 所示，将区域创新地位四要素与地方大学校地合作能力进行相关性分析得出，拥有创新资源与校地合作能力相关关系不显著。地方大学创新资源与历史积累、学校办学思路密切相关，大部分地方大学拥有的创新资源并不丰富，所以校地合作能力与创新资源相关关系不显著。开展创新活动与校地合作能力呈正相关，相关系数为 0.126。地方大学创新活动开展得越多，校地合作能力越强。一些地方大学积极开展创新活动，对区域创新能力提升起重要作用。区域创新主体与校地合作能力呈正相关，相关系数为 0.130。地方大学越是成为区域创新主体，校地合作能力越强。一些地方大学积极开展科学研究，组织区域创新，成为区域创新主体。创新网络中心与校地合作能力呈正相关，相关系数为 0.163。地方大学越是成为创新网络中心，校地合作能力越强。一些地方大学，在区域创新中构建创新网络，成为创新网络中心。

5.4.2 地方大学校地合作与区域创新创业

地方大学校地合作能力与创新创业相关性分析如表 5.15 所示，创新创业活动与校地合作能力正相关，相关系数为 0.111，通过显著性检验，说明创新创业活动开展得越多，地方大学校地合作能力越强。创新成效与校地合作能力正相关，相关系数为 0.220，通过显著性检验，说明创新成效越好，地方大学校地合作能力越强。创业教育与校地合作能力正相关，相关系数为 0.226，通过显著性检验，说明创业教育开展得越好，地方大学校地合作能力越强。用创新创业活动、创新成效、创业教育拟合多元线性模型，创新创业活动未通过显著性检验，创新成效系数为 0.143，通过显著性检验；创业教育系数为 0.163，通过显著性检验。说明创新创业活动、创新成效与创业教育比较，创业教育对校地合作能力影响最大，其次为创新成效。

表 5.15 地方大学校地合作能力与创新创业相关性系数表

创新创业	系数（皮尔逊）	显著性（双尾）	多元线性模型
创新创业活动	0.111**	0.010	−0.077
创新成效	0.220**	0.000	0.143*
创业教育	0.226**	0.000	0.163*

在机制建设方面，地方大学要特别重视创业教育和创新成效。创业教育做得越好，在区域创新创业中影响力越大。肇庆学院非常重视创业教育，先后成立肇庆市大学生创新创业指导中心、创新创业学院等机构，大力推动创业教育。2018 年，肇庆学院成为 2018 年度全国创新创业典型经验 50 所高校之一。地方大学创业教育的开展对区域创新创业意义重大：地方大学通过开展创业教育推动区域创新创业，为区域培养大批创新创业人才，实现科研成果的转化。创新成效与地方大学校地合作能力正相关。在机制方面，要出台制度，促进地方大学快出成果、多出成果，实现创新成效。

地方大学通过校地合作开展创新创业。第一，地方大学通过校地合作，大力扩大创业教育范围，提升创业教育水平。如肇庆学院在全校范围开展创业教育，让创业教育成为必修课。实行课内外"创业教育计划"，让学生走出校门，通过校地合作实施创业教育。第二，地方大学通过校地合作，鼓励创新，取得创新成效。地方大学是最需要创新的，因为同等情况下，企业可以选择层次更高的高校合作，不会选择与地方大学合作，所以，地方大学是最需要有创新的。第三，地方大学通过校地合作，大力开展创新创业活动，将创新创业活动与校地合作工作紧密结合。如肇庆学院大学科技园大力鼓励教师学生创新创业，建立"创客方舟"，为教师、学生地方企业合作提供平台。

地方大学通过创新创业提升校地合作能力。第一，地方大学通过创新创业，实现与地方企业、地方产业的对接。地方大学的教师和学生创业，需要接地气，企业通过科研合作，向我们的研发人员提要求，进行产品研发。第二，地方大学通过创新创业，带动地方创新创业活动。如肇庆学院西大资产经营管理有限公司与肇庆市政府合作成立肇庆市创新创业中心，有力带动肇庆市创新创业。第三，地方大学通过创新创业，为地方孵化大量创新型企业。如佛山科学技术学院成立的大学科技园，与佛山市地方经济社会发展紧密结合，形成"高校+"的创新创业模式，与佛山市龙园、创客社区、华南生命科学园、大湾区青年创业园、汇创坊、绿岛湖博士创新创业园等紧密合作，孵化创新型企业。

5.4.3 地方大学校地合作与区域科技创新

如表 5.16 所示，在科技创新方面，科技成果转化、知识产权保护、知识创造与校地合作能力正相关。科技成果转化与校地合作能力正相关，相关系数为 0.198，通过显著性检验，说明科技成果转化表现越好，校地合作能力越强；知识产权保护与校地合作能力正相关，相关系数为 0.120，通过显著性检验，说明知识产权保护表现越好，校地合作能力越强。知识创造与校地合作能力正相关，相关系数为 0.075，未通过显著性检验。用科技成果转化、知识产权保护、知识创造拟合多元线性模型，科技成果转化系数为 0.186，通过显著性检验；知识产权保护、知识创造未通过显著性检验。说明与科技成果转化、知识产权保护、知识创造相比较，科技成果转化对校地合作能力影响最大。

表 5.16 地方大学校地合作能力与科技创新相关性系数表[①]

科技创新	系数（皮尔逊）	显著性（双尾）	多元线性模型
科技成果转化	0.198**	0.000	0.186**
知识产权保护	0.120**	0.005	0.040
知识创造	0.075	0.083	−0.017

在机制建设方面，地方大学要特别重视科技成果转化和知识产权保护，科技成果转化和知识产权保护对地方大学科技创新具有重要意义。科技成果转化

---

① 多元线性模型为标准化系数，* 为 P<0.05,** 为 P<0.01。

与知识产权保护两者是密切相关的,起源于麻省理工学院的美国的《拜杜法案》是保护知识产权的重要里程碑。知识产权的保护,对实现科技成果转化意义重大。如表5.16所示,在多元线性模型中,科技成果转化系数为正,说明建立科技成果转化机制,对地方大学校地合作能力的提升影响很大。地方大学越来越重视科技成果的转化,如肇庆学院2017年出台《肇庆学院科研成果与成果转化管理办法》《肇庆学院知识产权管理办法》《肇庆学院企业科技特派员管理办法》等规章制度,鼓励教师创新,出成效。

地方大学通过校地合作提升科技创新质量。第一,地方大学通过校地合作,提升与企业合作进行创新研发的质量,以产业学院的形式,推动高新技术研发和人才培养。如佛山科学技术学院的二级学院与业内知名企业、科研机构合作,成立产业学院;如材料科学与能源工程学院,与广东新材料产业基地合作,成立新材料产业学院;自动化学院与中国空间技术研究院合作成立神州学院。第二,地方大学通过校地合作,转化科技创新成果。如佛山科学技术学院与佛山(云浮)产业转移工业园管委会及广东国鸿氢能科技有限公司三方联合组建氢能产业发展研究院,现在研究院已经建成国内首条具有先进技术的燃料电池电堆规模批量化生产线,实现科技创新成果的转化。第三,地方大学通过校地合作,开展协同创新,进行科研攻关。如佛山科学技术学院与中科院生物物理所开展协同创新,充分发挥中科院生物物理所人才、技术、项目等资源优势和佛科院的本土特色,成立佛山中科协同创新研究院,推动科技创新、平台建设、人才培养和国际合作。

地方大学通过科技创新提升校地合作能力。第一,地方大学通过科技创新,搭建桥梁,促进地方与高层次大学、高端科研机构的合作。地方大学自身实力不够,但是地方企业需要进行科技攻关,地方大学可作为地方企业与高层次大学、高端科研机构沟通的桥梁。如在为企业服务的科技创新过程中,遇到困难时向高层次大学、高端科研机构请教,解决实际问题。第二,地方大学通过科技创新,形成地方产业、地方企业、地方科研机构科技创新联盟。地方大学通过校地合作来开展科技创新,如开展校企科研合作服务产品开发,组织横向课题进行研究,开展协同创新进行科研攻关,如形成科技创新联盟。第三,地方大学通过科技创新,提升产业影响力,从而提升服务地方经济社会的能力。如肇庆学院与广东骏驰科技股份有限公司联合成立了"广东骏驰科技股份有限公司－肇庆学院机车研究院",骏驰科技是在汽车零配件生产中具有较大影响力的企业,肇庆学院在机械制造的研发方面具有一定的优势,两者通过科技创新在汽车零配件产业方面形成影响力。

5.5 地方大学、政府、企业创新角色比较

如表 5.17 所示,将地方大学校地合作能力与大学、政府、企业创新角色进行相关分析,发现大学创新引领相关系数为 0.153,通过显著性检验,说明大学创新引领表现越好,校地合作能力越强;政府创新引导相关系数为 0.151,通过显著性检验,说明政府创新引导表现越好,校地合作能力越强;企业创新支持相关系数为 0.221,通过显著性检验,说明企业创新支持表现越好,校地合作能力越强。用大学创新引领、政府创新引导、企业创新支持拟合多元线性模型,大学创新引领系数为 0.108,通过显著性检验;政府创新引导、企业创新支持未通过显著性检验。说明三者比较,大学创新引领对校地合作能力影响最大。

表 5.17 地方大学校地合作能力与大学、政府、企业创新角色相关性系数表

创新角色	系数(皮尔逊)	显著性(双尾)	多元线性模型
大学创新引领	0.153**	0.000	0.108*
政府创新引导	0.151**	0.000	−0.048
企业创新支持	0.221**	0.000	0.011

地方大学创新引领角色。第一,地方大学成为区域创新主体。地方大学具有区域内领先的学术研究能力,拥有创新科研成果和发明技术专利,成为引领创新驱动发展的区域创新主体。如肇庆学院柑橘产业技术体系肇庆综合试验站在柑橘黄龙病的诊治方面是省内领先的,目前正在申请国家级的试验站。第二,

地方大学成为区域创新网络的中心。地方大学通过建立机制，开展创新创业活动，成为区域创新网络的中心。第三，科研成果转化成为地方大学引领地方创新创业的体现形式。大力开展应用型科学研究，实现科研成果的转化，是地方大学创新引领的重要途径。

在区域创新驱动发展中，地方大学的创新引领作用至关重要。发挥好地方大学的创新引领作用，对实现区域创新驱动发展事半功倍。地方大学对接地方主导产业，引领行业企业开展技术创新，实现应用型科学研究与企业技术的融合。地方大学在政府的引导下，开展创新创业教育，建立科技园区，实现对地方创新创业的引领，成为连接地方政府、地方企业，实现区域创新的载体。地方大学通过建立机制，成为一个集教育、科研、创新为一体的组织，在政府授权、企业支持下，引领区域创新。

政府创新引导角色。第一，政府通过吸引创新项目，引导创新。地方政府通过创新引导，有力地将地方大学发展与创新驱动发展相结合。如佛山市政府在腾笼换鸟、产业转型升级的过程中，不断引进创新项目，佛山市成为珠三角创新中心。第二，政府通过研发资助，引导创新。地方政府对地方大学的研发资助，可以引导地方大学向主导产业、重点行业企业倾斜。研发资助主要是政府为企业和大学提供的创新和研发资金。如佛山市为企业和大学提供的创新研发资金是珠三角城市中较多的，仅次于深圳。第三，政府通过制定政策，引导创新。政策支持，对地方创新驱动发展至关重要。如佛山市政府出台政策，鼓励大学、科研机构协同创新，比如大力支持佛山科学技术学院与中科院生物物理所合作共建佛山中科协同创新研究院。

企业创新支持角色。第一，企业通过产品研发，支持创新。企业通过在市场中搜寻信息，获得创新需求。企业连接市场，第一时间知道市场的需求，根据市场需求及时进行产品研发，开展创新。第二，企业通过与地方大学合作支持创新。企业通过委托地方大学开展科研合作，实现联合创新。企业需要地方大学的科研平台，大学需要企业的行业动向、产品需求，二者的合作可以擦出创新的火花。第三，企业服务技术转移，支持创新。大学的科研创新成果，需要得到转化,大学科技园的一些企业承担了技术转移的工作,大大提升了创新的效率。

5.6 构建地方大学校地合作创新网络

如图 5.8 所示,地方大学校地合作创新网络以地方大学为中心向四周发散,形成多个三角、四角、多角创新网络。第一,地方政府、地方企业、地方产业、地方大学四角创新网络。由地方政府引导,进行产业布局,支持地方企业开展技术创新,地方大学对地方企业予以创新技术支持,为地方产业发展提供创新动力,为地方政府提供创新建议,地方企业与地方产业横向联系,形成交互发展相互促进的四角创新网络。第二,地方大学、地方企业、地方研究机构三角创新网络。地方企业分别与地方大学和地方研究机构开展创新技术合作,地方大学与地方研究机构开展创新技术交流,三者形成创新环。第三,地方大学、地方产业、地方行业组织三角创新网络。地方大学为地方产业提供创新动力,地方产业与地方行业组织密切合作,寻找创新点,地方大学为地方行业组织提供创新发展建议。第四,地方大学、地方风险投资机构、地方中介组织三角创新网络。地方大学通过与地方中介组织合作进行创新技术转移,孵化创新企业,地方风险投资机构为创新技术开发提供资本。第五,校地合作多角创新网络系统。以地方大学为中心,利益主体交互作用,交叉联系,分别与地方政府、地方企业、地方产业、地方研究机构、地方行业组织、地方事业单位、地方中介组织、地方风险投资机构形成网络状的校地合作创新网络。

校地合作创新网络的构建,使地方大学发挥高等教育优势,服务区域创新驱动发展。第一,地方大学成为区域创新引领者。地方大学通过与企业、地方研究机构开展科研合作,掌握区域创新的核心技术,成为区域创新引领者。如肇庆学院成立南药中心,掌握了本地制药的核心技术,科学合理地引领创新。第二,地方大学成为区域创新活动的组织者。创新活动的开展,需要活动组织者。地方大学通过纵向课题、横向课题、校企合作项目、产业学院、智库、校

第5章 地方大学校地合作机制构建

企战略联盟、协同育人平台、协同创新中心成为区域创新的活动组织者。地方大学最适合成为区域创新的活动组织者,因为地方大学拥有创新资源、创新能力和创新动力。第三,地方大学成为区域创新网络之间的桥梁。地方大学在科研交流、技术交流等方面具有天然的优势,在区域创新网络之间构筑桥梁,实现协同创新。如果地方大学在一些技术水平上达不到企业的需求,此时地方大学可以充当桥梁作用,将企业的技术需求与高端的科研组织对接,实现技术创新。第四,地方大学成为区域创新网络的中心。地方大学通过多方面、多渠道、多元合作,成为区域创新网络中心。

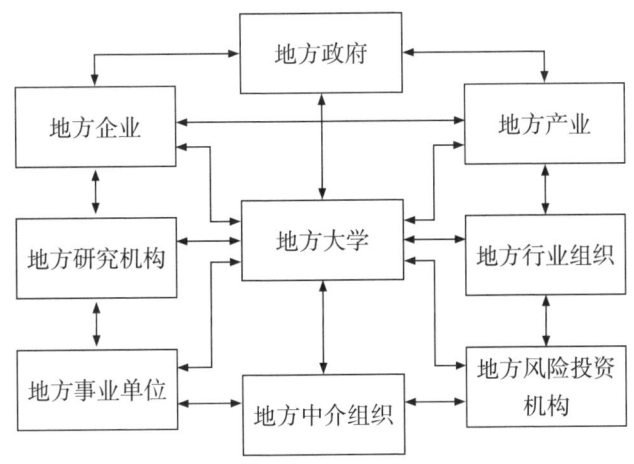

图 5.8 地方大学校地合作创新网络示意图

构建地方大学校地合作创新网络意义深远。在机制方面,地方大学成为联结地方政府、地方企业、地方产业、地方研究机构、地方行业组织、地方事业单位、地方风险投资机构、地方中介组织的创新网络中心。地方大学是非政府机构,能跳出政府的思维,引领创新驱动发展。地方大学与企业、产业、行业组织的创新合作通过校企协同育人、校企战略联盟等方式,实现了合作的密切性。地方大学与地方研究机构、地方事业单位的创新合作具有双向需求。地方大学作为创新创业教育的主体,通过大学科技园的建设,密切与地方风险投资机构、地方中介组织合作。

5.7 地方大学成为区域创新驱动发展中心

我国开展创新驱动发展战略以来，建设创新型国家成为发展目标，创新型国家建设是以区域创新驱动发展为载体，区域创新构建了国家创新。在区域创新驱动发展的过程中，地方大学发挥区域创新引领者、区域创新组织者、区域创新的桥梁的重要作用，成为区域创新驱动发展的中心。

地方大学成为区域创新驱动发展的中心，具有重要意义。第一，实现区域创新资源的聚集。以地方大学为中心，聚集创新资源，集中资源开展创新活动，实现区域创新驱动发展。第二，确保区域创新活动的开展。地方大学具有开展创新活动的需求，如广东省教育厅要求各地方大学建设省级创新平台，作为资金拨款的考核指标。地方大学通过开展创新活动，组织区域创新，确保区域创新活动的开展。第三，成为区域创新驱动发展的动力。大学是研究高深知识的地方，地方大学教师开展创新科研，使区域创新驱动发展具有源源不断的动力。第四，实现地方大学自身的创新发展。地方大学成为区域创新驱动发展的中心，可以为自身注入创新活力，实现创新发展。

地方大学通过以下途径成为区域创新驱动发展中心。第一，地方大学融入区域创新驱动发展。区域创新驱动发展需要人才、资本、技术、知识作为原动力，地方大学具有人才资源、技术资源和知识资源，地方大学通过开展创新活动融入区域创新驱动发展。第二，地方大学组织区域创新驱动发展。地方大学通过组织地方政府、地方企业、地方产业、地方研究机构、地方行业组织、地方事业单位、地方风险投资机构、地方中介组织形成区域创新网络，组织区域创新驱动发展。第三，地方大学领导区域创新驱动发展。地方大学通过开展区域科技创新、区域创新创业活动，奠定区域创新地位，成为区域创新驱动发展的领导者。第四，地方大学实现区域创新驱动发展。地方大学通过开展创新创业活动，组织区域创新，领导区域创新，实现区域创新驱动发展。

构建以地方大学为创新中心的机制，实现区域创新驱动发展。第一，以地方大学为中心，开展区域技术创新。地方大学根据地方产业布局，在地方政府的大力支持下,与地方企业开展科研合作,对地方企业的技术问题进行科技攻关,获得专利,实现技术创新。地方大学通过开展技术创新,为区域原始创新、集成创新、跟随创新提供智力保障。第二,以地方大学为中心,开展区域科研创新。地方大学与地方科研机构、其他高水平科研机构合作,开展科研攻关,实现科研创新。第三,以地方大学为中心,开展区域创新创业教育。以地方大学科技园为依托,开展创新创业活动,营造区域创新创业氛围,在地方大学开展创新创业教育。第四,以地方大学为中心,开展区域创新企业孵化。地方大学与地方政府、地方风险投资机构、地方中介组织密切合作,在地方大学科技园进行创新企业孵化。第五,以地方大学为中心,实现区域创新驱动发展。建立以地方大学为中心,包括地方政府、地方企业、地方产业、地方研究机构、地方行业组织、地方事业单位、地方中介组织、地方风险投资机构在内的创新网络,实现区域创新驱动发展。

5.8 地方大学校地合作协同创新机制

地方大学校地合作协同创新机制是指地方大学在校地合作的过程中,开展创新活动,实现协同创新的机制。地方大学校地合作协同创新包括四个方面的协同创新,分别是与地方政府开展协同创新,与企业开展协同创新,与其他高校开展协同创新,与科研机构开展协同创新。

地方大学开展校地合作协同创新的方式主要有:

第一,校政协同创新。地方大学通过与地方政府协同创新,形成具有地方特色的发展道路。地方大学熟悉地方经济社会发展的经济布局、产业布局,通过加强与地方政府的沟通与合作,开展协同创新。

第二,校企协同创新。在国家政策的框架下,地方大学亟须开展与大型企业的协同创新。

第三,校校协同创新。校校协同创新指地方大学积极开展与同层次、高层次、国外的高校协同创新。地方大学通过与高层次的大学开展科研合作、学科共建,促进科学研究。通过校校协同创新,帮助地方大学开展高层次的教育,如硕士、博士层次教育等。

第四，校所协同创新。校所协同创新主要是指地方大学与科研院所展开的协同创新。地方大学教师中 30% 左右具有博士学位，参与科研工作对于大学教师来说必不可少，地方大学具备开展校所协同创新的条件。

协同创新与一般合作的区别在于，协同创新组织中，各合作主体的目标是一致的，在合作的过程中必须要有创新，包括制度创新、机制创新、过程创新、成果创新，等等。因此，协同创新是对创新的更高要求。

表 5.18 地方大学校地合作能力与协同创新相关性系数表

协同创新	系数（皮尔逊）	显著性（双尾）
与其他高校协同创新	0.165**	0.000
与科研单位协同创新	0.241**	0.000
与企业协同创新	0.240**	0.000
与产业协同创新	0.252**	0.000

地方大学校地合作能力与协同创新的相关系数如表 5.18 所示，与其他高校协同创新的相关系数为 0.165，说明地方大学与其他高校协同创新表现越好，校地合作能力越强。与科研单位协同创新的相关系数为 0.241，说明地方大学与科研单位协同创新表现越好，校地合作能力越强。与企业协同创新的相关系数为 0.240，说明地方大学与企业协同创新表现越好，校地合作能力越强。与产业协同创新的相关系数为 0.252，说明地方大学与产业协同创新表现越好，校地合作能力越强。

地方大学校地合作协同创新主要在人才培养的教学环节、实践环节、就业环节三个方面开展：

第一，教学环节的协同创新。传统的教学方式是教师授课、学生听讲的授课方式。应用型人才的培养，需要"接地气"的课程设计、课程安排和授课方式。当前的课程设计、课程安排、授课方式都受到转型发展的挑战。解决问题的方法就在于教学环节的协同创新。根据 OBE（outcome based education）的观点，地方大学要培养什么样的实用性人才，应该由用人单位来决定，地方大学需要积极与用人单位开展协同创新，获得反馈信息，要在课程设计上安排企业来讲授部分课程，与企业一起开展协同教学。通过建立机制，实现教学环节的协同创新，是地方大学应用型人才培养改革的重要举措。

第二，实践环节的协同创新。地方大学在实践环节的力度、强度和广度远远达不到应用型人才培养的要求。亟须出台相应政策，给予企业补贴或税收优惠，使企业愿意与地方大学开展全方位合作。通过建立机制，实现实践环节的协同创新，让学生进入企业实习，迅速提升学生的实践能力，培养学生的职业素养。

第三，就业环节的协同创新。当前我国就业市场出现一个二元悖论，一方面，用人单位反映招不到合适的人才，另一方面，地方大学出现就业质量不高的现象。因为缺乏协同创新，出现闭门造车的培养模式，用人单位无法将自身需求向大学传达，没有实现对接。通过建立机制，实现就业环节的协同创新，实现用人市场与地方大学人才培养的对接。

地方大学校地合作协同创新主要在学校建设的师资队伍建设环节、对外交流环节、特色高校建设环节三个方面开展：

第一，师资队伍建设环节的协同创新。当前地方大学师资队伍建设出现师资力量不够的问题。学生数的膨胀与教师数量的缺乏形成对比，师资力量严重不够，造成地方大学教学质量下滑。通过协同创新，引进企业兼职教师，缓解教师数量短缺的问题；与境内外高校合作，设立联合岗位，引进高水平教师。通过建立机制，实现师资队伍建设的协同创新，培养"双师型"教师，引进高水平教师。

第二，对外交流环节的协同创新。出台相应政策，对地方大学对外交流的协同创新予以扶持，形成长效机制，为对外交流的学生培养、学科建设、师资队伍建设等提供帮助。提高地方大学对外交流合作的层次，与国外名牌大学开展人才培养、学科共建合作。通过建立机制，实现对外交流环节的协同创新，使地方大学实现国际化、跨越式发展。

第三，特色高校建设环节的协同创新。地方大学特色高校建设主要关注地方特色、历史特色、学科特色。地方大学要融入地方经济社会发展与文化传承中，根据地方文化特色、产业布局，结合学校学科发展历史、学科发展特点、学科优势和战略发展方向，来选择特色学科。通过建立机制，实现特色高校建设的协同创新，使地方大学实现特色化发展。

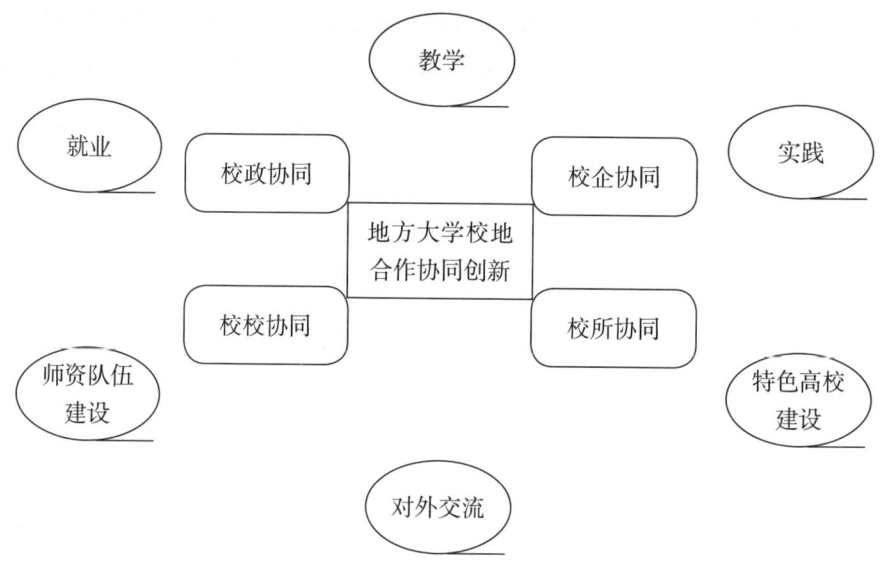

图 5.9　地方大学校地合作协同创新机制概念图

5.9　小结与讨论

国外对大学 - 政府的合作关系的研究主要是宏观研究，如对国家、市场、学术三者的关系进行研究，发现三者之间的冲突对立。本研究与埃茨科威兹的研究进行了比较，提出大学 - 政府的关系主要是合作与互惠，地方大学应该运用好与政府的合作与互惠关系，形成良好的机制。

国外对大学 - 企业的合作关系的研究主要集中在对大学技术转让、大学与产业的关系等方面。大学 - 产业合作的形式主要包括合作研究、大学 - 产业研究中心、合同研究和学术咨询。根据不同的目标，大学 - 产业合作以及知识产出有不同的效果。大学与产业之间的关系构成了双向交流，而不是单向传输。校企战略联盟是地方大学培养应用型人才、开展应用型科研、服务地方经济社会发展的有效机制。

国外的高教管理强调大学与其他高校形成校校合作关系，如美国一流大学形成"常青藤联盟"。本研究发现，与理工科院校、行业特色型院校合作越紧密，地方大学校地合作能力越强。地方大学要通过构建机制，加强与理工科院校、行业特色型院校的密切合作。地方大学与其他高校、地方研究机构、地方企业、地方事业单位、地方行业组织、地方产业和地方中介组织形成多元的校地合作机制。通过与多元主体合作的机制，地方大学成为区域经济社会发展的动力和区域经济社会发展的重要组织者。

国外对大学外部合作机制的研究主要分为两类，一类是美国创业型大学外部合作机制（Etzkowitz，2005），一类是欧洲应用技术大学外部合作机制（Frank，2007）。埃茨科威兹的美国创业型大学机制分别是创新机制、创业机制、科研成果转化机制和风险资本投资机制。（Etzkowitz，2013）欧洲应用技术大学外部合作机制主要是校企合作教学实践机制、校企合作科研机制、服务地方经济社会发展机制。（Frank，2007）埃茨科威兹用四个机制概括了美国创业型大学的运作机制，欧洲应用技术大学的三个机制反映了应用技术大学的运作机制。本研究发现，地方大学校地合作构建了四个新机制，分别是创新创业机制、区域影响力机制、产业转化机制、项目合作机制。新机制给地方大学带来组织战略方面的变化，如创新创业机制使地方大学成为创业组织和创新组织；区域影响力机制使地方大学成为智库组织和区域战略组织；产业转化机制使地方大学成为经济组织；项目合作机制使地方大学成为多元合作组织和交叉发展组织。

美国大学办学资金来源主要是学费、政府投入、社会捐赠、产业收入。（Marr，2005）我国地方大学办学资金来源主要是政府办学经费、学生学费、科研项目资金。资金来源较少的是校友捐赠、校办产业、产业支持资金、企业研发资金和社会捐赠。与美国大学相比，我国地方大学在社会捐赠和产业收入方面比例较低。在机制方面，建议建立科研奖励机制、校办产业发展机制、企业科研资助机制、产业基金资助机制、社会联络机制和校友联络机制。我国地方大学的资金来源主要是政府拨款，教育主管部门对地方大学的考核评价影响地方大学的办学经费的拨付，考核评价指标影响地方大学的办学方向。因此，要设定科学合理的考核指标引导地方大学办学定位和办学方向。

国外研究将大学与区域经济发展的关系视为正外部性创造。（Katarina，2009）本研究表明，我国地方大学与地方政府、其他高校、地方企业、地方产业的合作较为紧密，与地方行业组织、地方研究机构、地方事业单位、地方风险投资机构、地方中介组织的合作并不紧密。地方大学与政府部门合作越紧密，校地合作能力越强。地方大学校地合作能力与省内高校的合作紧密程度相关，与理工科类高校联系越紧密，校地合作能力越强；与行业特色类高校联系越紧密，校地合作能力越强。本研究表明，地方大学校地合作网络构建主要包括六个方面，与其他高校和地方研究机构合作形成学科育人平台；与地方政府部门和地方事业单位合作形成智库、文化机构；与地方产业合作形成产业学院；与地方企业合作形成研发、育人平台；与地方行业组织合作形成校企战略联盟；与地方中介组织和风险投资机构合作形成企业孵化中心。

埃茨科威兹（2005）提出，基本的生产要素从土地、劳动力和资本，到高科技和传统制造业的知识要素，是一个重要转变，这个转变构建了以知识为基础的创新型区域，该区域需要以创新创业为理念的应用型学术机构。在美国，创业型大学成为企业的孵化器，引领区域创新经济发展，区域创新体系不断进化成由大学、企业和政府等相关网络组成的三螺旋创新空间。本研究发现，通过校地合作构建以地方大学为主体的区域创新网络，要把握四个方面：拥有创新资源、开展创新活动、成为区域创新主体、成为区域创新网络中心。地方大学成为区域创新驱动发展中心主要方式有，成为区域创新引领者，成为区域创新活动的组织者，成为区域创新网络中心，成为区域创新网络的桥梁。以大学推动的区域创新模式，不同于以政府和企业推动的区域创新模式。在地方大学推动的区域创新模式中，地方大学、政府、企业的创新角色分别是：创新引领、创新引导、创新支持，其中地方大学创新引领作用最为显著。

国外研究表明，世界著名大学在发展过程中增加了创业活动，如专利和许可、建立孵化器、科技园、投资初创企业等活动。（Frank，2007）大学要实现创业，最重要的是在国家政策的支持下，联合政府部门，利用高效的科技服务，在知识社会中，进行创业实践。（William，2005）大学是技术发展的源泉，对创新创业活动很有用。因此，政策制定者通过各种机制，刺激技术商业化，鼓励地区创业活动。如1980年美国国会通过的《拜杜法案》，是激励大学增加专利许可以获取新的技术知识的有效机制。埃茨科威兹认为，大学、政府、企业形成的三螺旋为区域提供了创新空间。在美国，主要通过建立或吸引风险资本，结合技术创新和商业活动进行组织创新。本研究表明，地方大学校地合作"三螺旋"提供了为区域创新驱动发展服务的组织创新。组织创新包括开展创新创业活动、创新创业教育、科技成果转化、知识产权保护、建立科技创新联盟等。

地方大学校地合作创新网络的构建，使地方大学发挥高等教育优势，成为区域创新驱动发展的中心。以地方大学为中心与以政府为中心、以企业为中心构建的创新网络不同。以政府为中心构建创新网络是政府为主导，以科技园、产业园为载体建构的创新网络；以企业为中心构建的创新网络是以产品为导向的，服务于市场的创新网络。以地方大学为中心构建的创新网络围绕应用型人才培养和应用型科学研究，服务区域经济社会发展。以地方大学为中心构建协同创新网络，有以下优势：第一，不脱离市场。地方大学通过校地合作"三螺旋"，与企业密切合作，使开展的科研创新不脱离于市场。第二，不拘泥于市场。地方大学不直接接触市场，创新活动的开展是根据学科前沿发展的需要，所以大学开展的创新活动具有更大的创新潜力。第三，充分利用政府资源开展创新。地方大学通过校地合作"三螺旋"，获得政府在创新政策、创新资助、创新服务方面的帮助，更好地开展创新。第四，为区域培养大量创新人力资本。地方大学的重要功能是培养应用型人才，通过创新创业教育，为区域培养大量创新人力资本。第五，为区域孵化大量创新型企业。地方大学通过建立大学科技园，开展科研成果转化，孵化创新型企业。

地方大学成为区域创新驱动发展中心具有战略意义：地方大学实现区域创新资源的聚集，确保区域创新活动的开展，成为区域创新驱动发展的动力，实现自身的创新发展。地方大学通过融入区域创新驱动发展，构建区域创新驱动发展，领导区域创新驱动发展，实现区域创新驱动发展，成为区域创新驱动发展的中心。以地方大学为中心，建立创新网络，开展技术创新、科研创新、创新创业教育、创新企业孵化，实现区域创新驱动发展。"2011"计划以来，地方大学逐渐重视协同创新。地方大学通过开展校政协同、校校协同、校企协同、校所协同实现协同创新。协同创新可以为地方大学教学、实践、就业、师资队伍建设、对外交流、特色高校建设提供创新机制保障。

第 6 章 地方大学校地合作运作模式

6.1 地方大学校地合作运作模式与校地合作能力相关性分析

地方大学校地合作运作模式有：协同育人平台、协同创新中心、校企合作项目、校产合作项目、校校合作项目、地方文化传承项目、地方研究院、大学科技园、智库、产业学院。协同育人平台指地方大学与地方企业、事业单位合作构建的协同培养应用型人才的平台。协同创新中心指地方大学与高水平研究机构、地方企事业单位协同构建的科研创新中心。校企合作项目指地方大学与地方企业开展人才培养、科研创新、专业建设、学科建设、师资队伍建设等方面的项目。校产合作项目指地方大学与地方产业合作开展人才培养、科研创新、专业建设、学科建设、师资队伍建设等方面的项目。校校合作项目指地方大学与其他高校开展人才培养、科研创新、专业建设、学科建设、师资队伍建设等方面的项目。地方文化传承项目指地方大学与地方政府或企事业单位合作开展文化传播、文化传承等工作的合作项目。地方研究院指地方大学与地方政府合作共建的，有助于推动地方产业发展的高端研究院所。大学科技园指地方大学建立的用于教师、学生、市民创新创业、企业运营的科技园区。智库指地方大学组织高层次人才，用于政府决策咨询、产业发展的专家库。产业学院指地方大学与地方知名企业、主导产业联合成立的，开展应用型人才培养和应用型科学研究的二级学院。

表 6.1 地方大学校地合作能力与校地合作运作模式相关性系数表

校地合作模式	系数	显著性（双尾）
协同育人平台	−0.008	0.857
协同创新中心	0.081	0.059
校企合作项目	0.054	0.210
校产合作项目	0.089*	0.040
校校合作项目	0.051	0.236
地方文化传承项目	−0.104*	0.016
地方研究院	0.107*	0.013
大学科技园	0.091*	0.035
智库	0.026	0.554

如表 6.1 所示，将地方大学校地合作能力与校地合作运作模式进行相关性分析，发现协同育人平台、协同创新中心、校企合作项目、校校合作项目、智库未通过显著性检验。校产合作项目相关系数为 0.089，通过显著性检验；地方文化传承项目相关系数为 −0.104，通过显著性检验；地方研究院相关系数为 0.107，通过显著性检验；大学科技园相关系数为 0.091，通过显著性检验。说明地方大学校产合作项目表现越好，校地合作能力越强；地方研究院表现越好，校地合作能力越强；大学科技园表现越好，校地合作能力越强。地方文化传承项目与校地合作能力呈负相关，这与校地合作能力的考核指标向理工科倾斜有关，说明不能在校地合作中过于投入地方文化传承，要大力发展理工科，如开展"新工科"建设。其他未通过显著性检验的校地合作运作模式也是重要的运作模式，现阶段一些校地合作运作模式的发展水平并未达到理想状态。

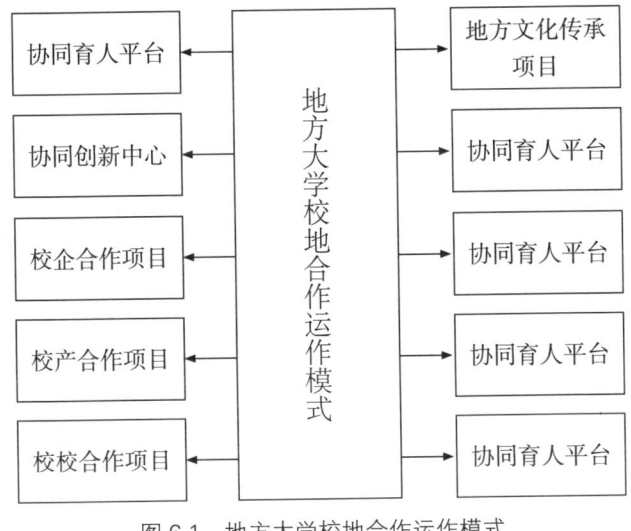

图 6.1 地方大学校地合作运作模式

6.2 地方大学校地合作运作模式案例遴选

根据案例研究专家凯瑟琳·艾森哈特（2012）的观点，案例研究可以实现理论的建构。根据凯瑟琳·艾森哈特的论著《案例研究方法：理论与范例》，运用案例建构理论研究的步骤分为：启动、案例选择（理论抽样）、研究工具与研究程序设计、进入现场、数据分析、形成假设、文献对比、结束研究。本研究经过理论抽样，确定协同育人平台、协同创新中心、校企合作项目、校产合作项目、校校合作项目、地方文化传承项目、地方研究院、大学科技园、智库、产业学院为地方大学校地合作运作模式，经过实地考察、访谈案例大学管理人员等方式，进行多案例分析，建构地方大学校地合作运作机制组织理论。

如表 6.2 所示，选取肇庆学院乡村卓越教师 U-G-S 协同育人平台作为协同育人平台的案例；选取广东石油化工学院石化装备安全技术协同创新发展中心作为协同创新中心的案例；选取广东白云学院校企合作项目作为校企合作项目案例；选取广东海洋大学水产产业合作项目作为校产合作项目案例；选取岭南师范学院与台湾师范类高校合作项目作为校校合作项目案例；选取五邑大学侨乡文化研究中心作为地方文化传承项目的案例；选取佛山科学技术学院佛山中科协同创新研究院作为地方研究院的案例；选取东莞理工学院大学科技园作为大学科技园案例；选取广东金融学院华南创新金融研究院作为智库案例；选取惠州学院仲恺信息学院作为产业学院案例。

表6.2 地方大学校地合作运作模式案例列表

运作模式	案例
协同育人平台	肇庆学院乡村卓越教师U-G-S协同育人平台
协同创新中心	广东石油化工学院石化装备安全技术协同创新发展中心
校企合作项目	广东白云学院校企合作项目
校产合作项目	广东海洋大学水产产业合作项目
校校合作项目	岭南师范学院与台湾师范类高校合作项目
地方文化传承项目	五邑大学侨乡文化研究中心
地方研究院	佛山科学技术学院佛山中科协同创新研究院
大学科技园	东莞理工学院大学科技园
智库	广东金融学院华南创新金融研究院
产业学院	惠州学院仲恺信息学院

肇庆地区乡村卓越教师U-G-S协同育人平台建设是以肇庆学院为主导，以当地县政府为组织保障，以中小学为基地和支点，遵循促进和提升中小学教师职业发展的原则，构建三方责任分担、资源共享、过程协同、共管共建、目标一致的协同育人机制。协同育人平台组建方式是，在乡村卓越教师U-G-S协同育人平台组建过程中，由肇庆学院倡导，地方政府高度认同，双方签订合作协议，成立协同领导小组；再由肇庆学院执行单位与各县教育局成立协同办公室，对协同工作进行共同商议和共同管理。平台建设探索出大学、政府、中小学在培养人才方面的有效合作模式，为中小学教师的职前、职后的良好发展建立一体化的平台，形成大学教师、中小学教师、实习教师发展共同体，为教师职业发展提供一个开放、合作、交流、学习的平台。通过与肇庆市人民政府的沟通与交流，肇庆学院与肇庆市怀集县、封开县人民政府、广宁县人民政府

签订了合作协议；与陕西师范大学签订了协同育人的合作协议，由陕西师范大学全面指导和支持肇庆学院中小学教师发展中心的建设；与广州大学、华中科技大学等高校签订了教育硕士联合培养协议，为优秀中小学教师学历提升提供了平台。

广东石油化工学院石化装备安全技术协同创新发展中心是建立在广东省石化装备故障诊断重点实验室的基础上，是省级协同创新发展中心。该协同创新发展中心依托广东石油化工学院的控制科学与工程、动力工程及工程热物理等学科，联合中国石化集团公司旗下的茂名石油化工公司、广州石油化工公司、湛江东兴石油化工公司等特大型、大型企业共建，紧紧围绕华南地区石化产业生产过程装备安全和先进控制关键共性问题，开展科技创新、团队建设和人才培养，加快成果转化。主要研究方向和研究内容包括：基于无量纲免疫检测器的石油化工旋转机械故障智能、并发、复合诊断技术，构建集在线监测、智能诊断、远程诊断中心于一体的机组监测与诊断平台；石油化工关键泵转子动平衡技术、机泵设备转子在线平衡技术、石油化工静装备强度与失效分析技术研究；石油化工机组润滑油油液分析技术、机组润滑油磨损特征信息提取分析技术、机组磨损程度分析技术；复杂电磁环境下的信号检测与分析、复杂电磁环境下的频谱背景分析与信号提取、未知信号的触发判决方法和多检测方式并行处理技术、潜在优势信号提取等；基于无线传感器网络技术的远程石化管道泄漏检测、有毒气体监测和污水监测技术研究。

白云学院树立以"学生为中心"的理念，推行"产教融合、校企合作、工学结合"校企协同育人的人才培养模式，为地区经济繁荣、企业长足发展、学生成长成才创造条件，以达到互惠互利、合作多赢的效果。白云学院在校内建立东风日产、中国移动、中国联通、白云电气、台湾全量、北京精雕、深圳远征汽车、西门子等一批由企业拨资的实验室，校外在东运镁业、白云电气、美的集团、格力电器、秋鹿服饰等近六百家企业建立实习基地。学校与花都区政府、白云区政府以及番禺区政府建立了良好的校政联动机制，与区域内企业建立了良好的合作关系。学校专门成立了校企合作办公室，配备专职管理人员，负责统筹协调学校校企合作工作的策划、组织和实施，为各二级学院规范有效开展产教融合、校企合作提供业务指导和管理服务。校企合作流程为：企业联系二级学院或校企合作办公室约谈校企合作事宜，或者二级学院与校企合作办公室联系企业约谈校企合作事宜；二级学院或校企合作办公室到企业进行实地考察、交流；二级学院或校企合作办公室与企业商讨合作事宜、草定校企合作内容；学校与企业正式签订校企合作协议或合同；实施校企合作协议。学校共与 2 000 余家企业达成了合作意向，遴选出 979 家企业并与其签订了校企合作协议，为执行学校"3+1"人才培养模式提供了保障。

广东海洋大学在与湛江市水产产业合作方面成效显著，学校努力建设水产类复合应用型人才协同育人基地，以培养水产类复合应用型人才为目标，由广东海洋大学牵头，以国内水产业 5 家大型骨干企业和管理机构广东省渔政总队阳东大队、广东罗非鱼良种场、中国水产总公司、广东恒兴集团有限公司、广州利洋水产科技有限公司为核心协同单位，平台通过完善 5 个专业方向的教学实践与就业基地建设，以高校的学科专业、教学科研平台，以及企业的产业实践平台为依托，通过机制改革，实现优势互补、资源共享，建成协同育人基地，开展协同育人工作。学校努力与水产产业共建实习基地，如与广东罗非鱼良种场共建了淡水鱼类繁育实习基地，接纳大量优秀学生到基地实习，学生不仅学习实践淡水鱼类繁育与养殖技术，还广泛参与了"广特超"罗非鱼选育、宝石鲈规模化繁育等科研项目研究。学校与广东恒兴饲料实业股份有限公司合作开办了以企业命名的"恒兴"班，联合共建了"广东海洋大学—恒兴农科教合作人才培养基地"。学校和农业部南海区渔政局共建了"南海渔业资源监测与评估中心"，为学生开展渔场信息学、渔业资源管理等专业课程学习提供了信息数据接收与分析平台，实现了产学研的校、政、企三方协同。

岭南师范学院与台湾十多所大学建立了姐妹校的合作关系，建立了"一营一专业四坛二中心"常态化、制度化的对台交流合作平台，使岭南师范学院对台交流合作走在国内高校的前列。"一营"，即一年一届湛台大学生夏令营，已成功地举办了八年，有近60所台湾高校近千名台湾大学生来湛参加活动。"一专业"，即特殊教育专业，是岭南师范学院与台湾师范院校合作，两岸高起点协同育人的成功探索，由台湾师范大学特殊教育创办人、教育学院院长吴武典教授担任特教系创系主任，采取"3.5+0.5"的人才培养模式。"四坛"，即由岭南师范学院联合台湾师范教育学会和台湾有关高校每年共同举办四个论坛，即海峡两岸师范大学校长论坛、海峡两岸教师教育高端论坛、海峡两岸特殊教育高端论坛、海峡两岸"生命叙事与心理传记学学术研讨会"，成为两岸教师教育交流的重要平台。"两中心"，即粤台教师教育协同创新发展中心和台湾教师教育资料中心，为致力于为教育研究的两岸学者提供平台。

五邑大学自建校以来就重视对华侨历史、侨乡文化的研究，建有侨乡文化研究中心。学校先后成立"五邑文化与华侨研究室"，并在原"五邑文化与华侨研究室"的基础上，成立"五邑大学侨乡文化研究所"，并与江门市市委宣传部、江门市社会科学界联合会共同成立了"广东侨乡文化研究中心"，作为产学研的平台。广东省社会科学界联合会批准"广东省侨乡文化研究基地"落户五邑大学，此为首个省级侨乡文化的学术研究基地。五邑大学持续推动侨乡文化的学科建设和平台建设，在全校上下的共同努力下，侨乡文化研究中心先后获批广东省普通高校人文社科重点研究基地，"侨乡文化与遗产"成为第九轮广东省重点学科（新兴交叉类）。在侨乡文化研究中心基础上建设的"侨乡文化与遗产协同创新发展中心"成为广东省首批认定协同创新中心。中心还被中国侨联批准为中国华侨国际文化交流基地，被广东省文化厅批准为广东省物质文化遗产研究基地。目前，五邑大学侨乡文化研究中心在侨乡文化、侨乡文书、侨乡历史文化、侨乡艺术设计等方面的研究在全国处于领先位置。

佛山科学技术学院佛山中科协同创新研究院是在佛山市政府与中国科学院广州分院的大力支持下，与中国科学院生物物理所共建的地方研究院。该协同创新研究院充分发挥中科院生物物理所人才、技术、项目等资源优势和佛科院的本土特色，推动科技创新、平台建设、人才培养和国际合作。校所两方围绕广东和佛山战略性新兴产业、先进制造业发展关键任务，聚焦智能制造、新材料新能源、电子信息、生物工程与食品工程、节能环保、制造服务等六大领域，选准方向，抓好重点，创新机制，建设高水平理工科大学地方研究院。学校投入大量经费并提供实验场所，在人才团队引进及相关配套、研发性实验室建设与成果转化、联合共建重点实验室及人才培养等方面取得突破。中科院生物物理所将优秀的科研团队加入到研究院，协调中科院所属各研究机构在学科建设、重点实验室建设、教学实习基地、研发平台规划与建设，以及在基础研究、应用研究、成果转化等方面的优势资源，为协同创新研究院建设、人才和团队的引进与培养等方面提供全面支持。

  东莞理工学院大学科技园是学校实现产学研结合及社会服务功能的重要通道，是为科技企业创新创业提供条件和增值服务的机构，是支撑战略性新兴产业发展的重要平台。主要功能是充分利用学校的人才、学科和技术优势，孵化科技型中小企业，加速学校技术转移和科技成果的转化与产业化，开展创业实践，培育高层次的技术、经营和管理人才。东莞理工学院大学科技园大力提升创业辅导、技术平台孵化和技术转移能力，不断完善人力资源、市场开拓、法律财税等专业服务能力，重点改善园区金融投资的环境与能力，拓展大学科技园的融资服务渠道。东莞理工学院大学科技园协助进入科技园的企业进行立项、可行性论证、签订合同、管理及相关手续等工作，为入驻企业提供商务服务，联系法律、财税、投融资、知识产权、人力资源等方面的服务机构，组织入园企业和大学生进行创业、投融资、经管财会等方面的指导和培训工作。大学科技园已经成为东莞理工学院自主创新的重要基地、产学研合作的示范基地、学校师生创业的实践基地、战略性新兴产业的培育基地、学校技术转移和科技成果转化基地、创业企业孵化和创新创业人才培养的重要平台。

  华南创新金融研究院是广东省重点培育智库，研究院自 2015 年成立以来，按照国家高度、国际视野的建设要求，遵循"自组织、自创新、共发展"的原则，对内整合资源，对外扩大联盟，努力建设以金融政策咨询为主要任务的高端智库。华南创新金融研究院的定位是高端化、国际化、应用型。高端化是指研究院的专家高端，做的工作也高端；国际化是指具备国际视野和全球眼光，充分发挥国际优秀金融脑力，尤其是通过构建国际金融智库网络，为国家、区域乃至国际金融事业服务；应用型是指与经济社会发展需求对接，直接服务广东金融强省建设、华南区域金融行业发展乃至全国金融事业提升，强化应用对策和决策咨询功能。华南创新金融研究院主要开展以下工作：与国内外研究机构合作，研究金融理论，将发展金融理论作为智库的重要任务，实现理论突破；运用金融理论指导实践，通过校地合作，联系省委省政府、省级金融机构，开展金融政策咨询，为金融决策服务；开展金融创新实践，提出的金融创新实践设想，可付诸实施，作为省内金融创新实践的标杆；培养高端金融研究人才，通过开展创新金融研究，培养金融学研究生。

惠州学院成立仲恺信息学院，是在落实国家、省、市有关文件精神和《广东省教育厅惠州市人民政府共建惠州学院协议》的背景下与惠州市仲恺高新区联合成立。通过整合学校、政府、社会三方资源，充分借助学校学科优势、优质师资，以及仲恺高新区产业优势、企业资源，从人才培养机制改革、人才培养模式创新、人才培养能力提升等方面努力突破，培养高素质应用型人才，服务地方主导产业行业。仲恺信息学院位于仲恺高新区同方信息港，前期采取"3+1"的办学模式，即学生前3年在惠州学院本部完成相应课程，第4年在惠州学院仲恺信息学院从事实践教育、毕业设计和创新创业教育。中后期将逐步增加实践环节的时长，即向"2+2"模式过渡。学生在产业链与专业链、课程内容与职业标准、教学过程与生产过程的无缝对接中，不断提升创新创业能力，服务经济社会发展。学院将企业需求前置，坚持需求导向，实施校企协同、产教深度融合育人模式。仲恺信息学院建立由惠州学院和仲恺高新区联合指导下的理事会决策机制的管理模式，理事会由39名理事组成，其中惠州学院9名，仲恺高新区管委会9名，企业代表21名，审议并一致通过《惠州学院仲恺信息学院理事会章程》。仲恺信息学院正积极打造人才培养模式改革实验区、双师双能型教师挂职锻炼基地、大学生双创教育示范基地等。

6.3 地方大学校地合作运作模式管理特色多案例分析

肇庆地区乡村卓越教师 U–G–S 协同育人平台的管理特色是：第一，整合资源，服务教师教育。肇庆学院整合校内教师教育资源成立教师教育学院，成立肇庆学院教育发展研究院，与肇庆市、广州大学合作建立山区教育硕士培养基地等，形成学生的教师教育、教师的教学发展、区域教师的培训教育等多功能整合。第二，立足当地的乡村基础教育发展。多年坚持顶岗实习，派驻地教师挂职锻炼，参与基地学校教育教学研究，建设教师发展学校和学习共同体等。第三，重视高水平的协同育人载体建设。建立设备先进、功能齐全的教师教学发展中心，创办卓越教师"砚园"班，重视高水平中小学教师后备力量的培养。第四，着力推进与地方政府的深度合作。通过与肇庆市政府、怀集县政府、封开县政府、广宁县政府等开展深度合作，不断提高协同育人的质量。第五，整合国内名校教师教育资源，协同育人。积极开展与国内师范类高校的合作，向优秀师范大学取经，提升师范教育水平。

广东石油化工学院石化装备安全技术协同创新发展中心的管理特色是，第一，政府、企业和高校共同建设。广东石油化工学院是广东省人民政府与中国石油化工集团公司、中国石油天然气集团公司、中国海洋石油总公司四方共建高校。学校抓住机遇，在人才培养、学科专业建设、实验室建设、科学研究、产学研结合、高层次师资引进与培养方面获得政府支持，并加大与三大石油公司的科研攻关合作，大力促进实验室建设和协同创新中心建设。第二，校企合作，打造高水平科研攻关中心。该中心与 40 多家石化企业签订科研攻关协议，重点解决石化装备安全技术问题，及时解决石化企业的安全故障，同时建设高水平的科研中心。第三，与高水平大学合作，协同解决科研问题。广东石油化工学院与广东工业大学签订共建高水平理工科大学合作协议，广东工业大学帮扶的主要内容包括学科帮扶共建、提升重点创新平台和争取重大科研项目以及高层次科技奖励、联合培养研究生、教学工作指导、人才培养合作、师资队伍建设及学术交流等六个方面。协同创新中心作为合作桥梁，连接企业与高水平大学，及时获得高水平大学的学术指导。

广东白云学院校企合作项目的管理特色是：第一，校企协同育人。白云学院与979家企业签订校企合作协议，与600多家企业共建实习基地，各二级学院、各专业积极与行业内企业达成校企合作，实现校企协同育人。第二，校企合作质量较高。白云学院与企业合作质量的保障在于成立校企合作办公室，按照流程，严格遴选合适的企业与学校开展合作，企业与学院开展合作的质量较高。第三，校企合作形式多样。如图6.2所示，白云学院校企合作模式有八大模式，分别是：企业综合实习模式、共建实习实训基地模式、订单培养模式、技术骨干联合培养模式、产学研合作模式、共建企业员工培训基地模式、共同举办联合学院模式、联合开发课程模式。白云学院与企业全方位合作，使学校与企业形成共生环境，有利于人才培养和科学研究，以及学校可持续发展。

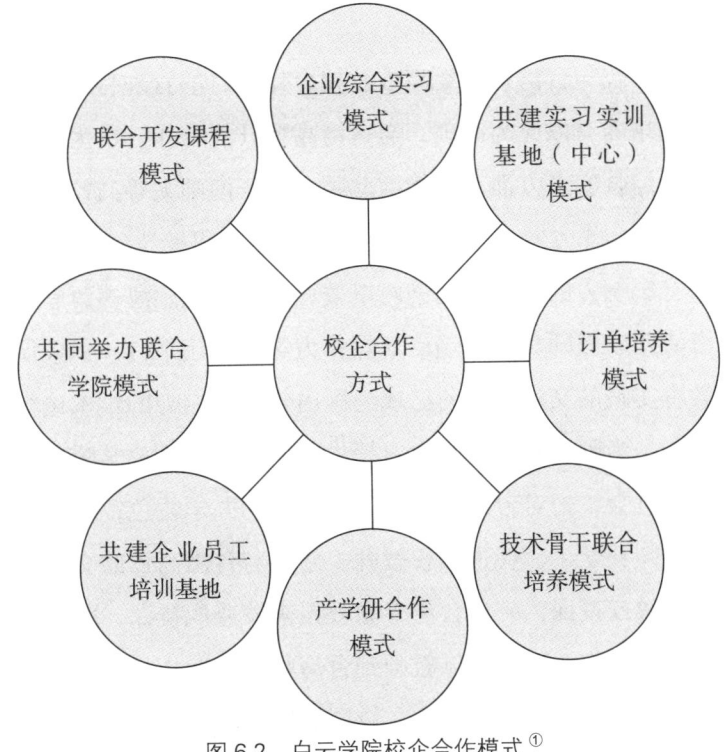

图6.2 白云学院校企合作模式[①]

---

① 资料来源：白云学院官网。

广东海洋大学水产产业校产合作项目的管理特色是：第一，利用地理区位优势，开展水产产业合作。广东海洋大学地处湛江市，有丰富的水产资源，开展水产产业研究的条件得天独厚。学校围绕海洋科学，开展科学研究。从2011年9月至2016年9月，学校承担包括国家973计划、国家863计划、国家科技支撑计划、国家自然科学基金、国家社会科学基金等科研项目共2 856项。第二，结合学校海洋科学研究特色，服务地方水产产业。在广东海洋大学的技术支持下，仅湛江地区的海水珍珠产量就占全国的三分之二，对虾的种苗产量、养殖面积、养殖产量、饲料产量、加工规模、出口量和交易量等七个方面均为全国第一。第三，形成水产产业联盟，大力培养一流水产产业人才。学校通过共建协同育人基地、共建实习基地、共建人才培养基地、共建科研基地等方式将水产产业形成联盟，大力促进水产类复合应用型人才的培养。

岭南师范学院与台湾师范类高校校校合作项目的管理特色是：第一，抓住特教人才的培养，以此为突破，与台湾高校开展合作。作为地方大学，岭南师范大学在综合实力方面尚不能与北师大、华南师大等高校相提并论，但是学校努力寻找合作方向，以特殊教育为切入点，积极与台湾高校寻求合作。第二，开办有影响力的论坛，促进两岸教育学术交流。海峡两岸师范大学校长论坛、海峡两岸教师教育高端论坛等作为学术交流平台，积极促进两岸教育研究、教育实践的交流，目前已成为国内较有影响力的学术论坛。第三，打造交流平台，为师生对台交流学习提供帮助。岭南师范学院非常重视师生到台湾学习的机会，把对台学习交流作为学校的办学特色，坚持不断地向台湾高校派出教师和学生，促进本校教师、学生与台湾高校的交流。邀请台湾高水平教授到学校授课，聘请台湾专家教授来校兼职授课，聘请台湾特殊教育专家全职到校工作，选派青年教师到台湾师大、彰化师大、台南大学等高校攻读特教博士。第四，提高定位，协同发展。成立粤台教师教育协同创新发展中心，建成先进教育思想理论创新的中心、南方特殊教育人才培养的重镇、广东优质教师教育的重要基地、地方政府教育政策咨询的智库、粤台教育文化交流合作的先锋。

五邑大学侨乡文化研究中心的管理特色是：第一，发掘地域文化，传承侨乡文化。五邑大学位于中国第一侨乡，在侨乡研究方面有自己独特的优势；通过整合各方资源，不断推进创新研究，建立研究成果库和侨史资料库，为保护中华民族宝贵文化遗产做出贡献，为未来国家的大侨务工作提供政策意见与建议。第二，协同全球侨乡文化研究力量。侨乡文化与遗产协同创新发展中心由五邑大学广东侨乡文化研究中心牵头，协同单位为中国华侨华人历史研究所、开平市文物局和美国旧金山州立大学。五邑大学通过协同国内外侨乡文化研究的力量，走在研究前沿，有力推动了我国侨乡文化的研究。第三，以文化传承研究带动高水平理工科大学建设。侨乡文化的传承和传播使五邑大学获得更多的地缘、人缘和资源，学校以侨乡文化为引领，带动高水平理工科大学建设。

佛山科学技术学院佛山中科协同创新研究院的管理特色是：第一，努力争取佛山市政府的大力支持。佛山科学技术学院以建设广东省高水平理工科大学为契机，努力争取市政府的支持，佛山市政府在土地资源、经费划拨、政校企研协调等方面提供大力支持。第二，与高端研究机构合作。积极牵线搭桥，打造"学校＋高端研究院所＋龙头企业"的特色发展模式。利用高端研究机构的科研团队、研究平台、教学实习基地，为建设高水平理工科大学提速。第三，对接学校战略发展方向。该协同创新研究院覆盖领域广，除生物食品等方面的科研优势外，还在智能制造、新材料、电子信息等方面积极开拓，对接学校战略发展方向，实现学校实力的全面提升。第四，助力研究生培养。佛山科学技术学院是国家硕士学位授予单位，博士学位授予立项建设单位，运用佛山中科协同创新研究院的师资优势、实验室、教学平台等，助力研究生培养，助推高水平理工科大学建设。

东莞理工学院大学科技园的管理特色是：第一，充分利用东莞市政府提供的有利政策。东莞理工学院大学科技园坐落于东莞松山湖高新技术产业开发区，该开发区集中了大量东莞的高科技企业，东莞市政府对该开发区的发展建设非常重视，良好的区位优势和投资环境使东莞理工学院大学科技园获得发展优势。第二，提供良好的服务，吸引企业入园。成立科技园公司，为入园企业提供全面的服务，使企业在科技园中获得成长。通过良好的服务，促进入园企业在教学、科研、资金支持等方面反哺学校。第三，大力支持师生自主创业。在学校营造创业氛围，大学科技园为教师和大学生创业、投融资等提供帮助，支持师生自主创业。第四，成为战略性新兴产业培育基地，为地方经济社会和创新驱动发展服务。大学科技园依托学校科学研究成果，通过成果转化的方式形成新兴产业，同时吸引相关企业入园，形成产业集群，培育战略性新兴产业。

华南创新金融研究院的管理特色是：第一，依托金融行业，实现校地合作。广东金融学院在金融行业具有独特优势，在华南地区高等金融教育领域具有较大影响力，华南创新金融研究院依托金融行业，突出金融特色，实现校地合作。第二，立足华南地区，面向全国发展。广东金融学院是广东省内唯一一所金融类高校，在校地合作中立足广东，立足华南地区，作为开展创新金融研究院的基础。通过华南创新金融研究院的高端智库建设，面向全国发展。第三，为金融决策咨询提供参考。建设广东省重点培育智库，请研究院专家为政府金融决策提供咨询意见，使研究院成为在广东省委省政府、省内金融机构中有决策影响力的高端智库。第四，建设高端金融专家库。广东金融学院通过积累优势，培养大量金融类专家，通过与中国人民银行金融研究所签订战略合作协议，与国家金融研究机构密切合作，建设高端金融专家库。

惠州学院仲恺信息学院的管理特色是：第一，制定理事会章程，规范管理。产业学院涉及多方合作，多方管理，学院在制度设计上通过制定理事会章程进行规范管理，选举来自政、校、企三方的理事会成员。第二，灵活学制，延长学生实践时间。实践要求真刀真枪，进入仲恺高新区园区学习，在高新区学习产业知识，学习职业素养。第三，课程设置按照产业标准，无缝对接。与园区企业密切合作，在课程设置上充分咨询企业意见，符合产业标准和职业标准。第四，通过"五共"合作理念，实现产教深度融合。贯彻"共商专业规划、共议课程体系、共组师资队伍、共建学习环境、共搭实践平台"的"五共"合作理念,实现产教深度融合。第五,服务仲恺高新区的人才需求。仲恺高新区的主导产业是信息产业,把人才培养放在仲恺高新区,为仲恺高新区培养符合产业和园区标准的高素质、应用型人才。

表6.3 地方大学校地合作运作模式案例管理特色归纳统计表[①]

案例	政府支持	地方特色	企业合作	协同创新	多元合作	行业特色	服务意识	育人科研结合
肇庆学院乡村卓越教师U-G-S协同育人平台	√	√		√	√		√	
广东石油化工学院石化装备安全技术协同创新发展中心	√	√	√	√	√	√	√	√
广东白云学院校企合作项目			√					
广东海洋大学水产产业合作项目		√	√			√		
岭南师范学院与台湾师范类高校合作项目				√				√
五邑大学侨乡文化研究中心	√	√						√
佛山科学技术学院佛山中科协同创新研究院	√		√	√				√
东莞理工学院大学科技园	√		√				√	
广东金融学院华南创新金融研究院				√		√	√	
惠州学院仲恺信息学院	√		√	√	√			√

如表6.3所示,地方大学校地合作运作模式案例管理特色归纳为政府支持、地方特色、企业合作、多元合作、协同创新、行业特色、服务意识、育人科研结合八大类,画√的代表案例体现出的最明显的管理特色。其中,肇庆学院乡村卓越教师U-G-S协同育人平台的管理特色是政府支持、地方特色、协同创新、多元合作、服务意识。广东石油化工学院石化装备安全技术协同创新发展中心

---
① 划√的代表案例体现的明显的管理特色。

的管理特色是政府支持、地方特色、企业合作、协同创新、多元合作、行业特色、服务意识、育人科研结合。广东白云学院校企合作项目的管理特色是企业合作、协同创新、多元合作。广东海洋大学水产产业合作项目的管理特色是地方特色、企业合作、协同创新、多元合作、行业特色、服务意识、育人科研结合。岭南师范学院与台湾师范类高校合作项目的管理特色是协同创新、多元合作、育人科研结合。五邑大学侨乡文化研究中心的管理特色是政府支持、地方特色、协同创新、育人科研结合。佛山科学技术学院佛山中科协同创新研究院的管理特色是政府支持、企业合作、协同创新、多元合作、育人科研结合。东莞理工学院大学科技园的管理特色是政府支持、企业合作、服务意识。广东金融学院华南创新金融研究院的管理特色是协同创新、行业特色、服务意识。惠州学院仲恺信息学院的管理特色是政府支持、企业合作、协同创新、多元合作、行业特色、育人科研结合。

6.4 地方大学校地合作运作模式运行机制多案例分析

肇庆地区乡村卓越教师 U-G-S 协同育人平台是建立在肇庆学院省级教师教育平台的基础上，秉承肇庆学院师范教育传统设计的有利于肇庆学院师范教育、地方基础教育和乡村教师培养的平台。U-G-S 协同育人平台有以下运行机制：第一，多元合作机制。U-G-S 协同育人平台最大的特点就是集中肇庆学院优秀师范生，到广宁、怀集、封开这些乡村区县开展教育实习，通过实习实践，培养师范生。平台借助肇庆学院优秀的师资力量，为地方乡村教育注入活力，大力提升乡村教师学历水平。肇庆学院教师成为地方基础教育的顾问。第二，服务基层机制。在送学生下乡时，遇到很多困难和问题。一些来自大城市的学生，不适应乡村的生活，但是几个月的乡村生活，对他们也是一种磨砺和锻炼。肇庆学院"砚园班"的有些学生，刚参加实习，就被学校看中并要求留下来。第三，政府支持机制。地方政府在机制方面，给予很大的支持。地方教育局出面联系实习学校，在地方教育局的大力支持下，实习学校派出最好的教师，辅导实习学生。第四，协同创新机制。协同育人平台与高水平的师范院校合作，如陕西师范大学，借鉴该校的先进师范教育经验，为学校的可持续发展提供重要保障。

广东石油化工学院石化装备安全技术协同创新发展中心是建立在该校省级实验室广东省石化装备故障诊断重点实验室的基础上，集中全校石化专业的优秀师资和专家，为解决茂名市或省内石化企业出现的装备故障问题而建立的平台。石化装备安全技术协同创新发展中心有以下运行机制：第一，优势集中机制。建立协同创新发展中心的目的是集中石化专业优势，基于最好的石化装备故障诊断实验室，开展科学研究，并为茂名市石化企业提供咨询。探索科技服务生产力的机制。第二，协同创新机制。在建立协同创新发展中心的过程中，遇到很多实际问题，有一些技术问题，实验室解决不了，只有向更高水平的大学寻求支持。建议以学院为联结的桥梁，在科研攻关的过程中，与高水平大学建立相互沟通的机制。第三，育人科研结合的机制。在建设高水平理工大学的目标激励下，协同创新发展中心成为引领学校科学研究的"桥头堡"。地方本科院校以培养应用型人才为主，该中心正在探索育人与科研相结合的机制。第四，项目管理机制。协同创新发展中心形成以项目为导向的机制，如果企业向协同创新中心求援，会成立专家项目组，解决具体问题。

广东白云学院校企合作项目是白云学院的人才培养特色项目，是学校秉承校企合作的优良传统，服务应用型人才培养的平台。广东白云学院校企合作项目有以下运行机制：第一，拉动就业机制。白云学院与将近2 000家企业签订合作协议，合作质量比较高。部分企业看中白云学院培养的学生，在学生实习以后，马上签订录用协议。第二，服务企业机制。白云学院在与企业合作的过程中，非常重视服务跟进。校企合作办公室有专门人员与企业联络，了解企业的需求，比如学生实习过程中存在的问题，或者企业的联合研发需求，等等。第三，协同育人机制。白云学院在与企业合作过程中受益匪浅，与企业联合培养的学生是最受欢迎的。学院与企业开展"订单式"培养，举办联合学院等，建立应用型人才培养机制。第四，产学研合作机制。白云学院与高水平的企业开展产学研合作，也取得了一些成效。如白云学院与知名企业成立联合实验室，大力提升了应用型科研水平。

广东海洋大学水产产业合作项目是学校利用地域优势、学科特色、地方产业三者紧密结合形成的协同创新平台。广东海洋大学水产产业合作项目有以下运行机制：第一，交叉合作机制。水产产业合作项目呈现多元矩阵式发展的特征，多个地方大型水产企业与学校多个优势水产学科合作，形成交叉合作的机制。第二，协同创新机制。广东海洋大学联合地方水产产业、水产企业、水产科研机构，在地方政府的大力支持下，形成协同创新的机制，一方面提升地方水产产业的科学养殖水平，另一方面提升应用型科研水平。第三，育人科研结合机制。如水产产业合作项目的产学研合作机制是一个亮点。广东海洋学院和农业部南海区渔政局共建了"渔业资源监测与评估中心"。中国水产总公司向中心捐赠了渔业遥感系统，共享海洋学数据，提升了学校海洋学研究的水平，也为学生开展渔场信息学、渔业资源管理等专业课程实习提供了信息数据接收与分析平台。第四，校产战略联盟机制。广东海洋大学与湛江市水产产业形成校产战略联盟，将相关水产产业联合起来，帮助企业解决技术问题，同时派优秀学生到企业实习，培养水产类复合应用型人才。

岭南师范学院与台湾师范类高校校校合作项目是在广东省教育厅、湛江市政府的大力支持下开展的校校合作平台。岭南师范学院与台湾师范类高校校校合作项目有以下运行机制：第一，特色发展机制。岭南师范学院与台湾高校合作，是以特教为突破开展的，特教专业是岭南师范学院的特色，与台湾高校交流，可以大力提升特教专业"走出去，请进来"水平。第二，开放发展机制。岭南师范学院在与台湾高校交流的过程中，特别重视对青年教师的培养，如送青年教师去台湾攻读博士学位，选送学生到台湾的大学进行交流。第三，协同创新机制。在合作的过程中，岭南师范学院特别重视以项目为依托的协同创新，使学科建设、人才培养、科学研究、对外交流水平同时获得提升。第四，学术交流机制。如岭南师范学院举办的海峡两岸教师教育高端论坛在全国范围内获得了影响力，吸引了大量高水平的教授参加该论坛。

论坛的举办，不仅扩大了学术交流范围，同时提升了学校在专业领域内的影响力。

五邑大学侨乡文化研究中心是建立在该校地处侨乡、长期开展侨乡文化研究的基础上形成的校地合作平台。五邑大学侨乡文化研究中心有以下运行机制：第一，文化传承机制。1994年，五邑大学成立"五邑文化与华侨研究室"，该研究室是侨乡文化研究中心的前身。侨乡文化研究经过多年的发展，取得了很多成果，在海内外具有一定的影响力。第二，政府支持机制。江门市政府非常支持五邑大学侨乡文化建设，研究中心的研究员多次参加江门市政府关于侨乡文化的传承的策划，为地方政府传承侨乡文化出谋划策。第三，联盟发展机制。联盟化的发展，使侨乡文化研究中心焕发了新的活力。研究中心与海内外研究侨乡文化的机构建立联系，形成侨乡文化研究联盟，促进侨乡文化研究的发展。第四，全面发展机制。五邑大学开展高水平理工科大学的建设，侨乡文化研究起推动和促进作用。学校通过侨乡文化机构与海内外侨乡建立联系，吸引了一批高水平的教授到校任职。

佛山科学技术学院佛山中科协同创新研究院得到佛山市政府的大力支持，是与中国科学院生物物理所合作成立的地方研究院。佛山中科协同创新研究院有以下运行机制：第一，高端院所支持机制。佛山中科协同创新研究院是在中科院生物物理所的大力支持下成立的，生物物理所依托中科院系统，在智能制造、新材料新能源、电子信息、生物工程与食品工程、节能环保等领域具有较大优势。第二，政府支持机制。佛山中科协同创新研究院得到佛山市政府的支持，尤其是在创办初期遇到土地、资金困难等方面的问题时，佛山市政府给予大力支持。第三，育人科研结合机制。佛山中科协同创新研究院依托中科院，在实验室建设、科学研究方面具有优势，在人才培养方面，开展创新尝试，如让本科生进入实验室，对优秀本科生开展"小班快跑"的个性化培养。第四，创新创业培育机制。依托佛山中科协同创新研究院，佛山科学技术学院构建"高校+"的创新创业模式，在研究院建设产业化创新创业孵化基地，打造创新创业平台。

东莞理工学院大学科技园是东莞理工学院在东莞市政府的大力支持下，建立的服务大学科技成果转化、入园企业和师生创业企业孵化的大学科技园。东莞理工学院大学科技园有以下运行机制：第一，公司管理机制。成立大学科技园有限公司，实行公司化管理。公司管理机制对大学科技园有限公司的内部管理和外部合作有很大好处。第二，服务园区企业机制。对入园企业开展全方位服务，如登记注册、企业年检、科技交流、高新技术企业认定申报、科技成果申报与评估、法律法规、财税、投融资、知识产权、人力资源等方面的服务。第三，创业企业孵化机制。大学科技园已经成为东莞理工学院自主创新的重要基地、产学研合作的示范基地、学校师生创业的实践基地、战略性新兴产业的培育基地、学校技术转移和科技成果转化基地、创业企业孵化和创新创业人才培养的重要平台。第四，反哺教学科研机制。大学科技园与校内教学单位、研究机构有密切联系，如与科技创新研究院的合作非常紧密，创新研究院的科技成果转化、产业服务等，通过科技园帮助实现。

广东金融学院华南创新金融研究院是面向华南地区，开展金融研究、金融咨询的高端研究机构。华南创新金融研究院有以下运行机制：第一，专家咨询机制。华南创新金融研究院作为金融行业高端智库，成为华南地区金融决策、金融问题研究的中心，研究院的专家为政府部门、金融机构提供专家咨询意见。第二，理论指导实践机制。通过金融研究院的努力，与业界企业密切合作，将理论转化成实践。第三，育人科研结合机制。广东金融学院以金融研究院、金融与投资学院为依托，集中师资力量，建设"金融实验班"，2018年广东金融学院获批成为美国特许金融分析师（CFA）协会联盟大学。第四，学术交流机制。华南创新金融研究院集中高水平的金融学者、金融专家，定期进行学术交流、思想碰撞，成为学术交流和分享的平台。

地方大学校地合作运行机制的归纳如表6.4所示。模式中有相同的运行机制，如协同创新机制、育人科研结合机制、政府支持机制，说明这些机制在地方大学校地合作中运用较多，取得了较大成效。

第6章 地方大学校地合作运作模式

表6.4 地方大学校地合作多案例运行机制一览表

案例	运行机制（1）	运行机制（2）	运行机制（3）	运行机制（4）
肇庆学院乡村卓越教师U-G-S协同育人平台	多元合作	服务基层	政府支持	协同创新
广东石油化工学院石化装备安全技术协同创新发展中心	优势集中	协同创新	育人科研结合	项目管理
广东白云学院校企合作项目	拉动就业	服务企业	校企协同育人	产学研合作
广东海洋大学水产产业合作项目	交叉合作	协同创新	育人科研结合	校产战略联盟
岭南师范学院与台湾高校合作	特色发展	开放发展	协同创新	学术交流
五邑大学侨乡文化研究中心	文化传承	政府支持	联盟发展	全面发展
佛山科学技术学院佛山中科协同创新研究院	高端院所支持	政府支持	育人科研结合	创新创业培育
东莞理工学院大学科技园	公司管理	服务园区企业	创业企业孵化	反哺教学科研
广东金融学院华南创新金融研究院	专家咨询	理论指导实践	育人科研结合	学术交流
惠州学院仲恺信息学院	产教融合	多元合作	服务产业	人才培养创新

惠州学院仲恺信息学院是惠州学院、惠州市仲恺高新区及相关企业联合成立的产业学院。仲恺信息学院有以下运行机制：第一，产教融合机制。仲恺信息学院将计算机、电子信息专业学生的培养，与仲恺高新区电子信息产业深度结合，把学生专业实习、实践时间拉长，放在高新区，形成产教融合。第二，多元合作机制。仲恺信息学院的建立，是多元合作的产物，是仲恺高新区区委、园区企业密切合作的结果。学院成立了理事会，政府、学校、企业三方对学生培养共同负责。第三，服务产业机制。产业学院的建立，要求对接产业，服务产业。仲恺高新区通过惠州学院得到适应高新区环境的，适应企业要求的合格

信息工程师；企业通过仲恺信息学院获得需要的职工。第四，人才培养创新机制。仲恺信息学院作为产业学院，在广东省内是一个创新。学院设在仲恺高新区，使学生深入园区，适应园区环境，实行3+1或2+2的学制，在应用型人才培养机制上是创新。

6.5 地方大学校地合作运作模式存在问题多案例分析

肇庆地区乡村卓越教师U-G-S协同育人平台运作模式存在的问题是：第一，规模不够，辐射面不广。虽然U-G-S协同育人平台努力与肇庆周边区县合作成立多个教师教育创新改革试验区，但是只限于几个山区县，规模不够，辐射面不广。第二，学生实习得到的指导有限。因为实习学生数量庞大，指导教师数量有限，学生不能获得精细化的实习指导。第三，U-G-S协同育人平台的内涵建设不够深化。对协同育人平台的内涵建设还需深化，要建立科学合理的协同育人计划，并指导师范生成材。

广东石油化工学院石化装备安全技术协同创新发展中心运作模式存在的问题是：第一，对地方企业的技术指导有限。地方企业只有遇到问题时，才会求助于石化装备安全技术协同创新发展中心，要建立机制，扩大技术指导的辐射面，使安全问题防患于未然。第二，在育人方面的投入不够。作为地方本科院校，应该探寻更多的途径，开展应用型人才的培养，育人科研相结合是一个良好的机制，要加大投入，完善应用型人才培养的育人科研相结合机制。第三，组织设计和构想完善，但具体实践需要深化。石化装备安全技术协同创新发展中心的组织设计科学，构想合理，但是在协同创新中心的建设实践中，需要进一步深化实践，实现组织目标。

广东白云学院校企合作项目运作模式存在的问题是：第一，与企业的合作需要规范职责。广东白云学院校企合作项目与2000家企业签订合作协议，企业与学院的合作需要进一步规范职责，确保合作质量。第二，需要完善项目合作机制。通过设计完善的项目合作计划并执行项目合作计划，平衡学校、企业、政府各方利益，为实现学院应用型人才培养而努力。第三，对应用型科研投入不够。白云学院要在校企合作过程中抓住与企业合作的契机，开展应用型科研，为学院服务地方经济社会发展，建立区域经济影响力奠定基础。

广东海洋大学与水产产业校产合作项目运作模式存在的问题是：第一，与水产产业的合作需深入。广东海洋大学与水产产业在育人、科研、服务产业发展等方面都有涉及，但是合作还不够深入。有的合作项目一年仅有5~10名学生到合作企业实习，需要进一步扩大合作。第二，进一步探索育人与科研相结合的机制。广东海洋大学是具有博士、硕士层次招生资格的大学，具有科学研究的天然优势，通过校产合作项目，进一步探索育人与科研相结合的机制，培养更多水产产业复合型人才。第三，校产战略联盟的构建需进一步加强。在与水产产业合作的过程中，要进一步扩大合作企业的数量，使不同水产类方向与更多的水产企业合作，形成交叉发展、规模效益，建构完善的校产战略联盟。

岭南师范学院与台湾师范类高校校校合作项目运作模式存在的问题是：第一，与台湾师范类高校的合作需要提高质量。台湾高校因为地缘性的原因，与内地高校的交流与合作停留在会议交流、学术交流等方面，要拓展思路，在人才培养、社会服务等方面合作提高质量。第二，要制定与台湾高校合作的周期计划。台湾师范类高校校校合作主要采取项目制，忽视了教育的周期性。要制定周期计划，通过与台湾高校的合作，不断提高师范办学实力。第三，与台湾师范类高校的合作从交流型转变为建设型。要转变发展思路，与台湾师范类高校合作从交流型转变为建设型，建构创新的教师教育体系，促进粤台双方教师教育水平的提升。

五邑大学侨乡文化研究中心运作模式存在的问题是：第一，未能走出科研型机构的窠臼。侨乡文化研究中心通过联盟化发展的模式，迅速与全球侨乡文化研究机构建立联系，在侨乡文化研究方面具有一定影响力，但仍需要拓宽思路，使研究中心从科研机构转型成为引领区域发展的战略机构。第二，需进一步加强国际交流。在侨乡文化研究中心发展的过程中，注重与国际相关机构进行学术交流，但需进一步加强。要着眼全校发展，有计划地组织全球侨乡参与五邑大学的建设，在学生交流、学科建设、科学研究等方面促进五邑大学的国际化发展。第三，要加强与地方政府的合作。五邑大学地处江门，是著名的侨乡，要加强与地方政府的沟通与合作，通过地方政府的牵线搭桥，进一步扩大侨乡文化研究中心的规模，深化内涵，服务地方经济社会发展。

佛山科学技术学院佛山中科协同创新研究院运作模式存在的问题是：第一，研究院成立时间不长，发展思路有待开拓。佛山中科协同创新研究院是佛山科学技术学院新成立的地方研究院，尚在初级发展阶段，发展思路有待开拓。第二，学科发展需与佛山市主导产业相对应。佛山市经济较为发达，产业覆盖面广，研究院的学科发展要拓宽思路，勿拘泥于仅有的几个优势学科，要通过反向发展的思路，利用佛山市优势产业促进学科发展。第三，要积极争取高端院所科研力量的全面支持。佛山中科协同创新研究院的合作方是中科院系统，要拓宽思路，积极争取与中科院系统的全面合作，一方面促进研究院的科学研究，另一方面对接佛山产业发展建立高端技术型智库，使佛山中科协同创新研究院成为联结产业与科研院所的高端技术咨询机构。

东莞理工学院大学科技园运作模式存在的问题是：第一，需要加强与学校中心工作的对接。科技园采取公司化运营模式，与学校教学、科研等工作相距较远。要加强与东莞理工学院中心工作的对接，运用科技园的资源，服务学校的中心工作。第二，需要规范管理园区企业。东莞经济较为发达，不同类型、不同产业的企业纷繁芜杂，要规范管理园区企业，使园区企业形成产业规模效应，并且帮助孵化新的企业，形成新的产业。第三，要加强与地方产业的合作，形成区域产业经济带。美国128号公路、硅谷都是由著名大学科技园建立的经济带，东莞理工学院大学科技园要善于培育新兴产业，建立区域产业经济带。

广东金融学院华南创新金融研究院运作模式存在的问题是：第一，要进一步加强与地方金融机构的合作。要发挥金融智库组织的作用，将理论运用于实践，在地方金融决策中产生影响力。第二，要进一步探索育人与科研相结合机制。广东金融学院是本科层次院校，是以培养应用型本科金融人才为目标，华南创新金融研究院要运用深厚的科研实力，探索培养高端应用型本科金融人才的路径。第三，要加强与其他智库的联合与合作。华南创新金融研究院的发展方向是区域高端智库，要加强与其他各类型智库的合作，强强联合，横向发展，形成社会影响力，促进区域经济社会发展。

惠州学院仲恺信息学院运作模式存在的问题是：第一，要进一步完善产教融合机制。产教融合机制是当前应用型人才培养的重要手段，要跳出简单校企合作的窠臼，进一步完善机制，使产业与教育相融合。第二，要进一步探索产业学院的建设机制。产业学院是应用型本科院校转型发展的重要载体，要在实践中进一步探索产业学院的建设机制，使产业学院成为培养应用型人才、服务地方产业、促进产业发展的重要平台。第三，要充分利用政府资源。仲恺高新区高瞻远瞩，开拓创新，与惠州学院形成合作，为高新区培养合格信息产业人才创造条件。要充分利用政府资源，与仲恺高新区密切合作，服务高新区信息产业的发展和人才建设。

6.6 地方大学校地合作运作模式组织特征多案例分析

肇庆地区乡村卓越教师 U–G–S 协同育人平台运作模式的组织特征是：第一，以肇庆学院教师教育学院为组织核心。教师教育学院负责联络地方政府、教育部门和地方中小学，负责联络二级学院，组织、培训优秀师范生到地方中小学定岗实习，负责组织专家教师到地方中小学指导教学工作。第二，组织目的是为肇庆学院培养卓越师范生，同时解决师范生的就业问题。肇庆学院教师教育学院派出的优秀师范生，经选拔考核会留用在地方中小学。第三，组织层级是递进式。以肇庆学院教师教育学院为核心，第二层是地方政府部门、二级学院，第三层级是地方中小学。第四，组织周期是规律性的。每年固定的时间，组织师范生顶岗实习。第五，组织行为类型是互惠型的。教师教育学院组织师范生到地方中小学顶岗实习，为肇庆学院师范生提供实践平台，同时也帮助地方中小学提高教育水平，是互惠型的组织行为。第六，组织转型是前端化。让师范生直接与地方接触，到地方中小学顶岗实习，师范生代表的就是地方大学，师范生的行为影响地方大学的声誉，让组织的触角伸向最前端。

广东石油化工学院石化装备安全技术协同创新发展中心运作模式的组织特征是：第一，组织核心是广东石油化工学院石化装备的工程专家。在广东石油化工学院石化工程专家的组织下，开展协同创新发展中心的各项工作。第二，组织目的是解决生产实践问题，多出科研成果。石化装备安全技术协同创新发展中心解决了茂名市石化企业的安全技术方面的实际问题，同时产出大量科研成果。第三，组织层级是项目式。以石化装备安全技术专家为团队负责人，以科研项目组或工程项目组为组织层级，进行技术攻关，完成科研项目。第四，组织周期是全负荷性的。石化装备安全技术协同创新发展中心的运作与实验室运行周期一样，根据项目安排，进行全负荷运转。第五，组织行为类型是科研型的。协同创新发展中心针对科研项目、工程项目的要求，开展科研工作，取得科研成果。第六，组织转型是集中化。举全校之力，集中建设石化装备安全技术协同创新发展中心，将人力、物力、财力集中在协同创新发展中心，使该中心多出成果、快出成果。

广东白云学院校企合作项目运作模式的组织特征是：第一，以校企合作办公室为组织核心。成立专门机构校企合作办公室，负责联络大型企业、二级学院，搭建平台，设计合作项目。第二，组织目的是为白云学院搭建校企合作育人平台。白云学院的校企合作以育人合作为主，科研合作为辅。第三，组织层级是放射式的。以校企合作办公室为龙头，各二级学院与不同企业并行开展深度合作，形成放射式的组织层级。第四，组织周期是规律性的。从课程开发到实习实践实训，再到就业，白云学院校企合作的组织周期是遵循应用型人才培养规律的。第五，组织行为类型是互惠型的。白云学院与2 000多家企业达成合作，学生在课程讲授、生产实习实践环节获得益处，企业在产品开发、员工培训等方面获得益处，两者实现互惠共赢。第六，组织转型并行化。白云学院将校企合作育人的理念在全校推广，所有二级学院都与行业内龙头企业密切合作，形成并行化发展的组织特色。

广东海洋大学与水产产业校产合作项目运作模式的组织特征是：第一，组织核心是广东海洋大学水产类产业学科群。广东海洋大学以水产类学科群为核心，围绕协同育人、产学研合作等开展水产产业校产合作项目。第二，组织目的是培养优秀水产复合应用型人才。广东海洋大学与湛江市水产类大型企业合作，旨在培养优秀水产复合应用型人才。第三，组织层级是矩阵式。广东海洋大学水产类产业分为病害防控方向、健康养殖方向、营养饲料方向、渔业资源方向、海洋捕捞方向，这五个方向与国内多家水产大型骨干企业开展矩阵式的合作。第四，组织周期是规律性的。每年以渔业养殖相关周期为规律，向水产企业派出优秀实习生，提高水产产业学生的实践能力和培养质量。第五，组织行为类型是互惠型的。广东海洋大学与地方水产产业合作是互惠的，主要在人才培养和科学研究两个方面。人才培养就是向大型水产企业派驻实习生，科学研究是利用海洋大学雄厚的科研实力，帮助水产企业解决技术问题。第六，组织转型是扁平化。在水产产业校产合作项目中，项目负责人可以直接与学校高层领导沟通，实现组织的扁平化。

岭南师范学院与台湾师范类高校校校合作项目运作模式的组织特征是：第一，以岭南师范学院粤台教师教育协同创新发展中心为组织核心。以省级协同创新平台粤台教师教育协同创新发展中心为组织核心开展各项工作。第二，组织目的是推动粤台教师教育的交流。岭南师范学院大力开展与台湾师范类高校校地合作，目的是推动粤台教师教育的发展和交流。第三，组织层级是项目式。岭南师范学院与台湾师范类高校校校合作以项目为依托，如学术论坛项目、学术交流项目、教师培养项目、学生交换项目。第四，组织周期是固定性的。每年岭南师范学院与台湾师范类高校定期举办海峡两岸师范大学校长论坛、海峡两岸教师教育高端论坛等论坛，周期固定。第五，组织行为类型是交流型的。通过教师教育学术交流、师资力量交流、学生学习交流、夏令营交流，推动粤台教师教育发展。第六，组织转型是开放化。岭南师范学院与台湾师范类高校合作，条框的限制不多，教师交流、学生交流具有开放化的特色。

五邑大学侨乡文化研究中心运作模式的组织特征是：第一，组织核心是侨乡文化中心。五邑大学十分重视侨乡文化的交流和研究，以侨乡文化中心为核心，开展各项工作。第二，组织目的是促进侨乡文化的交流和发展。五邑大学地处侨乡，以侨乡文化的发展为己任，侨乡文化中心的建设具有使命感。第三，组织层级是项目式。侨乡文化研究中心以科研项目为依托，以项目组为组织活动的单位。第四，组织周期是灵活性的。侨乡文化研究中心的交流受到国家侨联、地方政府侨务工作的影响，以及相关科研机构科研项目、交流的影响，周期是灵活的。第五，组织行为类型是科研型的。以科研项目为依托，开展侨乡文化研究和侨乡文化交流。第六，组织转型是联盟化。五邑大学侨乡文化研究中心将全球研究侨乡文化的机构形成联盟，做大做强侨乡文化研究，形成影响力。

佛山科学技术学院佛山中科协同创新研究院运作模式的组织特征是：第一，以佛山中科协同创新研究院为组织核心。佛山科学技术学院在佛山市和中国科学院广州分院的大力支持下成立佛山中科协同创新研究院，各项工作的开展是以研究院为组织核心的。第二，组织目的是大力提高佛山科学技术学院和为佛山市创新驱动发展服务。佛山科学技术学院在建设高水平理工科大学的过程中，得到高端科研机构中国科学院广州分院的大力支持，同时在研究院进行企业孵化等，推动佛山市创新经济的发展。第三，组织层级是分布式的。佛山中科协同创新研究院是跨地域学科、跨高校、跨研究机构的组织，组织较为庞大，参与的人员众多。通过各学科专业的合作，形成分布式的组织层级。第四，组织周期是全负荷性的。佛山中科协同创新研究院和"四不像"科研机构类似，与市场接轨，组织周期是全天候、全负荷性的。第五，组织行为类型是综合型的。"学校+高端研究院所+龙头企业"的特色发展模式使佛山中科协同创新研究院既具有企业的市场功能，又具有学校的人才培养功能，也具有科研机构的研究功能，组织行为是综合型的。第六，组织转型是交叉化。佛山中科协同创新研究院在生物食品、智能制造、新材料、电子信息等方面交叉开展研究，具有交叉化的特色。

东莞理工学院大学科技园运作模式的组织特征是：第一，以科技园管委会为组织核心。大学科技园的各项工作在科技园管委会的领导下开展。第二，组织目的是为东莞市经济社会发展服务。东莞理工学院大学科技园积极开展科研成果转化，孵化高科技企业，为东莞市经济社会发展服务。第三，组织层级是科层式的。科技园管委会实行科层式管理，设有行政管理部、综合服务部、合作发展部、投资部等科层机构。第四，组织周期是全负荷性的。东莞理工学院大学科技园与其他的高新技术科技园一样，服务入园企业，是全负荷性的。第五，组织行为类型是服务型的。大学科技园为东莞理工学院的人才培养服务，成立大学生创新创业实践基地、科技成果转化孵化基地、产业化融资平台。同时，大学科技园还为东莞市的高新技术企业提供入园服务。第六，组织转型是公司化。东莞理工学院大学科技园成立大学科技园有限公司，实行公司化经营。

广东金融学院华南创新金融研究院运作模式的组织特征是：第一，以创新金融研究院的专家为组织核心。智库的组织核心就是专家，专家承担科研课题，专家提供咨询意见，专家为金融发展出谋划策。第二，组织目的是服务华南地区金融事业。华南创新金融研究院为地区金融事业服务。第三，组织层级是项目式。华南创新金融研究院以完成科研项目、政策咨询项目、金融机构横向项目为日常工作，组织层级是以项目组的形式。第四，组织周期是全负荷性。华南创新金融研究院以金融行业发展为背景，全年关注金融业的发展，是全负荷性的。第五，组织行为类型是服务型的。华南创新金融研究院为广东省金融行业的发展提供高端咨询服务，为省委省政府提供金融政策意见，是服务区域金融事业发展的组织。第六，组织转型是高端化。华南创新金融研究院邀请国内、省内著名金融专家，建立高端金融专家库，与高端金融研究组织合作，形成高端化的特色。

惠州学院仲恺信息学院运作模式的组织特征是：第一，以仲恺信息学院理事会为组织核心。仲恺信息学院成立由惠州学院、仲恺高新区、企业代表组成的理事会，为仲恺信息学院重大决策服务。第二，组织目的是为惠州学院、仲恺高新区联合培养优秀电子信息专业工程师。惠州学院仲恺信息学院将学生实习实践学习阶段放在仲恺高新区，目的就是为双方共同培养优秀的电子信息专业工程师。第三，组织层级是多元式。第一元是惠州学院，第二元是仲恺高新区，第三元是合作企业，形成多方共同管理，共同承担责任的多元式管理。第四，组织周期是规律性的。通过"3+1""2+2"的培养模式，按照培养周期，规律培养学生。第五，组织行为类型是互惠型的。惠州学院通过仲恺高新区的帮助，使学生在高新区企业实习实践，完善应用型人才培养环节；仲恺高新区通过惠州学院得到适应高新区环境的，适应企业要求的合格信息工程师；企业通过仲恺信息学院获得需要的职工。第六，组织转型是融合化。惠州学院、仲恺高新区通过建立产业学院，即仲恺信息学院，形成产教融合的组织特色。

6.7 小结与讨论

本研究经过理论抽样，选取有代表性的案例进行分析，建构地方大学校地合作运作机制组织理论。地方大学校地合作运作模式组织理论由组织核心、组织目的、组织层级、组织周期、组织行为、组织转型组成。

地方大学校地合作运作模式的组织核心有：第一，组织机构，如肇庆学院教师教育学院、校企合作办公室、粤台教师教育协同创新发展中心、侨乡文化中心、佛山中科协同创新研究院、科技园管委会。第二，核心人物，如广东石油化工学院石化装备专家、创新金融研究院专家。第三，非实体组织，如广东海洋大学水产类产业学科群、仲恺信息学院理事会。

地方大学校地合作运作模式的组织目的有：第一，人才培养，如培养卓越师范生，搭建校企合作育人平台，培养优秀水产复合应用型人才，培养优秀电子信息专业工程师。第二，科学研究，如解决生产实践问题，多出科研成果，促进侨乡文化研究的交流和发展。第三，服务社会，如推动粤台教师教育的交流，促进侨乡文化研究的交流和发展，服务佛山市创新驱动发展，服务东莞市经济社会发展，服务华南地区金融事业。

地方大学校地合作运作模式的组织层级呈现多样的态势。第一，递进式。

递进式是指组织层级是层层递进的，如肇庆学院乡村卓越教师U-G-S协同育人平台的组织设计是环环相扣的。第二，项目式。项目式是指组织层级以项目组的形式呈现，有项目组长、分项目组长、项目组成员等。如石化装备安全技术协同创新发展中心、华南创新金融研究院是以科研项目、解决生产技术问题等项目为层级。第三，放射式。放射式是指以一个机构为中心，其他机构与该机构关联的组织层级。如白云学院校企合作项目，以校企合作办公室为中心，向外放射。第四，矩阵式。矩阵式是指一个大的学科门类下面的分学科群与几个机构同时合作，呈现矩阵的组织层级。广东海洋大学水产产业合作项目，是将水产产业的学科群形成矩阵同时与几个机构合作。第五，分布式。分布式是指多个学科与不同机构如企业、产业合作，形成分布式的组织层级。如佛山中科协同创新研究院是将生物食品、智能制造、新材料、电子信息等几个学科与不同机构合作。第六，科层式。科层式是指按照科层制的形式建立的组织层级。如东莞理工学院大学科技园，形成科层式的管理。第七，多元式。多元式是指由多个主体共同构建的相互合作的组织层级。如仲恺信息学院，由惠州学院、仲恺高新区、信息产业公司共同构建。

地方大学校地合作运作模式的组织周期有：第一，规律性周期。规律性主要是遵循人才培养的规律。如乡村卓越教师U-G-S协同育人平台、白云学院校企合作项目、广东海洋大学水产产业合作项目、岭南师范学院与台湾高校合作项目、仲恺信息学院。第二，全负荷性周期。全负荷性是指满负荷运转的组织周期，与外部需求接轨。如石化装备安全技术协同创新发展中心、佛山科学技术学院佛山中科协同创新研究院、东莞理工学院大学科技园、华南创新金融研究院全年满负荷运转。第三，灵活性周期。灵活性是指组织周期不确定，较为灵活，如五邑大学侨乡文化研究中心。

地方大学校地合作运作模式的组织行为类型有：第一，服务型。服务型是指组织为人才培养、科学研究和地方经济社会发展服务。如广东金融学院华南创新金融研究院的组织行为是服务华南地区金融事业。第二，互惠型。互惠型是指组织与合作机构互惠互利，既有利于地方大学人才培养，又对合作机构有助益。如肇庆学院乡村卓越教师 U-G-S 协同育人平台与地方政府、地方教育机构形成互惠的合作。第三，科研型。科研型是指组织的主要行为是进行科研工作，完成科研课题。如广东石油化工学院石化装备安全技术协同创新发展中心致力于解决石化装备安全技术等科研问题。第四，传播型。传播型是指组织主要以研究、传播地方文化为组织行为类型，如五邑大学侨乡文化研究中心致力于传播侨乡文化。第五，综合型。综合型是指组织的主要行为是综合性的。如佛山中科协同创新研究院具有人才培养、科学研究、商业活动等多重功能。

地方大学校地合作运作模式的组织转型呈现多元态势，分别是：第一，前端化。前端化是指组织各层级的组成部分，不分身份高低，直接到组织的边界即前端与外界实现互动、沟通、交流、合作。如乡村卓越教师 U-G-S 协同育人平台，实现实习生、教师与地方学校直接沟通、合作。第二，集中化。集中化是指将所有优势资源集中到组织中，形成集中的态势。集中化有助于资源分散的高校实现高端平台的建设。如石化装备安全技术协同创新发展中心，集全校的科研力量，办好协同创新中心。第三，并行化。并行化是指组织中的分组织同时与外部不同的组织开展并行合作。如白云学院校企合作项目，与 2 000 多家企业进行校企合作，有学校层面的合作，有二级学院层面的合作。第四，扁平化。扁平化是指组织中地位较低的层级实现直接与组织中地位高的层级的工作联系。如广东海洋大学水产产业合作项目，项目负责人可以直接与高层领导沟通。第五，联盟化。联盟化是指组织与外部组织形成联盟开展合作。如五邑大学侨乡文化研究中心，将全球研究侨乡文化的机构形成研究联盟，集中在侨乡文化中心进行侨乡文化的研究。第六，开放化。开放化是指组织设置较少的条框和限制，使组织成员与外部组织自由合作。如岭南师范学院与台湾师范类高校合作形成开放合作的特色。第七，交叉化。交叉化是指组织的不同学科领域在同一平台交叉与外部组织开展合作。如佛山中科协同创新研究院，在生物食品、智能制造、新材料、电子信息等方面交叉开展研究。第八，公司化。公司化是指组织通过公司化运作与外部组织开展合作。如东莞理工学院大学科

第6章 地方大学校地合作运作模式

技园成立大学科技园公司。第九，高端化。高端化是指组织与外部高端组织开展外部合作。如华南创新金融研究院，与高端金融组织合作。第十，融合化。融合化是指产教融合，指组织将产业与教学密切合作，把学校办成集人才培养、科学研究、社会服务为一体的产业性经营实体。如仲恺信息学院通过建立产业学院的形式实现产教融合。

如表6.5所示，本研究通过理论抽样、访谈大学管理人员、现场调研、多案例分析，建构地方大学校地合作运作模式组织理论，具有可操作性，可指导校地合作实践。

表6.5 地方大学校地合作运作模式组织理论建构表

案例	组织核心	组织目的	组织层级	组织周期	组织行为类型	组织转型
肇庆学院乡村卓越教师U-G-S协同育人平台	肇庆学院教师教育学院	培养卓越师范生	递进式	规律性	互惠型	前端化
广东石油化工学院石化装备安全技术协同创新发展中心	广东石油化工学院石化装备专家	解决生产实践问题、多出科研成果	项目式	全负荷性	科研型	集中化
广东白云学院校企合作项目	校企合作办公室	搭建校企合作育人平台	放射式	规律性	互惠型	并行化
广东海洋大学水产产业合作项目	广东海洋大学水产类产业学科群	培养优秀水产复合应用型人才	矩阵式	规律性	互惠型	扁平化
岭南师范学院与台湾师范类高校合作	粤台教师教育协同创新发展中心	推动粤台教师教育的交流	项目式	规律性	交流型	开放化
五邑大学侨乡文化研究中心	侨乡文化中心	促进侨乡文化研究的交流和发展	项目式	灵活性	科研型	联盟化
佛山科学技术学院佛山中科协同创新研究院	佛山中科协同创新研究院	服务佛山市创新驱动发展	分布式	全负荷性	综合型	交叉化

续表：

案例	组织核心	组织目的	组织层级	组织周期	组织行为类型	组织转型
东莞理工学院大学科技园	科技园管委会	服务东莞市经济社会发展	科层式	全负荷性	服务型	公司化
广东金融学院华南创新金融研究院	创新金融研究院专家	服务华南地区金融事业	项目式	全负荷性	服务型	高端化
惠州学院仲恺信息学院	仲恺信息学院理事会	培养优秀电子信息专业工程师	多元式	规律性	互惠型	融合化

第 7 章 地方大学校地合作管理机制

7.1 地方大学校地合作管理机制模型

7.1.1 地方大学校地合作管理机制模型变量因子分析

本研究对地方大学校地合作管理模型变量的筛选,是将问卷中所有与校地合作管理相关的变量集合,将重合的变量、对校地合作相关性不足的变量和无效的变量剔除,并考虑变量的全面性,经过反复筛选,留下 29 个变量,作为地方大学校地合作管理模型的变量。如表 7.1 所示。

表 7.1 地方大学校地合作管理机制模型变量一览表

变量	变量	变量	变量
科技成果转化	创新成效	区域创新主体	与地方合作经费
风险资本支持	创业教育	创新网络中心	与地方合作效益
企业孵化	产业影响力	内部管理	与地方产业对接
科技园建设	区域经济影响力	服务地方能力	合作项目质量
创新创业活动	智库建设	战略规划	合作项目匹配
知识产权保护	知识创造	校地合作投入	
争取政府优惠政策	拥有创新资源	教师专业水平	
获得政府研发资助	开展创新活动	与地方合作意愿	

将29个变量进行因子分析，因子分析结果设定固定值4。如表7.2所示，元件1中分数为0.680以上的变量分别是：创新创业活动、争取政府优惠政策、获得政府研发资助、创新成效、创业教育、产业影响力、拥有创新资源、开展创新活动、区域创新主体、创新网络中心、战略规划、与地方合作经费、与地方合作效益、与地方产业对接、校地合作项目质量、校地合作项目匹配。元件2中，一些指标出现负号，剔除负号，分数为0.2以上的变量有：科技成果转化、风险资本支持、企业孵化、科技园建设、产业影响力、区域经济影响力、智库建设、知识创造。元件3中，剔除负号，分数在0.2以上的变量有：与地方合作意愿、与地方合作经费、与地方合作效益、与地方产业对接、校地合作项目质量、校地合作项目匹配。元件4中，剔除负号，分数在0.1以上的变量有：产业影响力、区域经济影响力、智库建设、知识创造、内部管理、服务地方能力、战略规划、校地合作投入、教师专业水平、与地方合作意愿。将4个元件中重合的变量剔除，如元件1中与地方合作经费、与地方合作效益、与地方产业对接、校地合作项目质量、校地合作项目匹配与元件3的大部分变量重合，考虑到元件3中均为与合作有关的变量，所以将这5个变量从元件1剔除，在元件3保留。元件2与元件4中都有智库建设、知识创造，考虑到这两个变量在元件2中得分较高，所以从元件4中剔除，将其保留在元件2中。产业影响力在元件1与元件2中都出现，考虑到产业影响力与元件2中其他变量内涵有较多相似性，将其保留在元件2中。知识产权保护在元件1中得分是四个元件中最高的，将其放入元件1中。战略规划在元件1与元件4中重复出现，考虑到战略规划与元件4中的变量内涵有较多的相似性，将其保留在元件4中。

如表7.2所示，将29个变量通过因子分析，成为4个元件，每个元件筛选出的变量如表中阴影部分。

表 7.2 地方大学校地合作管理机制模型变量因子分析表

管理模型因子	元件 1	元件 2	元件 3	元件 4
科技成果转化	.675	.236	.131	.011
风险资本支持	.656	.265	.160	−.057
企业孵化	.641	.333	.080	.009
科技园建设	.677	.280	.071	−.167
创新创业活动	.723	.157	.046	−.261
知识产权保护	.646	.111	−.067	−.190
争取政府优惠政策	.751	−.072	−.034	−.408
获得政府研发资助	.778	−.065	−.107	−.356
创新成效	.819	.015	−.005	−.236
创业教育	.774	.155	−.060	−.173
产业影响力	.716	.406	.018	.199
区域经济影响力	.673	.441	.032	.230
智库建设	.633	.465	.058	.275
知识创造	.598	.473	−.010	.305
拥有创新资源	.689	−.156	−.514	.044
开展创新活动	.707	−.150	−.518	.057
区域创新主体	.716	−.062	−.508	.017
创新网络中心	.771	−.048	−.419	−.024
内部管理	.590	−.306	−.018	.401
服务地方能力	.586	−.369	−.017	.421
战略规划	.728	−.309	−.002	.122
校地合作投入	.671	−.318	.028	.169
教师专业水平	.553	−.089	.193	.434
与地方合作意愿	.501	−.257	.238	.158
与地方合作经费	.719	−.263	.242	−.112
与地方合作效益	.735	−.242	.323	−.105
与地方产业对接	.722	−.243	.311	−.076
校地合作项目质量	.762	−.167	.241	−.094
校地合作项目匹配	.779	−.174	.228	−.100

7.1.2 地方大学校地合作管理机制概念模型

如图 7.1 所示，校地合作能力分别有创新实力、生产力转化能力、多元合作体系、管理能效四大指标。其中创新实力有创新创业活动等 10 个指标，生产力转化能力有科技成果转化等 8 个指标，多元合作体系有与地方合作意愿等 6 个指标，管理能效有内部管理等 5 个指标。

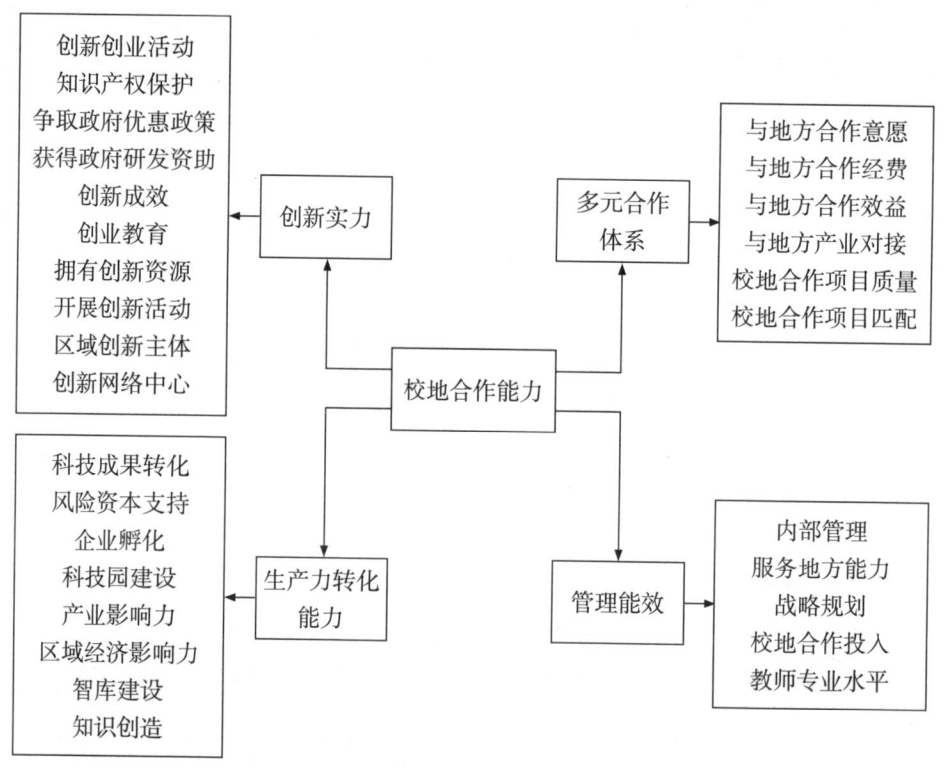

图 7.1 地方大学校地合作管理机制概念模型图

元件 1 中的变量，综合内涵是创新实力。地方大学创新实力是本研究新创造的概念，本研究中创新实力指地方大学通过开展科技创新、创新创业等活动，取得创新成效，在创新方面的综合能力。地方大学创新实力包括的指标有：创新创业活动、知识产权保护、争取政府优惠政策、获得政府研发资助、创新成效、创业教育、拥有创新资源、开展创新活动、区域创新主体、创新网络中心。地方大学一般以教学为主要责任，尤其是新建地方本科院校，是以培养应用型人才为己任。创新实力在地方大学并没有受到重视，一些地方大学开展了创新创业教育，鼓励教师进行科技创新，但是并未将创新实力作为一个体系，整体得到提升。创新实力概念的提出对地方大学意义重大，在区域创新驱动发展中，地方大学拥有强大的创新实力，可引领区域创新；创新可以反哺教学、科研、社会服务等。地方大学努力成为区域创新主体、区域创新网络中心，将提升自身在区域内的地位。

元件2中的变量，综合内涵是生产力转化能力。地方大学生产力转化能力是本研究新创造的概念，本研究中生产力转化能力指地方大学通过知识创造，通过科技成果转化和企业孵化等方式，将科学研究成果转化为生产力的能力。地方大学生产力转化能力包括的指标有：科技成果转化、风险资本支持、企业孵化、科技园建设、产业影响力、区域经济影响力、智库建设、知识创造。生产力转化能力的概念在生产领域的应用较为广泛，但是在教育领域少有提及。在埃茨科威兹的一些研究中提到过像斯坦福大学、麻省理工学院等大学具有拉动区域经济发展的能力[1]。地方大学在发展历程中，未对生产力转化能力有所思考。但是，我国通过一些文件，如鼓励大学教师创业、完善大学教师收入分配制度[2]等，推动大学参与生产力转化。生产力转化概念的提出对地方大学意义重大。地方大学如果具备较强的生产力转化能力，将使地方大学从单一的教学、科研社会组织转变成带动区域经济发展的战略引擎。

元件3中的变量，综合内涵是多元合作体系。地方大学多元合作体系是本研究新创造的概念，本研究中多元合作体系指地方大学通过与地方开展多元合

---

[1] 埃茨科威兹撰写的论文 StartX and the 'Paradox of Success':Filling the gap in Stanford's entrepreneurial culture 中提到斯坦福大学技术转让的传奇和创业文化的扎根，以及斯坦福大学发展战略的走向。

[2] 2016年11月，中共中央办公厅、国务院办公厅印发《关于实行以增加知识价值为导向分配政策的若干意见》。

作构建的合作体系。地方大学多元合作体系包括的指标有：与地方合作意愿、与地方合作经费、与地方合作效益、与地方产业对接、校地合作项目质量、校地合作项目匹配。多元合作体系的构建对地方大学意义重大。在校地合作中构建多元合作体系，将使地方大学摆脱资源依赖，合理地将外部资源引入人才培养、科学研究、创新创业、社会服务、文化传承的各个环节。

元件4中的变量，综合内涵是管理能效。地方大学校地合作管理能效是本研究新创造的概念，本研究中管理能效指地方大学在校地合作中的规划、投入、能力建设、组织管理等方面的能效。地方大学校地合作管理能效包括：内部管理、服务地方能力、战略规划、校地合作投入、教师专业水平。管理能效指的是校地合作的管理能效，但是地方大学校地合作已经渗透到学校管理的各个环节，成为地方大学的发展思路，所以管理能效的含义已经上升到地方大学综合管理能效。

7.2 地方大学校地合作管理机制结构方程模型

7.2.1 地方大学校地合作管理机制总模型

如图7.2所示，校地合作能力与创新实力、生产力转化能力、多元合作体系、管理能效构建校地合作管理结构方程模型，其中创新实力系数为0.19；生产力转化能力系数为0.15；多元合作体系系数为0.19；管理能效系数为0.14。说明创新实力对校地合作能力的影响力为0.19；生产力转化能力对校地合作影响力为0.15；多元合作体系对校地合作能力影响力为0.19；管理能效对校地合作影响力为0.14。综上，创新实力和多元合作体系对校地合作能力相对有较大的影响力。在总模型之下有创新实力、生产力转化能力、多元合作体系、管理能效4个分结构方程模型。

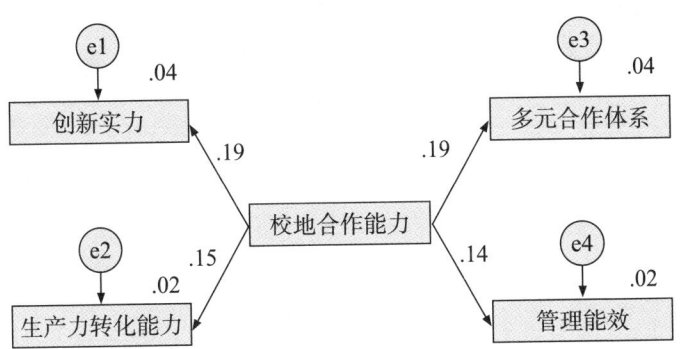

图 7.2 地方大学校地合作管理机制结构方程总模型图[①]

如图 7.3 所示,创新实力与生产力转化能力相关系数为 0.73,两者相关程度较高;创新实力与多元合作体系相关系数为 0.73,两者相关程度较高;创新实力与管理能效相关系数为 0.63;生产力转化能力与多元合作体系的相关系数为 0.66;生产力转化能力与管理能效的相关系数为 0.56;多元合作体系与管理能效的相关系数为 0.68,两者相关程度较高。综上,地方大学创新实力与生产力转化能力有较高的相关关系,创新实力与多元合作体系有较高的相关关系,多元合作体系与管理能效有较高的相关关系。

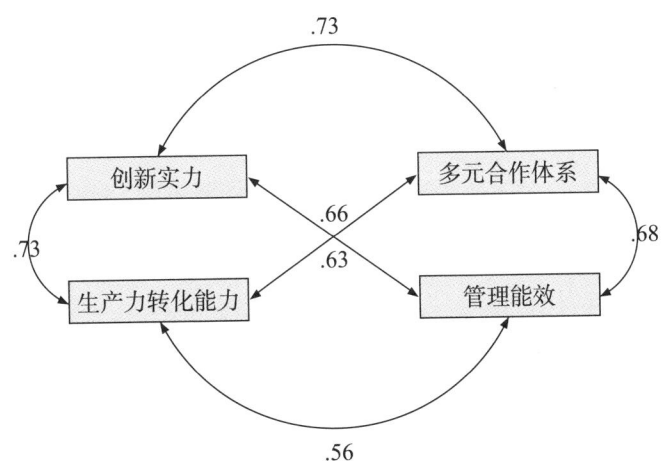

图 7.3 地方大学校地合作管理机制总模型相关系数图

[①] 卡方值 =206.827(p 值 =.000);自由度 =6; CFI=.000; NFI=.000;GFI=.428; AGFI=.047; RMR=.516; RMSEA=.619; CN=1240.960。

地方大学校地合作管理总模型中，创新实力、生产力转化能力、多元合作体系、管理能效都是新生成的变量。本研究表明，创新实力是地方大学在创新驱动发展中，形成的创新能力，创新实力在校地合作中至关重要，创新实力越强，校地合作能力越强。多元合作体系的构建是地方大学校地合作管理的关键，建构多元合作体系，使地方大学在校地合作中有机制体系保障，多元合作体系越完善，校地合作能力越强。生产力转化能力是地方大学服务地方经济社会中形成的将科学技术、知识生产转化为生产力的能力。地方大学生产力转化能力概念的提出，对于地方大学校地合作管理大有助益，生产力转化能力越强，校地合作能力越强。校地合作管理能效指地方大学校地合作的管理的能力和效率，管理能效越高，校地合作能力越强。

对于地方大学来说，创新实力、生产力转化能力、多元合作体系、管理能效是需要在校地合作管理中把握的重要因素。第一，创新实力。地方大学创新实力越强，校地合作能力越强。地方大学创新也非常重要，地方大学的创新可以引领区域创新驱动发展。第二，生产力转化能力。地方大学生产力转化能力越强，校地合作能力越强。科学技术转化成生产力，知识生产转化成生产力，这是大学在服务地方经济社会发展中义不容辞的使命。第三，多元合作体系。地方大学校地合作多元合作体系越完善，校地合作能力越强。地方大学在与政府、企业、其他社会机构合作的过程中，要构建完善的合作体系。第四，管理能效。地方大学校地合作管理能效越强，校地合作能力越强。在校地合作中，管理能效很重要，如白云学院与2 000多家企业建立校企合作，就是基于高效的管理。

地方大学创新实力、生产力转化能力、多元合作体系、管理能效之间也有紧密的联系，是互相促进的关系，是互惠互利的关系。创新实力与生产力转化能力、创新实力与多元合作体系之间的相关关系最高。创新实力越强，生产力转化能力越强；生产力转化能力越强，创新实力越强。创新实力、生产力转化能力可以促进多元合作体系的完善和管理能效的提高；多元合作体系越完善、管理能效越高，创新实力和生产力转化能力越强。

7.2.2 地方大学校地合作创新实力分模型

如图 7.4 所示，地方大学创新实力结构方程模型中，创新创业活动系数为 0.72；知识产权保护系数为 0.69；争取政府政策系数为 0.80；获得政府资助系数为 0.84；创新成效系数为 0.83；创业教育系数为 0.80；拥有创新资源系数为 0.78；开展创新活动系数为 0.79；区域创新主体系数为 0.80；创新网络中心系数为 0.84。系数在 0.80 以上的指标分别有：争取政府政策、获得政府资助、创新成效、创业教育、区域创新主体、创新网络中心。

本研究的地方大学创新实力模型中，有 10 个指标。第一，创新创业活动。地方大学创新创业活动开展得越好，地方大学的创新实力越强。肇庆学院在创新创业工作方面很努力，2018 年成为全国创新创业示范校的 50 所高校之一。第二，知识产权保护。地方大学对知识产权保护工作越重视，创新实力越强。肇庆学院开设了知识产权学院，并且对获得专利的教师予以奖励。第三，争取政府政策。争取的政府创新政策越多，创新实力越强。政府针对地方大学、地方发展出台相关政策，比如肇庆决策咨询研究院作为一个智库和沟通的桥梁，发挥肇庆学院专家教授的作用，并为肇庆学院争取地方政府的政策开展创新等提供条件。第四，获得政府资助。获得政府的资助越多，地方创新实力越强。政府在研发方面的资助对地方大学科研活动的开展很有助益，如佛山市非常重视创新，对地方大学和地方企业的创新资助很多。第五，创新成效。地方大学创新成效越大，创新实力越强。2015 年以来，佛山科学技术学院获得"中国产学研合作促进会创新奖""中国产学研合作创新成果奖"等，取得了创新成效。第六，创业教育。地方大学创业教育开展得越好，创新实力越强。肇庆学院 2015 年 9 月成立了创新创业学院，该学院统筹了全校的创新创业教育师资建设、课程建设、创新创业训练、信息咨询、创业竞赛、企业孵化等培养环节。第七，拥有创新资源。地方大学拥有的创新资源越多，创新实力越强。但目前地方大学在创新资源方面较为缺乏，缺平台、高层次人才、制度保障等。第八，开展创新活动。地方大学开展创新活动越多，创新实力越强。肇庆学院开办中德设计学院,目的是促进学生在创新、创业、创意这几个方面有所提高。第九,区域创新主体。地方大学越是区域创新主体,创新实力越强。地方大学应该在区域创新驱动发展中起重要作用,不仅如此,还要发挥主体作用。第十,创新网络中心。地方大学越是创新网络中心,创新实力越强。地方大学应该向斯坦福大学这样的高校学习,成为创新网络中心,孵化大量高科技企业。

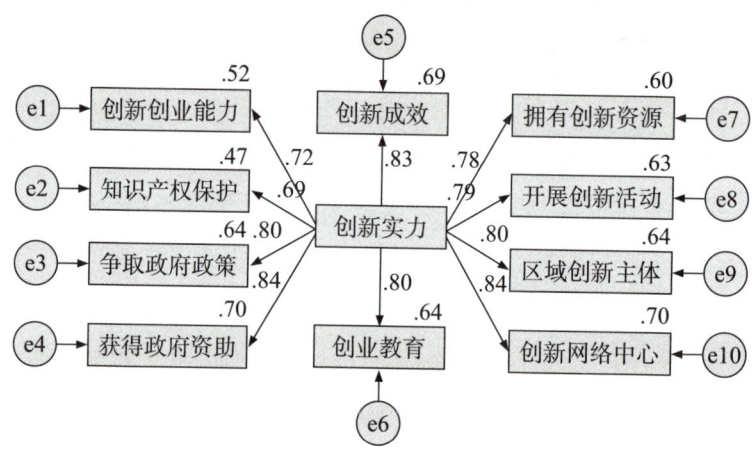

图 7.4 地方大学创新实力结构方程模型图①

7.2.3 地方大学校地合作生产力转化能力分模型

如图 7.5 所示,地方大学校地合作生产力转化能力结构方程模型中,科技成果转化系数为 0.74;风险资本支持系数为 0.74;企业孵化系数为 0.75;科技园建设系数为 0.72;产业影响力系数为 0.83;区域经济影响力系数为 0.82;智库建设系数为 0.79;知识创造系数为 0.75。系数在 0.80 以上的指标分别是:产业影响力、区域经济影响力。

---

① 卡方值=327.332(p值=.000);自由度=55;CFI=.000;NFI=.000;GFI=.201;AGFI=.041;RMR=.400; RMSEA=.779; CN=18003.282。

第 7 章 地方大学校地合作管理机制

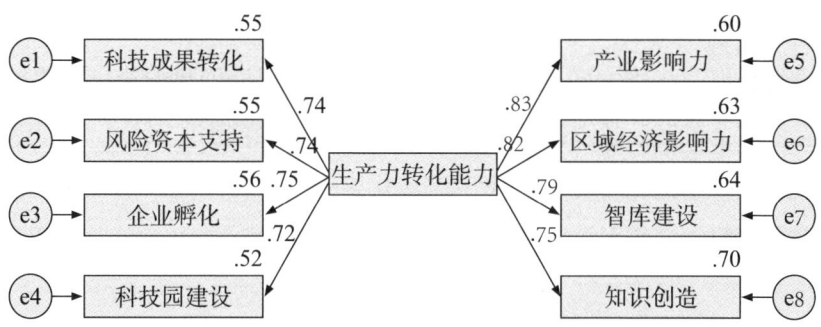

图 7.5 地方大学生产力转化能力结构方程模型图 [①]

本研究的地方大学生产力转化能力模型中，有 8 个指标。第一，科技成果转化。地方大学科技成果转化能力越强，生产力转化能力越强。如佛山科学技术学院取得了专利方面的成绩，科技成果转化的数量从 2015 年的 2 件到 2017 年的 47 件，高新技术产品数量从 2015 年的 5 项到 2017 年的 53 项。第二，风险资本支持。地方大学风险资本支持越多，生产力转化能力越强，不能忽视风险资本的支持，因为一味鼓励创业，没有风险资本的支持，创业无法成功。第三，企业孵化。地方大学企业孵化能力越强，生产力转化能力越强。如佛山科学技术学院围绕中央关于创新驱动发展的战略部署，对接佛山建设面向全球国家制造业创新中心的目标，目前该校科技园已经孵化培育了 200 余家高新技术企业。第四，科技园建设。地方大学科技园建设能力越强，生产力转化能力越强。佛科院大学科技园 2017 年被广东省科技厅、教育厅评定为广东省国家大学科技园培育单位，科技园目前拥有可自主支配场地 18 497 平方米。第五，产业影响力。地方大学产业影响力越强，生产力转化能力越强。如肇庆学院建有新能源汽车实验室，在新能源汽车方面的研究实力将对肇庆市新能源汽车的产业发展产生影响。第六，区域经济影响力。地方大学区域经济影响力越强，生产力转化能力越强。地方大学对区域经济的影响不容忽视，如环保产业是肇庆市战略发展的方向，肇庆学院积极开展

---

① 卡方值 =457.502（p 值 =.000）；自由度 =36; CFI=.000; NFI=.000;GFI=.257; AGFI=.072; RMR=.322; RMSEA=.921; CN=16470.087。

环保科研、环保实验室建设、环保产业服务。第七，智库建设。地方大学智库建设得越好，生产力转化能力越强。肇庆学院积极创建的肇庆市决策咨询研究院，集全校专家学者的力量，为肇庆市发展出谋划策。第八，知识创造。地方大学知识创造能力越强，生产力转化能力越强。地方大学的知识创造能力，存在于科学研究的知识创造、地方文化的知识创造中，知识创造可以转化成生产力。

7.2.4 地方大学校地合作多元合作体系分模型

如图 7.6 所示，地方大学校地合作多元合作体系结构方程模型中，与地方合作意愿系数为 0.64；与地方合作经费系数为 0.84；与地方合作效益系数为 0.88；与地方产业对接系数为 0.86；校地合作项目质量系数为 0.84；校地合作项目匹配系数为 0.85，残差项系数为 0.72。系数在 0.80 以上的指标分别是：与地方合作经费、与地方合作效益、与地方产业对接、校地合作项目质量、校地合作项目匹配。

地方大学校地合作多元合作体系模型中，有 6 个指标。第一，与地方合作意愿。地方大学与地方合作意愿越强，校地合作多元合作体系越完善。如惠州学院与地方合作的意愿是很强烈的，经常有计划地对惠州市各政府部门进行走访。第二，与地方合作经费。地方大学与地方合作经费越充足，校地合作多元合作体系越完善。大部分地方大学没有专门的校地合作经费，只有一部分校地合作项目经费。第三，与地方合作效益。地方大学与地方合作效益越大，校地合作多元合作体系越完善。第四，与地方产业对接。地方大学校地合作与地方产业对接得越好，校地合作多元合作体系越完善。如佛山计划建设面向全球国家制造业的创新中心，佛山科学技术学院在制造业方面下大力气，与佛山的制造业做好对接。第五，校地合作项目质量。校地合作项目质量越好，校地合作多元合作体系越完善。校地合作最重要的是依托于项目，提高校地合作的项目质量，注重项目的前期开发、中期执行和后期延续。第六，校地合作项目匹配。校地合作项目与地方产业、地方企业越匹配，地方大学校地合作多元合作体系越完善。在项目设计中,要把握住双方的需求,如地方大学的教学、科研、服务社会、文化传承的需求,以及地方发展经济、社会、文化的需求。具体到项目中,要考虑到匹配因素。

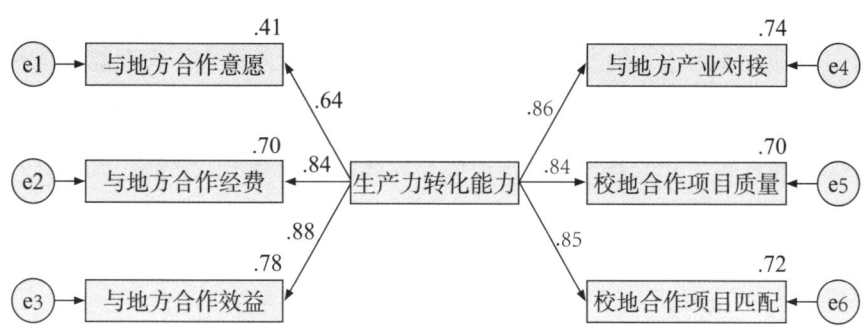

图7.6 地方大学校地合作多元合作体系结构方程模型图①

7.2.5 地方大学校地合作管理能效分模型

如图7.7所示,地方大学校地合作管理能效结构方程模型中,内部管理系数为0.80;服务地方能力系数为0.84;战略规划系数为0.83;校地合作投入系数为0.81;教师专业水平系数为0.68。系数在0.80以上的指标分别是:内部管理、服务地方能力、战略规划、校地合作投入。

本研究的地方大学校地合作管理能效模型中,有5个指标。第一,内部管理。地方大学内部管理得越好,校地合作管理能效越好。高校内部管理主要指高校教学、科研、行政体系的协调发展与密切配合,最终实现高校的管理目标。完善的管理体系使地方大学积极、有序发展,相反,混乱的内部管理会使大学变得杂乱无章。第二,服务地方能力。地方大学服务地方的能力越强,校地合作管理能效越好。比如一项关键技术,高水平大学可以解决,而地方大学不能解决,企业不会选择与地方大学合作。第三,战略规划。地方大学战略规划越完备,校地合作管理能效越好。战略规划对于地方大学来说非常重要,地方大学的资

---

① 卡方值=765.141(p值=.000);自由度=21;CFI=.000;NFI=.000;GFI=.265;AGFI=.020;RMR=.394;RMSEA=1.192;CN=16067.956。

源很少,要把鸡蛋放在一个篮子里使资源发挥最大能效,要有重点地发展。第四,校地合作投入。地方大学校地合作投入越大,校地合作管理能效越好。如白云学院专门成立校企合作办公室,每个二级学院也在办公室设立校企合作的相关职责,全校下大力投入到校企合作中,才有 2 000 多家高质量的合作企业。第五,教师专业水平。地方大学教师专业水平越高,校地合作管理能效越好。教师是地方高校的人力资源,教师专业水平是地方大学校地合作的武器。如肇庆学院与地方共建立法基地,教师需要有较高的专业水平,才能完成地方立法委员会交办的立法工作任务。

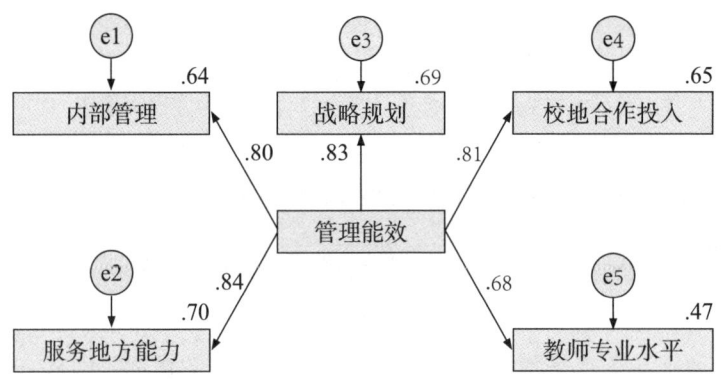

图 7.7 地方大学校地合作管理能效结构方程模型图[①]

7.3 地方大学校地合作管理机制多角度分析

7.3.1 地方大学校地合作能力与管理因素相关性分析

通过对校地合作能力和 15 个影响因素进行双变量相关,共有 12 个因素与校地合作能力呈正相关关系,有 3 个因素未通过显著性检验,分别是对校地合作的投入、教师专业水平和地方文化价值认同。根据相关系数从高到低排列,

---

[①] 卡方值 =1001.602(p 值 =.000);自由度 =15; CFI=.000; NFI=.000;GFI=.331; AGFI=.064; RMR=.309; RMSEA=1.364; CN=15024.030。

第 7 章 地方大学校地合作管理机制

如表 7.3 所示，分别得出以下结论：地方大学校地合作项目吸引力越强、项目质量越好，校地合作能力越好。地方大学与地方产业对接得越好，与地方合作效益越好，合作项目匹配度越高，校地合作能力越强。地方大学战略规划做得越好，校地合作能力越强。地方大学与地方政府、企业沟通与合作得越好，校地合作越好。地方大学服务地方经济社会能力越强，校地合作内部管理越好，校地合作能力越强。地方大学与地方合作意愿越强，校地合作能力越强。以上 12 个因素与校地合作呈正相关关系，根据相关关系的得分高低制作网状图，如图 7.8 所示。

表 7.3 地方大学校地合作能力与影响因素相关性系数表

序号	影响因素	系数（皮尔逊）	显著性（双尾）
1	内部管理	0.108*	0.012
2	服务地方经济社会能力	0.136**	0.002
3	战略规划	0.167**	0.000
4	对校地合作的投入	0.081	0.059
5	教师专业水平	0.073	0.091
6	与地方的文化价值认同	0.003	0.939
7	与地方政府、企业的沟通	0.154**	0.000
8	与地方合作的意愿	0.090*	0.036
9	与地方合作的经费	0.110*	0.011
10	与地方合作的效益	0.173**	0.000
11	与地方产业的对接	0.190**	0.000
12	与地方企业的合作	0.148**	0.001
13	校地合作项目的质量	0.190**	0.000
14	校地合作项目的匹配度	0.172**	0.000
15	校地合作项目的吸引力	0.193**	0.000

根据地方大学校地合作能力与管理因素相关性分析和校地合作影响因素表现情况，地方大学在校地合作管理中要做到：第一，加强校地合作内部环

境的建设。地方大学要从战略管理的角度出发，找准自身定位，加强顶层设计，建构良好的校园内部环境，提高服务地方经济社会的能力，实现与地方主导产业的对接。科学设计学校校地合作平台，合理管理，加大投入力度，使学校内部形成支持开展校地合作的氛围。培养能承担校地合作工作的"双师型"教师，提高其待遇和地位，逐渐加强地方大学校地合作软实力。将所有的校地合作项目嵌入应用型人才培养机制中，形成运用校地合作平台培养应用型人才的特色。第二，获得有利的校地合作外部环境。地方大学所在区域中的政治、经济、文化、地域等因素是校地合作的外部环境。要争取良好的经济环境、政策环境，与合作城市协同发展，加强自身实力，获得外部的认可与支持；要与合作机构达成文化价值共识，求同存异，共同发展；要把握地域特色，形成特色文化，为地方发展创造经济价值、社会价值、文化价值；要与地方主导产业合作，实现地方经济发展，为地方主导产业发展提供智力资源，为地方主导产业培养应用型人才。第三，建设良好的校地合作机制。地方大学要充实校地合作工作机构，通过获得与地方主导产业、行业对接的需求信息，成立混合组织，实现内部科技与市场的衔接与转化。加强与地方政府部门、地方企业和其他组织的沟通，加强相互合作，形成合作效益。设计合作项目，成立专门机构，实现与地方主导产业对接、与地方特色文化对接。通过形成校地合作机制，实现与地方政府、地方企业的合作共赢。第四，设计执行优秀的校地合作项目。校地合作从设计到协议到执行，需要通过合作项目来落实。校地合作项目是否优秀有以下标准：匹配度、影响力和新颖度。项目的设计是否精当，项目与地方大学发展目标是否匹配，项目的执行是否准确，项目是否具有影响力，项目是否新颖等是影响项目质量的因素。要设计组织激励机制，加强校地合作项目的执行力度，使优秀的校地合作项目在地方大学实现有生命力的可持续发展。

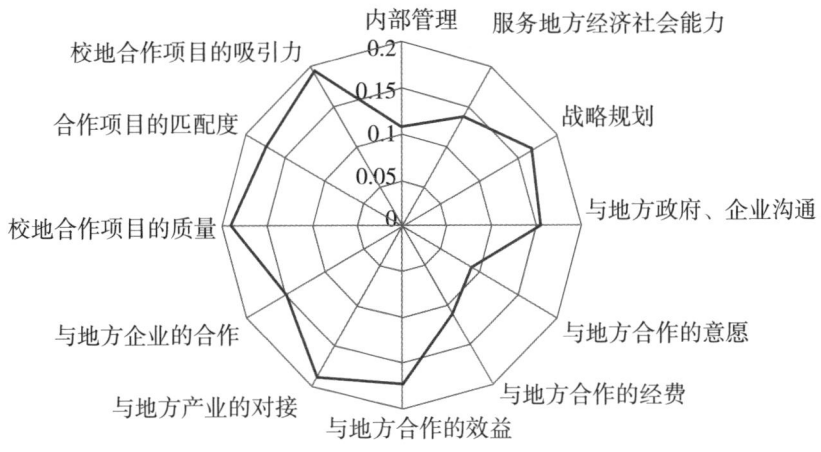

图 7.8 地方大学校地合作能力与影响因素相关性系数图

7.3.2 地方大学校地合作组织变革引起管理方式变革

地方大学校地合作组织层级的变革引起管理方式的变革。通过校地合作，地方大学校地合作组织层级呈现多元化的态势，有递进式、项目式、放射式、矩阵式、分布式、科层式和多元式。在递进式组织层级中，管理采用层层递进的方式。在项目式组织层级中，管理采用项目管理的方式。在放射式组织层级中，管理采用以校地合作组织为核心，放射管理的方式。在矩阵式组织层级中，管理采用矩阵的管理方式。如广东海洋大学水产产业合作项目，水产学科分不同的方向，每个方向与不同的企业形成矩阵式的合作组织，在管理的过程中，要注重分类和协同管理。在分布式组织层级中，管理采用分布管理的方式。如佛山科学技术学院佛山中科协同创新研究院，研究院有智能制造、新材料新能源、电子信息、生物工程与食品工程、节能环保、制造服务等多个学科，形成分布式的布局，在管理过程中要注重对不同学科专业的分类管理。在科层式组织层级中，要注重组织的科层文化建设，构建科学合理的科层管理体系。在多元式组织层级中，要平衡不同利益主体的管理，形成科学的管理模式。如图7.9所示。

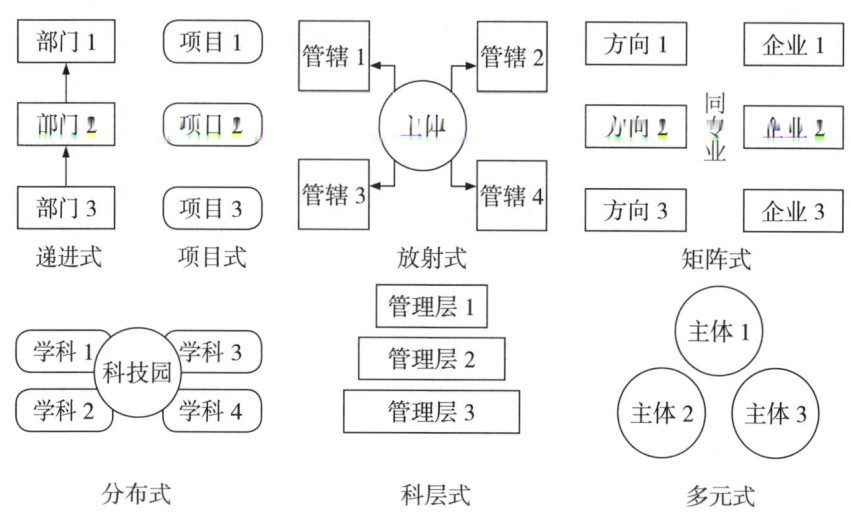

图 7.9 地方大学校地合作组织层级示意图

地方大学校地合作组织行为类型的变革引起管理方式的变革。地方大学校地合作组织行为有：互惠型、科研型、交流型、综合型、服务型。在互惠型的组织行为中，要跳出组织的自利行为，围绕组织之间的资源交换、资源互惠来进行管理。在科研型的组织行为中，要根据科研组织的学科特性开展管理。在交流型的组织行为中，要建立交流平台、组织交流活动、完成交流使命，形成有利于交流的管理方式。在综合型的组织行为中，要把握住综合型组织的复杂特性，形成综合管理模式，如佛山科学技术学院佛山中科协同创新研究院。组织的管理需要把握大学、企业、科研机构等多方利益。在服务型的组织行为中，要围绕组织的服务需求，做好服务管理。

地方大学校地合作组织转型引起管理方式的变革。地方大学校地合作组织转型有：前端化、集中化、并行化、扁平化、开放化、联盟化、交叉化、公司化、高端化、融合化。在前端化的组织转型中，要注重对处于组织边界与其他组织进行信息、资源交换的人员进行管理。在集中化的组织转型中，要集中全校力量，对组织进行资源倾斜，使组织获得最大的资源优化组合。在并行化的组织转型中，要对并行发展的组织进行并行管理，并及时将情况汇报中心组织。在扁平化的组织转型中，要对与组织中心管理者进行沟通的人员进行培训，减少管理能耗。在开放化的组织转型中，要打破组织的边界障碍，欢迎组织外的机构与组织进行交流，进行开放化的管理。在联盟化的组织转型中，要与联盟成员形成密切的合作关系，并通过科学管理实现联盟的组织目标。在交叉化的组织转型中，要发挥组织的交叉特性，形成交叉学科，进行交叉管理。在公司化的组织转型中，要对组织进行公司式的管理，使组织形成公司文化。在高端化的组织转型中，将组织定位为高端组织，进行一系列的高层次管理改革，使组织适应高端化发展的需要。在融合化的组织转型中，要将不同利益主体融合为一体，成为一个利益主体，融合管理。

根据组织理论，组织层级、组织行为、组织转型引起组织内部管理的变化。不同组织层级的校地合作组织，要采取相对应的管理方式。组织行为类型的不同，使组织管理的目标、行动发生变化。组织转型引起的管理变革，使地方大学校地合作组织成为管理改革的标杆。组织转型的前端化、集中化、并行化、扁平化、开放化、联盟化、交叉化、公司化、高端化、融合化，可以根据组织的需要，进行组合管理。如有的校地合作组织，既具有前端化的特征，又具有扁平化的特征，还具有开放化的特征，在进行组织设计时，要根据组织目标与外部资源的情况进行组合。

7.3.3 地方大学校地合作管理机制启示

第一，构建地方大学的创新实力。地方大学创新实力的构建，需要把握创新创业活动、知识产权保护、争取政府优惠政策、获得政府研发资助、取得创新成效、开展创业教育、拥有创新资源、开展创新活动、区域创新主体、创新网络中心10个管理要素。要大力开展创新创业活动，做好支持产权保护；争取政府优惠政策，获得政府研发资助；大力开展创业教育，鼓励科技创新，取得创新成效，获得大量创新资源，使地方大学成为区域创新主体和创新网络中心。

第二，提高地方大学的生产力转化能力。地方大学生产力转化能力的构建，需要把握科技成果转化、风险资本支持、企业孵化、科技园建设、产业影响力、区域经济影响力、智库建设、知识创造8个管理要素。要实现大量科技成果的转化；获得风险资本的支持，孵化大量企业，开展科技园建设；提高地方大学产业影响力和区域经济影响力；要开展智库建设，使地方大学智库辐射地方经济社会发展，影响地方管理决策；要注重知识创造、科技创新，及时将知识转化成生产力。

第三，建设地方大学校地合作多元合作体系。地方大学校地合作多元合作体系的构建，需要把握与地方合作意愿、与地方合作经费、与地方合作效益、与地方产业对接、校地合作项目质量、校地合作项目匹配6个管理要素。地方大学要"走出象牙塔"，提高与地方合作意愿；配备与地方合作的专项经费，提高与地方合作的效益；加强与地方的产业对接；加强校地合作项目质量和校地合作项目与地方产业、企业的匹配。

第四，提升地方大学校地合作管理能效。地方大学校地合作管理能效的构建，需要把握内部管理、服务地方能力、战略规划、校地合作投入、教师专业水平5个管理要素。地方大学要完善内部管理，使教学、科研、行政体系进展有序；要提高各院系、学科团队服务地方的能力；要做好战略规划，与区域经济社会、产业发展目标相适应；要加大对校地合作工作的投入；要提高教师专业水平，加强学科团队服务地方经济社会的专业水准。

7.4 小结与讨论

国外对大学外部合作的管理模型的研究主要有 IPOO 模型（Aidin Salamzadeh，2011）、伯顿·克拉克创业型大学管理五要素、埃茨科威兹的创业型大学管理五要素。IPOO 模型主要是将大学与外部合作分为：输入（Input）、过程（Process）、输出（Output）、结果（Outcome）。伯顿·克拉克创业型大学管理五要素包括：一个强有力的驾驭核心、一个拓宽的发展外围、一个多元化的资助基地、一个激活的学术心脏地带、一个一体化的创业文化。埃茨科威兹的创业型大学五要素包括：知识资本化、相互依存性、相互独立性、混合形成性、自我反应性。本研究对地方大学校地合作管理机制进行概念建模、数据建模，发现地方大学校地合作管理机制具有四个方面的维度：创新实力、生产力转化能力、多元合作体系、管理能效。地方大学校地合作管理要把握4个方面的影响因素，第一，加强校地合作内部环境的建设。第二，获得有利的校地合作外部环境。第三，建设良好的校地合作机制。第四，设计执行优秀的校地合作项目。地方大学校地合作组织层级、组织行为的变化和组织转型，引起管理方式的变革。

把握地方大学校地合作管理机制对地方大学科学发展、科学管理意义重大。第一，创新实力。地方大学要重点把握创新实力维度。主要原因是当前创新驱动发展的国家战略，对地方大学寄予厚望，地方大学承担着创新驱动发展的重任；创新是地方大学内生的发展要求。第二，生产力转化能力。生产力转化能力是大学组织转型发展的重要标志。大学从"象牙塔"到"走出象牙塔"，再到生产力转化，生产力转化能力是地方大学管理的重要维度。第三，多元合作体系。地方大学校地合作要构建多元合作体系服务教学、科研、师资队伍建设和对外交流。多元合作体系的提出，为地方大学的校地合作管理、转型发展提供明确的思路。第四，管理能效。管理能效指管理的能力、效率、绩效。在校地合作中要提高校地合作软实力，如提高服务地方能力、教师专业水平；要提高校地合作管理能力，如大学内部管理控制、战略规划等。第五，校地合作管理模型。本研究建构的模型是校地合作管理模型，校地合作与学校全局工作分不开，如创新实力、生产力转化能力、多元合作体系、管理能效都是学校的全局工作，所以校地合作管理模型可以指导地方大学的转型发展。

第8章 讨论：地方大学校地合作与转型发展

8.1 校地合作：地方大学转型发展的要求

2015年10月教育部等部委发布《关于引导部分地方普通本科高校向应用型转变的指导意见》，《意见》指出，高等教育结构性矛盾更加突出，同质化倾向严重，毕业生就业难和就业质量低的问题仍未有效缓解，生产服务一线紧缺的应用型、复合型、创新型人才培养机制尚未完全建立，人才培养结构和质量尚不适应经济结构调整和产业升级的要求。

校地合作是地方大学转型发展的要求。第一，地方大学转型发展需要地方特色，校地合作可以实现地方特色对地方大学的渗透。通过与地方的密切合作，使地方大学焕发新的活力，地方特色使地方大学呈现多样化的态势。第二，地方大学转型发展需要解决就业难问题，校地合作可以缓解地方大学毕业生就业难现象。地方大学与地方企业密切合作，通过联合培养、订单式培养，解决企业招工难，毕业生就业难的两难问题。第三，地方大学转型发展需要人才培养的转型，校地合作可以实现应用型人才培养的转型。应用型人才培养的转型是地方大学转型发展的重点，通过校地合作转变人才培养方式，通过校企合作和校产合作协同育人，在生产实习实践、课程讲授等环节实现人才培养的转型。第四，地方大学转型发展需要与地方经济社会发展密切联系，校地合作可以实现与地方经济社会发展的密切联系。地方大学通过校地合作参与地方产业转型升级，在学科建设、科研项目、专业建设等方面，与地方产业密切联系，实现

第8章 讨论：地方大学校地合作与转型发展

地方大学转型和地方产业转型升级相适应。

地方大学的转型发展，在于传统角色的变化。地方大学在校地合作中构建新的角色即地方大学成为区域经济社会发展的动力和区域创新驱动发展的中心。

校地合作使地方大学成为区域经济社会发展的动力。第一，地方大学通过与其他高校和地方研究机构合作，实现应用型科学技术的进步。第二，地方大学通过与地方政府合作，实现地方产业对接、文化传承和社会发展。第三，地方大学通过与地方产业合作，带动地方产业发展，拉动地方经济发展。第四，地方大学通过与地方企业合作，培养地方需要的大量应用型人才，为地方人力资源发展提供强大保障。第五，地方大学与地方行业组织合作，形成校企战略联盟，促进地方主导产业的发展。第六，地方大学与地方中介组织合作，鼓励教师、学生创新创业，孵化大量企业，为地方经济社会发展注入创业活力。

校地合作使地方大学成为区域创新驱动发展的中心。第一，地方大学拥有的教授、博士等高层次人才、实验室等科研创新平台，使地方大学在校地合作中拥有创新资源。第二，地方大学在校地合作中鼓励教师、学生开展创新创业活动，成为创新创业活动的活跃地。第三，地方大学通过校地合作提升科技创新质量。地方大学通过与地方企业合作提升产品研发质量，转化科技创新成果，进行科研攻关，成为具有区域影响力的先进技术转移中心。第四，地方大学通过校地合作成为区域创新网络的中心。在政府创新引导及企业创新支持下，地方大学成为区域创新网络的组织者和领导者。第五，地方大学通过科研交流、技术交流，成为区域创新网络的桥梁。通过发挥桥梁作用，地方大学成为科技服务中心、技术创新基地。

地方大学通过校地合作成为区域经济社会发展的动力和区域创新驱动发展的中心，对地方大学自身发展具有重大意义。第一，地方大学从传统的教学、科研、社会服务、文化传承创新的角色转变成区域经济社会发展的动力，这将极大提升地方大学在区域的地位。区域地位的提升，使地方大学在资源的获得能力、社会事务的话语权等方面实现相应的提升，这将有助于地方大学反哺教学、科研等中心工作。第二，地方大学成为区域创新驱动发展中心，这将提升区域创新能力，使国家、政府更加重视地方大学的发展，从而加大对地方大学的投入。地方大学的发展，离不开政府的大力支持和政府在创新方面的重视和投入，这将使地方大学充满新的生命力。第三，地方大学从功能单一的区域教学科研机构转变为具有复杂功能的区域战略组织者，是大学组织演化的结果，是大学组织发展需求的体现。地方大学成为区域战略组织者，将转变大学的传统角色，实现地方大学转型向纵深发展。

8.2 校地合作：地方大学转型发展的途径

校地合作为地方大学转型发展建立新机制。第一，为转型发展建立创新创业机制。地方大学在校地合作中，出台相应体制机制，鼓励教师、学生创业，营造创新创业氛围，建立科技园等为地方市民创新创业提供场地和条件。地方大学通过提供创新创业动力，奠定其区域创新网络中心的地位。第二，为转型发展建立产业转化机制。地方大学在校地合作中，将科研成果转化成产业发展动力，形成新产业，影响地方产业结构。地方大学通过提升产业转化能力，奠定其在区域经济社会发展的地位。第三，为转型发展建立区域影响力机制。地方大学在校地合作中，服务地方经济、社会、文化、政治等各方面的发展。地方大学通过提升服务地方的能力，奠定其在区域经济社会发展的影响力。第四，为转型发展建立项目合作机制。地方大学在校地合作中，以项目为依托，形成合作机制，为转型发展提供机制保障。

校地合作为地方大学转型发展建立运作模式。第一，为转型发展建立协同育人平台。地方大学通过校地合作，与地方企业、事业单位合作构建协同培养应用型人才的平台，成为地方大学转型发展中的应用型人才培养模式。第二，为转型发展建立协同创新中心。地方大学通过校地合作，与地方高水平研究机构、企事业单位协同构建科研创新中心，成为地方大学转型发展中的科技创新模式。第三，为转型发展建立校企合作项目。地方大学通过校地合作，与地方企业开展人才培养、科研创新、专业建设、学科建设、师资队伍建设等方面的合作项目，成为地方大学转型发展中的与企业合作的模式。第四，为转型发展建立校产合作项目。地方大学通过校地合作，与地方产业开展合作项目。第五，为转型发展建立校校合作项目。地方大学通过校地合作，与其他高校开展合作项目，成为地方大学转型发展中的与高校合作的模式。第六，为转型发展建立地方文化传承项目。地方大学通过校地合作，开展地方文化传承、地方文化传播等工作的合作项目，成为地方大学转型发展中的文化传承创新模式。第七，为转型发展建立地方研究院。地方大学通过校地合作，与地方政府合作共建推动地方产业发展的高端研究院所，成为地方大学转型发展中的与地方共建研究院模式。第八，为转型发展建立大学科技园。地方大学通过校地合作，建立用于教师、学生、市民创新创业、企业运营的科技园区，成为地方大学转型发展中的大学科技园模式。第九，为转型发展建立智库。地方大学通过校地合作，建立用于政府决策咨询、产业发展的专家库，成为地方大学转型发展中的智库模式。第十，为转型发展建立产业学院。地方大学通过校地合作与地方知名企业、主导产业联合成立开展应用型人才培养和应用型科学研究的产业学院，成为地方大学转型发展中的产业学院模式。

8.3 校地合作：地方大学转型发展的创新

伯顿·克拉克（1998）在《建立创业型大学：组织上转型的途径》一书中提出，转型的途径有：一个强有力的驾驭核心，一个拓宽的发展外围，一个多元化的资助基地，一个激活的学术心脏地带，一个一体化的创业文化。其中，拓宽的发展外围包括：走出校门兴办研究中心，解决很多非学科性问题。拓展的外围把许多试图解决经济和社会发展中很多重大实际问题的研究带入大学。

本研究以地方大学校地合作为切入点分析地方大学转型发展，与伯顿·克拉克的转型发展理论对话。第一，校地合作正是为地方大学建立拓展的发展外围。地方大学通过校地合作，建立协同育人平台、协同创新中心、校企合作项目、校产合作项目、校校合作项目、地方文化传承项目、地方研究院、大学科技园、智库、产业学院，实现建立拓展的发展外围。第二，建立多元化的资助基地。本研究表明，中国地方大学资金来源比最大的是办学经费，其次是学生学费；占比最小的是产业支持资金，其次是企业研发资金，再次是社会捐赠；科研项目资金、校办产业、校友捐赠处于中等。中国地方大学要实现成功转型，要大力提高办学经费、学生学费以外的资金来源占比，真正实现转型发展。第三，发展创新创业文化。本研究表明，创新创业活动越活跃，地方大学校地合作能力越强；创新成效越多，校地合作能力越强；创业教育开展得越好，校地合作能力越强。地方大学拥有创新实力，才能实现校地合作，实现转型发展。第四，一个强有力的驾驭核心。本研究表明，地方大学校地合作管理能效与校地合作能力呈正比，内部管理能力、服务地方能力、战略规划能力、校地合作投入、教师专业水平越强，校地合作管理能效越强。第五，一个激活的学术心脏地带。伯顿·克拉克认为，院系在学术上充分与市场融合，形成激活的学术心脏地带，是转型发展的途径。本研究表明，中国地方大学实现转型的一个关键是形成产业转化机制。产业转化机制正是地方大学内部院系、研究中心通过科研成果转化实现学术心脏的激活。第六，实现地方大学全面转型。当前中国地方大学转型发展的背景是应用型人才培养的转型，伯顿·克拉克的转型发展理论更多地关注大学的全面转型。本研究表明，中国地方大学的转型，应该摆脱人才培养的片面转型，地方大学要通过校地合作实现全面转型，塑造区域经济社会发展的动力及区域创新驱动发展中心的新角色。

亨利·埃茨科威兹（2000）在《未来的大学和大学的未来：从象牙塔到创业范式》等论文中通过研究美国大学，提出大学与产业、政府密切作用，与其他机构彼此联系、相互依存，形成三螺旋机制。知识资本化、技术产业化是转型的使命和核心，既能把知识生产者和知识用户更紧密地联系起来，又能把大学确立为拥有自主知识产权的经济主体。

本研究构建了校地合作"三螺旋"模型，与埃茨科威兹的创业型大学理论的不同之处在于，第一，亨利·埃茨科威兹将大学的转型发展理论建立在"三螺旋"理论之上，在美国等国家非常有代表性，如斯坦福大学、麻省理工学院的转型。埃茨科威兹的"三螺旋"模型中大学、政府、产业三者重要性平分秋色，本研究提出的校地合作"三螺旋"模型认为地方大学是校地合作的基础和主导。因为地方大学具有强烈的校地合作需求，掌握校地合作的重要资源，在校地合作中获得最大利益，为校地合作提供组织保障。第二，本研究提出的"三螺旋"是校地合作"三螺旋"，三螺旋是构建在校地合作的基础上。校地合作意味着地方政府的大力支持。中国的地方政府掌握的资源多，在政府大力支持的基础上构建的"校地合作"转型发展，符合中国地方大学转型发展的要求。主要原因有：一是政府掌握产业布局、经济社会发展导向的权力。中国地方大学要依靠地方政府的产业布局设置专业，紧密围绕地方经济社会发展的方向建立人才培养机制和科学研究机制。二是政府具有很强的协调能力与组织能力。中国地方大学在校地合作中遇到困难、发生问题，政府可以出面协调解决。三是中国是社会主义市场经济，中国地方大学要建立行业企业发展平台，对接产业链和创新链，融入区域经济社会的发展，需要得到政府的大力支持。所以本研究构建校地合作"三螺旋"中地方大学的主导地位和校地合作中政府的融入与大力支持，是与亨利·埃茨科威兹创业型大学理论不同的地方。

8.4 校地合作：地方大学转型发展的管理主线

地方大学通过校地合作，实现教学、科研、社会服务、文化传承的转型发展。第一，实现教学的转型发展。应用型人才的培养模式，通过校地合作得以实现。如协同育人平台、校企合作育人平台、校产合作育人平台、产业学院育人平台，使地方大学的教学从人才培养方案、课程体系改革、实习实训基地建设、教学方法改进等方面实现转型发展。第二，实现科研的转型发展。以应用为驱动的创新科研能力，通过校地合作得以实现。如协同创新中心、校企合作科研平台、校产合作科研平台、校校合作科研平台、地方研究院，使地方大学的科研从科技创新、科技成果转化、应用型科研的开发等方面实现转型发展。第三,实现社会服务的转型发展。通过校地合作实现为地方经济社会发展服务,如地方研究院、大学科技园、智库使地方大学社会服务从政府决策到产业发展、高新技术开发到企业孵化等方面实现转型发展。第四,实现文化传承的转型发展。地方大学通过地方文化传承项目,在地方政府的大力支持下,开展地方文化传播、文化传承,实现地方大学在文化传承方面的转型发展。

地方大学通过校地合作实现管理思路的转型。第一,构建创新实力。地方大学在校地合作中,发现自身科研实力、创新能力不足,因而产生构建创新实力的强大动力。地方大学积极开展创新创业活动,开展创业教育,取得创新成效,成为区域创新网络中心,成为区域创新主体,成为构建创新实力的标志。第二,构建生产力转化能力。地方大学在校地合作中,发现科技成果转化、企业孵化、产业影响力、区域经济影响力非常重要,因而努力构建适应区域产业发展需要的生产力转化能力。第三,建立多元合作体系。地方大学在校地合作中,发现与地方产业对接不够,校地合作效益不强,校地合作项目质量和匹配不够,因而努力建立多元合作体系。第四,强化管理能效。在校地合作中,地方大学内部管理混乱、服务地方能力不强、战略规划与地方经济社会发展不匹配、校地合作投入不够、教师专业水平不能满足校地合作需要,因而努力在管理能效方面做好转型发展。第五,以校地合作促人才培养。大学的中心任务是人才培养,创新实力、生产力转化能力、多元合作体系、管理能效,都要围绕人才培养的中心任务来实践。

地方大学通过校地合作实现组织转型。第一,组织的前端化。大学原本是象牙塔,通过校地合作,将触角伸向社会、市场、政府、企业、产业、科研院所,通过打破樊篱,实现大学组织的前端化。第二,组织的集中化。地方大学在校地合作中,集中优势资源,形成优质的协同育人平台或协同创新平台,为应用型人才培养和应用型科研提供条件。第三,组织的并行化。地方大学在校地合作中,多学科、多部门并行与企业、产业合作,形成并行发展的运作方式。第四,组织的扁平化。地方大学原本是层次分明的组织,学校层面、院系层面、教师、学生等层级分明，通过校地合作，学校、院系、教师、学生可以直接与外部联系、合作，并形成机制，实现组织的扁平化。第五，组织的联盟化。地方大学在校地合作中，整合资源，将相似的学科门类、产业和研究机构形成战略联盟，实现组织的联盟化。第六，组织的开放化。地方大学在校地合作中，实行开放化运作方式，将大量学生、教师送出去交流，将大量校外行业专家、企业人员请进来上课或合作科研。第七，组织的交叉化。地方大学院系之间原本联系较少，通过校地合作，在校地合作平台的支持下，实现院系的交叉配合，建立交叉学科，实现交叉人才培养、交叉科学研究、交叉科研成果转化。第八，组织的公司化。地方大学的科技成果转化机构，实行公司化运作方式，孵化高新技术企业。第九，组织的高端化。地方大学在校地合作中，瞄准高端产业，依靠高端行业，聘请高端专家，发挥高等教育优势，形成高端化的运作方式。第十，组织的融合化。地方大学在校地合作中，积极与地方主导产业合作，融入地方经济社会发展，实现地方大学、产业、企业组织的产教融合。第十一，组织角色的变化。大学原本是较为松散的组织，地方大学通过校地合作成为区域战略组织者，成为区域经济社会发展的动力和区域创新驱动发展的中心，组织角色的变化，赋予地方大学新的使命。

8.5 区域创新创业大学：地方大学转型发展的可能方向

《关于引导部分地方普通本科高校向应用型转变的指导意见》，明确指出，确定一批有条件、有意愿的试点高校率先探索应用型（含应用技术大学）发展模式。一些学者认为，应用型转型并无定式[1]，本研究认为，区域创新创业大学是地方大学转型发展的可能方向。区域创新创业大学是本研究新建构的大学形态，是指以校地合作为基础，与区域内政府、企业、产业等外部机构密切合作，

---

[1] 钟秉林教授等在《我国地方普通本科院校转型发展实践路径探析》中提出，地方大学转型要分类发展，探索多样化转型发展路径，转型的路径没有统一和唯一的模式，要根据地方本科院校的差异性和地方经济社会发展需求的多样性区别对待。

构建多元合作体系，进行应用型人才培养与应用型科学研究，引领区域创新创业，实现生产力转化的地方大学。本研究提出的区域创新创业大学从要素和运作方式上来说，属于应用技术大学的范畴。从要素上来说，应用技术大学要求进行应用型人才培养、应用型科研和服务地方经济社会发展。从运作方式上来说，应用技术大学通过与企业、产业合作进行科学研究与人才培养，区域创新创业大学属于应用技术大学的范畴。本研究中区域创新创业大学与应用技术大学的不同之处在于，应用技术大学强调应用型人才培养和应用型科学研究，区域创新创业大学更注重创新创业和生产力转化，是区域经济社会发展的动力和区域创新驱动发展的中心。所以区域创新创业大学本质上属于应用技术大学，是应用技术大学的一种形态。

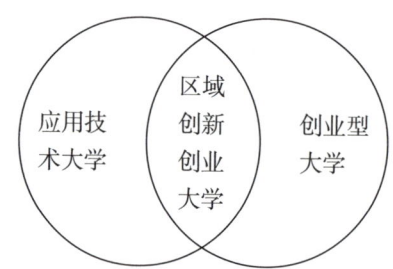

图 8.1 区域创新创业大学与创业型大学、应用技术大学关系图

区域创新创业大学也是创业型大学的一种形态，根据埃茨科威兹关于创业型大学的定义，与产业、政府密切作用，与其他机构相互联系、相互依存，形成三螺旋机制的是创业型大学。本研究提出的区域创新创业大学与埃茨科威兹提出的创业型大学有所不同。第一，本研究中区域创新创业大学与政府合作的色彩较浓厚，是在政府的大力支持下开展校地合作，获得更多的外部资源。第二，区域创新创业大学更多强调创新意识、创新理念、创新活动、创新实力，创业活动还处于起步阶段。第三，区域创新创业大学注重由创新引起的科研成果转化和生产力转化，目的是服务创新驱动发展战略。第四，区域创新创业大学与政府、企业、产业、研究机构、行业组织、中介组织、风险投资机构等利益主体组成立体多元的合作体系，成为区域创新网络中心，

为应用型人才培养、应用型科研和地方经济社会发展服务。如图 8.1 所示，本研究提出的区域创新创业大学既属于应用技术大学的范畴，也属于创业型大学的范畴，两者交叉形成。

表 8.1 创业型大学、应用技术大学、区域创新创业大学概念的比较与界定

概念类型	含义	要素	运作方式
伯顿·克拉克的创业型大学概念	大学及其内部系科、科研中心、学部和学院经过努力，建设强有力的驾驭核心、拓展的发展外围、多元化的资助、激活的学术心脏和创业文化，采取该行动的大学称为创业型大学。	（1）一个强有力的驾驭核心；（2）一个拓宽的发展外围；（3）一个多元化的资助基地；（4）一个激活的学术心脏地带；（5）一个一体化的创业文化。	与外围的单位建立联系共同发展，致力于大学与工业的合作，大力发展商学院、科学园区，以实行创收的理念。走出校门兴办研究中心，研究和解决经济社会发展的问题。
埃茨科威兹的创业型大学概念	大学与产业、政府密切作用，与其他机构相互联系、相互依存，形成三螺旋机制的是创业型大学。	（1）知识资本化；（2）相互依存性；（3）相对独立性；（4）混合形成性；（5）自我反应性。	通过大学—产业—政府的三螺旋，实现创业型大学的运作。如通过研究中心、孵化器、科技园等混合组织，实现发展。
欧洲应用技术大学概念	通过与企业、产业合作进行应用型人才培养与应用型科学研究，强调技术的研发和传承的应用型大学。	（1）应用型人才培养；（2）应用型科研；（3）服务地方经济社会。	与企业、产业合作进行应用型人才培养与应用型科学研究。
本研究对区域创新创业大学的定义	以校地合作为基础，与区域内政府、企业、产业等外部机构密切合作，构建多元合作体系，进行应用型人才培养与应用型科学研究，引领区域创新创业，实现生产力转化的地方大学。	（1）创新实力；（2）生产力转化能力；（3）多元合作体系；（4）管理能效。	以校地合作为基础，建立协同育人平台、协同创新中心、校企和校产合作平台、地方研究院、大学科技园、智库、产业学院等，进行应用型人才培养、应用型科学研究，服务地方经济社会。

如表 8.1 所示，伯顿·克拉克的创业型大学指大学及其内部系科、科研中心、学部和学院经过努力，建设强有力的驾驭核心、拓展的发展外围、多元化的资助、激活的学术心脏和创业文化，采取该行动的大学称为创业型大学。埃茨科威兹的创业型大学指大学与产业、政府密切作用，与其他机构相互联系、相互依存，形成三螺旋机制的大学。欧洲应用技术大学是指通过与企业、产业合作进行应用型人才培养与应用型科学研究，强调技术的研发和传承的应用型大学。本研究中区域创新创业大学的概念是以校地合作为基础，与区域内政府、企业、产业等外部机构密切合作，构建多元合作体系，进行应用型人才培养与应用型科学研究，引领区域创新创业，实现生产力转化的地方大学。

8.6 地方大学应用型转型发展概念模型

图 8.2 为地方大学应用型转型发展概念模型。横轴为应用型的三个维度：应用型人才培养、应用型科研、服务地方经济社会；纵轴为区域创新创业大学的四个维度：创新实力、生产力转化能力、多元合作体系、管理能效；竖轴维度是：区域创新驱动发展中心。如图 8.2 所示，横轴与纵轴交叉形成 12 个格子，每个格子含义不同。第一格，创新实力与应用型人才培养交叉，含义是创新创业教育。地方大学要大力开展创新创业教育，以创新创业教育为特色，开展应用型人才培养。第二格，创新实力与应用型科研交叉，含义是创新科学研究。地方大学要大力开展创新科学研究，营造创新氛围，鼓励教师开展科研创新。第三格，创新实力与服务地方经济社会交叉，含义是区域创新地位。地方大学要构建在区域中的创新地位：拥有创新资源，开展创新活动，成为区域创新主体，形成创新网络中心。第四格，生产力转化能力与应用型人才培养交叉，含义是生产实习实践。在地方大学实现生产力转化的过程中，与行业、企业、产业密切合作，让学生参加合作企业的生产实习实践，使生产实习实践成为应用型人才培养的重要环节。第五格，生产力转化能力

与应用型科研交叉,含义是科研成果转化。地方大学要通过科研成果转化,实现生产力转化。科研成果转化是地方大学生产力转化的重要指标,要把应用型科研成果通过风险资本支持、企业孵化、科技园建设等实现转化。第六格,生产力转化能力与服务地方经济社会交叉,含义是区域经济影响力。地方大学要奠定在区域经济中的影响力,主要通过优势学科引导地方产业转型发展;与地方主导产业密切合作实现产学研一体化。第七格,多元合作体系与应用型人才培养交叉,含义是多元合作培养应用型人才。地方大学要通过构建多元合作体系培养应用型人才,如协同育人平台、协同创新中心、校企合作项目、校产合作项目、校校合作项目等。第八格,多元合作体系与应用型科研交叉,含义是多元合作开展应用型科研。地方大学要通过构建多元合作体系开展应用型科研,如与企业合作开展合作研发;建立产业科研服务中心;与高水平大学开展科研合作等。第九格,多元合作体系与服务地方经济社会交叉,含义是多元合作服务地方经济社会。地方大学要通过与地方政府、地方企事业单位紧密合作,树立服务地方经济社会的理念,构建多元合作网络服务地方经济社会。第十格,管理能效与应用型人才培养交叉,含义是应用型教学管理。地方大学要围绕应用型人才培养的中心任务,建立与之相适应的应用型教学管理体系,使人才培养方案、课程设置、教学模式、实践教学、专业建设围绕应用型开展。第十一格,管理能效与应用型科研交叉,含义是应用型科研管理。地方大学要围绕应用型科研工作的开展,建立鼓励开展应用型科研工作的管理机制,使教师积极开展应用型科研。第十二格,管理能效与服务地方经济社会交叉,含义是校地合作软实力。地方大学要具有的校地合作软实力,主要体现在服务地方能力、教师专业水平、人才培养水平等方面。图8.2的竖轴为区域创新驱动发展中心,地方大学通过应用型转型,发展成为区域创新创业大学,成为区域创新驱动发展中心。

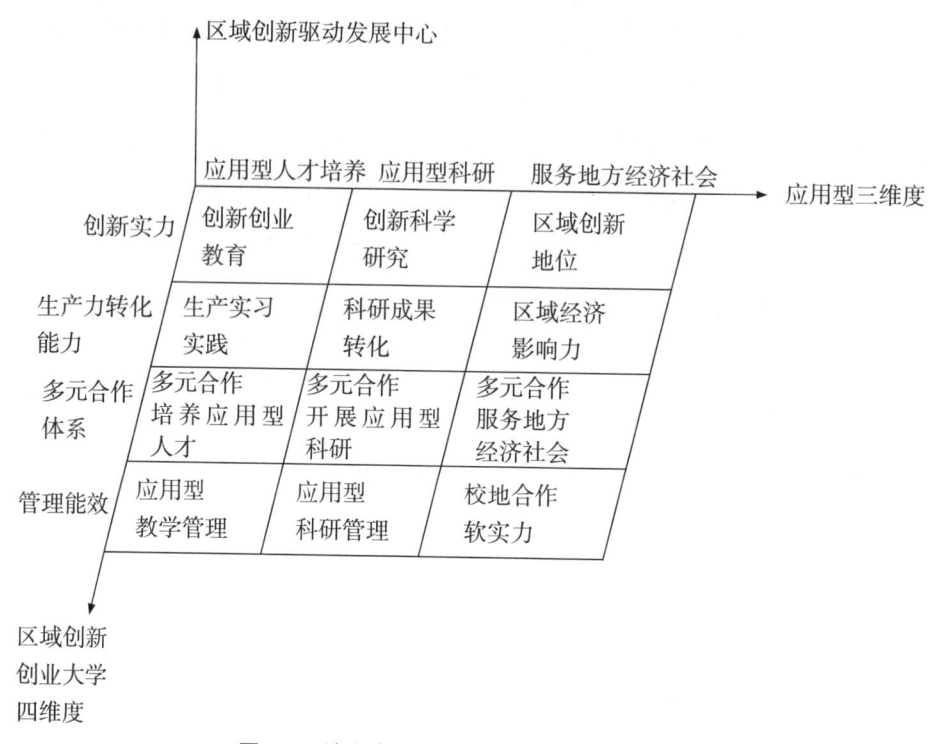

图 8.2 地方大学应用型转型发展概念模型图

如图 8.2 所示，创新创业教育是地方大学应用型转型发展的突破口。应用型转型是教学的转型，是人才培养的转型。地方大学通过创新创业教育，可培养大量创业型人才。创业型人才是具有创新创业特色的应用型人才。创新科学研究是地方大学应用型转型发展的途径。通过创新科学研究，地方大学掌握应用型科研中的关键科学技术，使地方大学服务地方科学技术发展。区域创新地位是地方大学应用型转型发展的驱动力。通过建立区域创新地位，使地方大学成为地方创新驱动发展的中心，使地方大学应用型转型具备创新特色。生产实习实践是地方大学应用型转型发展的关键。要特别强调生产实习实践，将与企业合作的生产实习实践贯穿人才培养的全过程。科研成果转化是对地方大学应用型转型发展的激励。地方大学通过与中介机构合作，与风险投资机构合作，促进科研成果的转化，促进新产业的形成。区域经济影响力是地方大学应用型转型发展的标志。区域经济影响力是地方大学服务地方经济社会的重要指标，具有标志性意义。

第 8 章 讨论:地方大学校地合作与转型发展

多元合作培养应用型人才、多元合作开展应用型科研、多元合作服务地方经济社会是地方大学应用型转型发展的特色。多元合作体系的建立,使地方大学校地合作培养应用型人才、进行应用型科研、服务地方经济社会成为现实。多元合作体系对地方大学转型发展意义重大,地方大学通过与政府、企业、产业、研究机构、行业组织、其他高校建立合作体系,构建校地合作机制,服务地方大学转型发展。如图 8.3 所示,形成校地合作多元合作体系,人才培养与科学研究交互作用,科学研究与社会服务交互作用,人才培养与社会服务交互作用,形成交互作用的校地合作多元合作体系。人才培养与科学研究交互作用,可以培养具有科研能力的应用型人才;科学研究与社会服务交互作用,可以促进科研创新服务地方经济社会发展;人才培养与社会服务交互作用,可以通过服务地方经济社会发展推动应用型人才的培养。

应用型教学管理、应用型科研管理是地方大学应用型转型发展的保障。教学管理、科研管理在应用型转型的背景下作出转变。在教学管理方面,要走出"象牙塔"的教学管理思维,与企业、产业、研究机构、其他高校密切合作,形成应用型教学管理机制。地方大学在学科建设方面,与企业共建学科,与研究机构共建学科,与产业共建学科,与高水平大学共建学科,通过校地合作,实现应用型科研管理。校地合作实力是地方大学应用型转型发展的基础,建立强大的校地合作实力,是地方大学实现应用型转型的基本保证。应用型教学管理与应用型科研管理基于校地合作,校地合作实力是两者的基础。

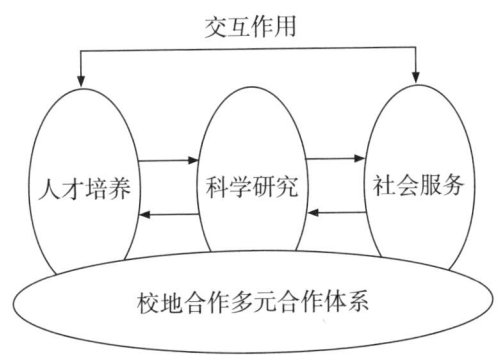

图 8.3 地方大学校地合作多元合作体系交互作用示意图

8.7 小结与讨论

阿什比（1974）说，大学在向前演化的进程中，正经历着遗传体系经常遇到的进退两难的困境：一方面，它们本身必须改变以适应社会的新形势，否则将遭受社会的抛弃；另一方面，它们在适应社会的改变中，不能破坏大学的完整性，不然就无法完成它们所承担的社会责任。正如阿什比所说，大学像植物和动物一样向前进化，地方大学向应用型转型发展为区域创新创业大学，正是大学向前进化的结果[①]。

区域创新创业大学是地方大学转型发展的可能方向，地方大学转型发展为区域创新创业大学主要有以下几个特征：

第一，立足区域，服务地方经济社会发展。地方大学与地方政府密切合作，在地方政府的大力支持下，开展校地合作。与地方企业、产业合作，建立协同平台进行应用型人才培养，开展应用型科学研究。与地方研究机构合作，开展学科建设与科研平台建设。与地方中介组织、风险投资机构合作，进行科研成果转化与企业孵化。扎根区域，立足区域，服务区域，形成具有区域特色的地方大学，依托于地方，形成独具特色的应用型人才培养体系、应用型科研体系、科研成果转化体系，使地方大学成为区域经济社会发展的动力。

第二，形成创新实力，服务创新驱动发展战略。地方大学大力开展科技创新，建立创新平台，获得创新资源，取得创新成效，成为区域创新主体。大力开展创业活动，鼓励教师和学生创业，形成创业文化，形成创新创业氛围。构建创新网络，形成科技发展的桥梁，成为区域创新网络中心。整合资源，争取政府优惠政策，获得政府研发资助，服务创新驱动发展战略。将创新意识融入地方大学教学、科研、社会服务、文化传承的每一项工作中；将创新思维注入人才培养全过程，培养大量创新型人才；将创新理念贯彻科学研究中，形成一大批创新研究成果，使地方大学成为区域创新驱动发展的中心。

[①] 阿什比在《科技发达时代的大学教育》中对大学转型的两难境地进行分析，认为大学本身必须改变以适应社会的新形势，同时大学在适应社会的改变中，不能破坏大学的完整性。

第8章 讨论：地方大学校地合作与转型发展

第三，强调科研成果转化，提升生产力转化能力。地方大学与地方企业、地方产业密切合作，进行合作研发，服务地方企业。形成转化机制，将教师的科研成果积极转化成具有经济效益的产品，实现将科学研究转化成生产力。鼓励、支持教师、学生自主创业，为教师、学生创造风险投资条件，形成创业氛围，使教师、学生通过创业产生经济效益。建立大学科技园，在学校周边形成以地方大学为中心的区域经济带。各院系对接不同产业，形成产业影响力，成为"激活的学术心脏地带"。通过智库、专家库，服务地方政府决策，服务地方行业、产业发展，形成区域经济影响力。

第四，构建多元合作体系，服务应用型人才培养与应用型科学研究。地方大学在地方政府的大力支持下，构建协同育人平台、协同创新中心、校企合作项目、校产合作项目、校校合作项目、地方文化传承项目、地方研究院、大学科技园、智库、产业学院等多元合作体系，服务应用型人才培养和应用型科研。合作体系要注重合作意愿、经费、效益、对接等方面的因素，要注重合作项目的质量、匹配和吸引力。合作体系多元，合作形式多样，合作项目优质，使地方大学在转型发展中形成比较优势。

第五，以校地合作为主线，注重管理能效。地方大学加大校地合作投入，使校地合作成为地方大学工作的主线。加强内部管理，使地方大学内部管理井然有序，服务地方大有可为。做好战略规划，使学校发展战略与地方政治、经济、文化、社会发展方向相适应，引领地方经济社会发展。大力提升服务地方的能力，使教师、院系"走出象牙塔"，担当服务地方经济社会发展的责任。提高地方大学教师专业水平，形成专家型、智库型、创新型、创业型教师群体。

第 9 章 结论与建议

9.1 主要结论

本研究以对广东省地方大学 539 个样本的问卷调查和 55 名中高层管理人员的访谈为基础,基于 NVivo、SPSS 和 AMOS 软件研究了地方大学校地合作影响因素、利益主体、机制构建、运作模式、管理机制等内容,并分析地方大学校地合作与转型发展的关系,主要结论如下:

地方大学校地合作影响因素分为内部环境、外部环境、机制和项目四个方面,校地合作项目质量是最重要的影响因素。地方大学校地合作中,利益主体的重要程度排序是:地方大学、地方政府、地方企业、地方产业、地方研究机构、地方行业组织、地方事业单位、其他高校、地方中介组织、地方风险投资机构。地方大学在校地合作中扮演的角色是:人才培养、科学研究、战略规划、产业服务、文化传承、创新引领。地方大学、政府、企业构建校地合作"三螺旋"。

地方大学与政府、企业、其他高校、地方研究机构、多元主体构建不同的校地合作机制。地方大学校地合作新构建的机制是:创新创业机制、区域影响力机制、产业转化机制、项目合作机制。地方大学通过建设区域创新地位、区域创新创业、区域科技创新的创新机制,服务区域创新驱动发展,形成校地合作创新网络,成为区域创新驱动发展的中心。

地方大学校地合作运作模式有:协同育人平台、协同创新中心、校企合作项目、校产合作项目、校校合作项目、地方文化传承项目、地方研究院、大学科技园、智库和产业学院。地方大学通过校地合作实现组织的转型，即前端化、集中化、并行化、扁平化、开放化、联盟化、交叉化、公司化、高端化、融合化。地方大学校地合作管理机制分为创新实力、生产力转化能力、多元合作体系、管理能效四个维度，其中创新实力和多元合作体系是更重要的两个维度。

9.2 主要创新点

在研究视角与研究内容方面。第一，研究内容的创新。全面研究校地合作，从地方大学校地合作影响因素、利益主体、机制构建、创新机制、运作模式、管理模型的研究视角切入，层层推进，逐步深入。第二，研究思路的创新。从实践上升到理论，再由理论指导实践。研究的开展源于实践，是从实践上升到理论的过程。研究资料包括访谈资料、问卷资料，资料均来自地方大学第一线的管理人员。再运用质性资料进一步阐释、解释，并指导地方大学校地合作管理实践，是研究思路上的创新。第三，研究体系的创新。本研究从中国地方大学发展实际出发，以地方大学校地合作为切入点，对地方大学校地合作管理、地方大学转型发展进行逻辑归纳，构建了新的校地合作研究体系。

在研究方法方面。第一，运用质性研究方法建构概念模型。如运用扎根理论方法建构地方大学校地合作影响因素概念模型，地方大学、政府、企业校地合作角色概念模型，地方大学应用型转型发展概念模型。第二，运用归纳法建构新机制。如校地合作"三螺旋"机制、服务区域创新驱动发展机制、校地合作创新网络机制等。第三，运用数理统计法，建构数学模型。如运用多元线性回归方程建构大学、政府、企业校地合作数据模型、创新创业数据模型、科技创新数据模型。运用因子分析法构建校地合作新机制，建构校地合作管理机制概念模型。运用结构方程模型法，建构地方大学校地合作管理机制模型、创新实力模型、生产力转化能力模型、多元合作体系模型、管理能效模型。

在研究结论方面。第一，建构了地方大学校地合作管理机制概念模型和数据模型。从地方大学校地合作影响因素、利益主体、机制构建、运作模式、管理机制等维度，逐步建构地方大学校地合作管理机制模型，整个体系和方法可以在教育管理领域得到推广，具有科学性和可操作性。概念模型有助于管理者把握管理全局，数据模型有助于管理者把握教育管理工作的轻重。第二，提出地方大学校地合作运作模式组织理论，通过多案例研究，从组织核心、组织目的、组织层级、组织周期、组织行为、组织转型等方面建构校地合作运作模式组织理论。第三，对地方大学转型发展的途径和方向提出新观点。提出地方大学通过校地合作实现角色转变的新观点，通过构建服务地方经济社会发展机制成为区域经济社会发展动力，通过构建服务区域创新驱动发展机制成为区域创新驱动发展中心；提出地方大学通过校地合作实现转型发展，创建区域创新创业大学的新观点。

9.3 建议

第一，建议地方大学加强校地合作内部环境建设，获得有利的校地合作外部环境，建设良好的校地合作机制，设计执行优秀的校地合作项目；建议地方大学在校地合作中重视合作项目质量、外部环境依赖、战略规划、服务地方能力、组织管理五个因素。要提高校地合作项目质量，加强与外部环境的沟通，了解外部环境对地方大学校地合作的需求，制定战略规划，提升地方大学服务地方的能力，在校地合作中做好科学的组织管理。

第二，建议地方大学加强与地方研究机构的合作，提升应用科学研究水平；建议地方大学加强与地方企业合作，形成校企协同育人机制和科研合作机制；建议地方大学与地方产业合作，形成产教融合的机制；建议地方大学加强与地方政府合作，形成校地共建的合作机制；建议地方大学加强与其他高校合作，形成校校合作的机制；建议地方大学加强与地方行业组织的合作，形成具有行业影响力的发展机制。

第三，建议地方大学在校地合作中发挥人才培养、科学研究、战略规划、产业服务、文化传承、创新引领的作用；地方政府在校地合作中发挥政策制定、工作协调、合作服务、产业布局、研发资助、创新引导的作用；地方企业在校地合作中发挥经济资助、合作培养、合作科研、产业支撑、技术转移、创新支持的作用。建议地方大学将人才培养、学科建设、师资队伍建设、科研创新扎根校地合作；为校地合作提供人力资源、科学技术资源和人才培养资源保障；建议地方大学与地方主导产业紧密结合、与地方文化特色紧密结合，培养服务地方经济社会的应用型人才；建议地方大学为校地合作提供组织保障，构建地方大学校地合作"三螺旋"。

第四，建议地方大学与政府、企业、其他高校、地方研究机构构建校地合作机制；建议地方大学通过与多元主体合作构建机制，成为区域经济社会发展的重要组织者；建议地方大学与区域其他高校和地方研究机构合作，共建学科与育人平台；建议地方大学与地方政府部门和地方事业单位合作，形成智库和文化机构；建议地方大学与地方产业合作，创办产业学院；建议地方大学与地方企业合作，进行技术研发，搭建育人平台；建议地方大学与地方行业组织合作，形成校企战略联盟；建议地方大学与地方中介组织和风险投资机构合作形成企业孵化中心，成为区域经济发展的新力量。

第五，建议地方大学在校地合作中形成创新创业机制，使创新创业成为地方大学办学理念，地方大学转型成为创业组织、创新组织；建议地方大学在校地合作中形成区域影响力，使地方大学影响地方产业布局，对区域发展产生影响，进行区域知识生产和文化传承，成为区域战略组织；建议地方大学在校地合作中形成产业转化机制，使地方大学进行科研成果转化，进行企业孵化，使地方大学成为经济组织，创造新的产业；建议地方大学在校地合作中形成项目合作机制，地方大学建立以项目为载体的发展模式，建立多元合作组织和交叉发展的组织结构，通过开展校地合作项目承载地方大学的未来。

第六，建议地方大学通过校地合作建立科研奖励机制、校办产业发展机制、企业研发资助机制、产业基金资助机制、校友联络机制，以获得更多的办学资金支持；建议地方大学重视上级教育主管部门的办学资金拨款评价标准，结合自身的发展战略，形成促进发展的校地合作机制。

第七，建议地方大学通过构建区域创新地位、区域创新创业、区域科技创新的创新机制服务区域创新驱动发展；建议通过校地合作发挥地方大学创新引领的作用、政府创新引导的作用，以及企业创新支持的作用；建议地方大学构建校地合作创新网络；建议地方大学成为区域创新驱动发展中心；建议地方大学建立校地合作协同创新机制。

第八，建议地方大学建立协同育人平台、协同创新中心、校企合作项目、校产合作项目、校校合作项目、地方文化传承项目、地方研究院、大学科技园、智库、产业学院的校地合作运作模式；建议地方大学通过校地合作实现组织的转型，即组织的前端化、集中化、并行化、扁平化、开放化、联盟化、交叉化、公司化、高端化、融合化。

第九，建议地方大学在校地合作管理中构建创新实力，把握创新创业活动、知识产权保护、争取政府优惠政策、获得政府研发资助、取得创新成效、开展创业教育、拥有创新资源、开展创新活动、区域创新主体、创新网络中心等管理要素；建议地方大学在校地合作管理中提高生产力转化能力，把握科技成果转化、风险资本支持、企业孵化、科技园建设、产业影响力、区域经济影响力、智库建设、知识创造等管理要素；建议地方大学在校地合作管理中构建校地合作多元合作体系，把握与地方合作意愿、与地方合作经费、与地方合作效益、与地方产业对接、校地合作项目质量、校地合作项目匹配等管理要素；建议地方大学在校地合作管理中提高管理能效，把握内部管理、服务地方能力、战略规划、校地合作投入、教师专业水平等管理要素。

第十，建议地方大学通过校地合作向应用型转型，发展成为区域创新创业大学。地方大学在转型发展中，重点做好创新创业教育、开展创新科学研究、提升区域创新地位的工作；开展生产实习实践，进行科研成果转化，形成区域经济影响力；通过多元合作培养应用型人才，开展应用型科研，服务地方经济社会；开展应用型教学管理、应用型科研管理，提升校地合作软实力等方面的改革。

第十一，建议地方政府出台相关政策，建立与地方大学合作的机制。在校地合作中做好协调工作，为地方大学与地方企事业单位的合作做好服务；做好产业布局，推动地方大学与地方产业的对接；在区域创新驱动发展中，做好创新引导，促进地方大学、地方企业开展创新。

参考文献

[1]（美）德里克·博克，徐小洲，陈军译.走出象牙塔——现代大学的社会责任.杭州：浙江教育出版社，2001.

[2] 钟玮.后大众化时代地方高校转型发展方向探析.肇庆学院学报，2015，36(1):70-74.

[3] 伯顿·克拉克，王承绪译.创立创业型大学：组织上转型的途径.北京：人民教育出版社，2003.

[4] 亨利·埃茨科威兹，周彦春译.国家创新模式：大学、产业、政府"三螺旋"创新战略.北京：东方出版，2014.

[5] 陈希.将创新创业教育贯穿于高校人才培养全过程.中国高等教育，2010(12):4-6.

[6] 徐毓龙，樊来耀，秦荣.美国高等教育机构卡内基分类法的新变化.学位与研究生教育，2001(12):36-39.

[7] 和飞.地方大学办学理念.北京：高等教育出版社，2005.

[8] 亨利·埃茨科威兹，王平聚等译.创业型大学与创新的三螺旋模型.科学学研究，2009(4):481-488.

[9] 希拉·斯劳特，拉里·莱斯利.学术资本主义.北京：北京大学出版社，2014.

[10] 李红宇.基于资源依赖理论探析中国大学自治.江西社会科学，2011(2):238-241.

[11] 王顶明. 我国高校办学经费来源分析与思考. 中国人民大学教育学刊, 2012 (3):34–43.

[12] 张平. 经费供给制度变迁对高校办学行为影响的研究. 湖南：湖南农业大学, 2012.

[13] 盖文启. 创新网络——区域经济发展新思维. 北京：北京大学出版社, 2002.

[14] 蒋同明. 科技园区创新网络演化与应用. 北京：知识产权出版社, 2012.

[15] 王文亮, 肖美丹. 校企合作创新网络运行机制研究. 北京：科学出版社, 2014.

[16] 何根海, 张勇. 校地合作共建视野中政府与高校的角色定位研究. 中国高教研, 2009(9):62–64.

[17] 杨宁等. 开展校地合作办学, 促进区域经济发展. 高等农业教育, 2011(7):8–10.

[18] 何根海, 刘国庆. 池州学院实施校地合作共建模式的实践与研究. 池州学院学报, 2009(8):113–117.

[19] 陈·巴特尔, 陈益林. 校地合作理念下的院校定位及其发展. 山西财经大学学报（高等教育版）, 2006(12):44–47.

[20] 李志大, 高淑鹏. 论校地合作互动机制的构建——以鲁东大学为例. 黑河学刊, 2012(12):130–131.

[21] 何根海, 谭甲文. 基于校地合作的应用型本科人才培养的改革与实践. 中国高教研究, 2011(4):61–63.

[22] 陈玉慧. 实践课程"校地合作"实习模式探讨——以 GIS 专业为例. 高等理科教育, 2008(4):123–125.

[23] 薄艳玲, 肖起清. 论 U-G-S 合作模式下农村教师专业学习的变革. 教育理论与实践, 2015(8):33–35.

[24] 何根海. 校地合作 实现地方高校跨越发展. 中国高等教育, 2011(11):41–42.

[25] 胡罡, 章向宏, 刘薇薇, 胡丹. 地方研究院: 高校科技成果转化模式新探索. 研究与发展管理, 2014(6):122-128.

[26] 钟玮. 地方大学科技园协同创新功能探究. 中国电力教育, 2013(31):5-6.

[27] 刘振天. 地方本科院校转型发展与高等教育认识论及方法论诉求. 中国高教研究, 2014(6):11-17.

[28] 张兄武, 许庆豫. 关于地方本科院校转型发展的思考. 中国高教研究, 2014(10):93-97.

[29] 张应强. 从政府与大学的关系看地方本科高校转型发展. 江苏高教, 2014(6):6-10.

[30] 夏明忠. 新建地方本科院校转型发展的动因、障碍和对策. 高等农业教育, 2014(11):6-10.

[31] 杨小秋, 曲中林. 国家规制下地方本科院校转型发展的省域差异性研究. 中国高教研究, 2018(4):97-102.

[32] 陈永斌. 地方本科院校转型发展之困境与策略. 中国高教研究, 2014(11):38-42.

[33] 刘在洲. 地方本科院校转型发展的背景与思路. 中国高等教育, 2014(20):50-53.

[34] 王者鹤. 新建地方本科院校转型发展的困境与对策研究. 中国高教研究, 2015(4):53-59.

[35] 钟秉林, 王新凤. 我国地方普通本科院校转型发展实践路径探析. 高等教育研究, 2016(10):19-24.

[36] 钟玮. 协同创新: 地方本科院校转型发展的关键——以广东地方本科院校为例. 中国高校科技, 2016(6):30-32.

[37] 董立平. 地方高校转型发展与建设应用技术大学. 教育研究, 2014, (8):67-74.

[38] 张婕, 陈光磊. 德国应用科技大学对我国地方高校转型发展的启示. 国家教育行政学院学报, 2015(1):87-90.

[39] 郭康. 应用技术大学服务区域经济发展的理论探析. 高教探索, 2016(6):25-29.

[40] 李保玉. 应用技术型大学：新建本科院校转型发展的现实选择. 扬州大学学报(高教研究版), 2017(4):39-45.

[41] 翁默斯. 我国地方院校向创业型大学转型的多案例研究. 浙江：浙江工业大学, 2012.

[42] 何毅. 创建创业型大学：地方大学转型发展的路径选择. 现代教育管理, 2013(5):32-36.

[43] 张荔. 西方创业型大学发展对我国应用型大学战略转型启示研究. 安徽：中国科学技术大学, 2015.

[44] Maribel Guerrero,David Urbano. The development of an entrepreneurial university. Journal of Technology Transfer, 2012(37):43–74.

[45] Latif Karimi Sooreh , Aidin Salamzadeh. Defining and Measuring Entrepreneurial Universities: A Study in Iranian Context Using Importance-Performance Analysis and TOPSIS Technique. Global Business and Management Research: An International Journal, 2011(3):182-199.

[46] Maribel Guerrero, David Urbano. Entrepreneurial universities in two European regions: a case study comparison. Journal of Technology Transfer, 2014(39):415–434.

[47] Jozsef Beracs. Emerging Entrepreneurial Universities in University Reforms: The moderating role of personalities and the social/economic environment. C·E·P·S Journal, 2014(4):9-26.

[48] Monica Arroyo-Va·azquez, Peter van der Sijde, Fernando Jimenand-Saenez. Innovative and creative entrepreneurship support services at universities. Serv Bus, 2010(4):630 B.

[49] Donald S.Siegel, Mike Wright and Andy Lockett. The rise of entrepreneurial activityat universities: organizational andsocietal implications. Industrial and Corporate

Change, 2007(4) :489–504.

[50]Arianna Martinelli,Martin Meyer,Nick von. Tunzelmann. Becoming an entrepreneurial university? A case study of knowledge exchange relationships and faculty attitudes in a medium-sized, research-oriented university. Technology Transfer, 2008(33):259 – 283.

[51]Johanna Hakala. The future of the academic calling? Junior researchers in the entrepreneurial university. Higher Education, 2009(57):173 – 190.

[52]Barbara Kalar, Bostjan Antoncic. The entrepreneurial university, academic activities and technology and knowledge transfer in four European countries. Technovation, 2015(36–37): 1 – 11.

[53]Joshua B.Powers. Institutional Effects on Performance of University Technology Transfer Submitted to the faculty of the University Graduate School in partial fulfillment of the requirements for the degree Doctor of Philosophy in the Schools of Business and Education Indiana University. December, 2000.

[54]Williams, Gareth, Kitaev. Igor Overview of National Policy Contexts for Entrepreneurialism in Higher Education Institutions. Higher Education Management and Policy, 2005(17):123–142.

[55]Tatiana Sotirakou. Coping with conflict within the entrepreneurial university: threat or challenge for heads of departments in the UK higher education context. International Review of Administrative Sciences, 2004, 70(2): 345–372.

[56]Merle Jacoba, Mats Lundqvistb, Hans Hellsmarkc. Entrepreneurial transformations in the Swedish University system: the case of Chalmers University of Technology. Research Policy, 2003(32): 1555 – 1568.

[57]Henry Etzkowitz. Entrepreneurial Science in the Academy: A Case of the Transformation of Norms. Social Problems, 1989(36):14–29.

[58]Peter Schylte. The Entrepreneurial University: A Strategy for Institutional Development. Higher Education in Europe, 2004,(2):187–191.

[59]David A. Kirby. Creating Entrepreneurial Universities in the UK: Applying Entrepreneurship Theory to Practice. Journal of Technology Transfer, 2006(31): 599－603.

[60]Alexander Styhre, Frida Lind. The softening bureaucracy: Accommodating new research opportunities in the entrepreneurial university. Scandinavian Journal of Management 2010(26):107—120.

[61]Federico Cosenz. The "Entrepreneurial University":A Preliminary Analysis of the Main Managerial and Organisational Features Towards the Design of Planning & Control Systems in European Academic Institutions. Management Research and Practice, 2013(5):19–36.

[62]Rómulo Pinheiro & Bjørn Stensaker. Designing the Entrepreneurial University: The Interpretation of a Global Idea. Public Organiz Rev, 2014(14):497－516.

[63]刘叶. 建立创业型大学：管理上转型的路径. 湖北：华中科技大学，2010.

[64]温正胞. 创业型大学：比较与启示. 上海：华东师范大学，2008.

[65]彭绪梅. 创业型大学的兴起与发展研究. 辽宁：大连理工大学，2008.

[66]伍醒. 创业型大学的科研特征及其改革意义分析——兼论我国高校科研发展模式转型. 科技进步与对策，2011(7):15–21.

[67]王军胜. 协同创新与创业型大学的互动与互构. 郑州大学学报(哲学社会科学版), 2013(3):78–81.

[68]刘永芳, 龚放. 创业型大学的生成机制、价值重构与途径选择. 高等教育研究，2012(10):95–101.

[69]张鹏, 宣勇. 创业型大学学术运行机制的构建. 教育发展研究，2011(9):30–34.

[70]Aidin Salamzadeh, Yashar Salamzadeh, Mohammad Reza Daraei. Toward a Systematic Framework for an Entrepreneurial University: A Study in Iranian Context

with an IPOO Model. Global Business and Management Research, 2011(3):30-37.

[71]Henry Etzkowitz. The Triple Helix: Science, Technology and the Entrepreneurial Spirit. Journal of Knowledge-based Innovation in China, 2011, 3(2):76-90.

[72]邹晓东,陈汉聪.创业型大学:概念内涵、组织特征与实践路径.高等工程教育研究,2011(3):54-59.

[73]刘奕涛,伯顿·克拉克."创业型大学"思想述评.嘉应学院学报(哲学社会科学),2010(9):57-61.

[74]陈霞玲,马陆亭.创业型大学的兴起与内涵——创业型大学的兴起与内涵.大学教育科学,2012(5):42-48.

[75]刘叶.创业型大学的发展之道:以沃里克大学为例.高教发展与评估,2010(9):85-92.

[76]亨利·埃茨科威兹,王孙禺,袁本涛等译.麻省理工学院与创业科学的兴起.北京:清华大学出版社,2007: 108-192.

[77]王雁.创业型大学:美国研究型大学模式变革的研究.浙江:浙江大学,2005.

[78]易高峰.崛起中的创业型大学——基于研究型大学模式变革的视角.上海:上海交通大学出版社,2011.

附录 A 地方大学校地合作调查问卷

尊敬的地方大学管理人员：

您好！我们正在开展广东省教育厅支持立项课题《广东政府、高校、企业合作教育管理模式创新》（2016GXJK170）的研究工作。现在对广东高校校地合作情况开展问卷调查，请您帮忙填答问卷。非常感谢您的帮助，此次问卷调查为匿名答题，您的回答结果将作为课题研究所用。

肇庆学院发展规划处

2017 年 5 月

1. 请问您是哪一所高校的管理人员？

A 肇庆学院　B 嘉应学院　C 韶关学院　D 广东石油化工学院

E 惠州学院　F 东莞理工学院　G 韩山师范学院

2. 请问您的级别是什么？

A 正厅级　B 副厅级　C 正处级　D 副处级　E 正科级　F 副科级　G 科员

3. 请问您的职称是什么？

A 正高级　B 副高级　C 中级　D 初级

4. 您认为您所在的高校校地合作情况如何？

A 非常差　B 比较差　C 一般　D 比较好　E 非常好

5. 您认为以下影响校地合作的因素的重要程度如何？

（1）高校内部管理

A 非常不重要　B 比较不重要　C 一般　D 比较重要　E 非常重要

（2）高校服务地方经济社会能力

A 非常不重要　B 比较不重要　C 一般　D 比较重要　E 非常重要

（3）高校战略规划

A 非常不重要　B 比较不重要　C 一般　D 比较重要　E 非常重要

（4）高校对校地合作的投入

A 非常不重要　B 比较不重要　C 一般　D 比较重要　E 非常重要

（5）高校教师专业水平

A 非常不重要　B 比较不重要　C 一般　D 比较重要　E 非常重要

（6）高校本科生培养机制

A 非常不重要　B 比较不重要　C 一般　D 比较重要　E 非常重要

（7）地方经济产业发展水平

A 非常不重要　B 比较不重要　C 一般　D 比较重要　E 非常重要

（8）地方政府的支持

A 非常不重要　B 比较不重要　C 一般　D 比较重要　E 非常重要

（9）地方城市配套环境

A 非常不重要　B 比较不重要　C 一般　D 比较重要　E 非常重要

（10）地方对高校服务能力的认同

A 非常不重要　B 比较不重要　C 一般　D 比较重要　E 非常重要

（11）高校与地方的文化价值认同

A 非常不重要　B 比较不重要　C 一般　D 比较重要　E 非常重要

（12）地方对高校合作的明确需求

A 非常不重要　B 比较不重要　C 一般　D 比较重要　E 非常重要

（13）高校与地方政府、企业的沟通

A 非常不重要　B 比较不重要　C 一般　D 比较重要　E 非常重要

（14）高校与地方合作的意愿

A 非常不重要　B 比较不重要　C 一般　D 比较重要　E 非常重要

（15）高校与地方合作的经费

A 非常不重要　B 比较不重要　C 一般　D 比较重要　E 非常重要

（16）高校与地方合作的效益

A 非常不重要　B 比较不重要　C 一般　D 比较重要　E 非常重要

（17）高校与地方产业、企业的对接

A 非常不重要　B 比较不重要　C 一般　D 比较重要　E 非常重要

（18）校地合作项目的质量

A 非常不重要　B 比较不重要　C 一般　D 比较重要　E 非常重要

（19）校地合作项目的匹配度

A 非常不重要　B 比较不重要　C 一般　D 比较重要　E 非常重要

（20）校地合作项目的吸引力

A 非常不重要　B 比较不重要　C 一般　D 比较重要　E 非常重要

6.您所在的高校在校地合作的影响因素中表现情况如何？

（1）内部管理

A 非常不好　B 比较不好　C 一般　D 比较好　E 非常好

（2）服务地方经济社会能力

A 非常不好　B 比较不好　C 一般　D 比较好　E 非常好

（3）战略规划

A 非常不好　B 比较不好　C 一般　D 比较好　E 非常好

（4）对校地合作的投入

A 非常不好　B 比较不好　C 一般　D 比较好　E 非常好

（5）教师专业水平

A 非常不好　B 比较不好　C 一般　D 比较好　E 非常好

（6）与地方的文化价值认同

A 非常不好　B 比较不好　C 一般　D 比较好　E 非常好

（7）与地方政府、企业的沟通

A 非常不好　B 比较不好　C 一般　D 比较好　E 非常好

（8）与地方合作的意愿

A 非常不好　B 比较不好　C 一般　D 比较好　E 非常好

（9）与地方合作的经费

A 非常不好　B 比较不好　C 一般　D 比较好　E 非常好

（10）与地方合作的效益

A 非常不好　B 比较不好　C 一般　D 比较好　E 非常好

（11）与地方产业的对接

A 非常不好　B 比较不好　C 一般　D 比较好　E 非常好

（12）与地方企业的合作

A 非常不好　B 比较不好　C 一般　D 比较好　E 非常好

（13）校地合作项目的质量

A 非常不好　B 比较不好　C 一般　D 比较好　E 非常好

（14）校地合作项目的匹配度

A 非常不好　B 比较不好　C 一般　D 比较好　E 非常好

（15）校地合作项目的吸引力

A 非常不好　B 比较不好　C 一般　D 比较好　E 非常好

7. 您认为高校在校地合作中以下利益主体的重要程度如何？

（1）其他高校

A 非常不重要　B 比较不重要　C 一般　D 比较重要　E 非常重要

（2）地方政府

A 非常不重要　B 比较不重要　C 一般　D 比较重要　E 非常重要

（3）地方产业

A 非常不重要　B 比较不重要　C 一般　D 比较重要　E 非常重要

（4）地方企业

A 非常不重要　B 比较不重要　C 一般　D 比较重要　E 非常重要

（5）地方研究机构

A 非常不重要　B 比较不重要　C 一般　D 比较重要　E 非常重要

（6）地方行业组织

A 非常不重要　B 比较不重要　C 一般　D 比较重要　E 非常重要

（7）地方事业单位（如学校、医院、新闻机构）

A 非常不重要　B 比较不重要　C 一般　D 比较重要　E 非常重要

（8）地方中介组织（如技术转移部门、孵化器）

A 非常不重要　B 比较不重要　C 一般　D 比较重要　E 非常重要

（9）地方风险投资机构

A 非常不重要　B 比较不重要　C 一般　D 比较重要　E 非常重要

8. 请问您所在高校与以下利益主体的合作质量如何？

（1）其他高校

A 非常不好　B 比较不好　C 一般　D 比较好　E 非常好

（2）地方政府

A 非常不好　B 比较不好　C 一般　D 比较好　E 非常好

（3）地方产业

A 非常不好　B 比较不好　C 一般　D 比较好　E 非常好

（4）地方企业

A 非常不好　B 比较不好　C 一般　D 比较好　E 非常好

（5）地方研究机构

A 非常不好　B 比较不好　C 一般　D 比较好　E 非常好

（6）地方行业组织

A 非常不好　B 比较不好　C 一般　D 比较好　E 非常好

（7）地方事业单位（如学校、医院、新闻机构）

A 非常不好　B 比较不好　C 一般　D 比较好　E 非常好

（8）地方中介组织（如技术转移部门、孵化器）

A 非常不好　B 比较不好　C 一般　D 比较好　E 非常好

（9）地方风险投资机构

A 非常不好　B 比较不好　C 一般　D 比较好　E 非常好

9. 您认为高校、政府、产业在校地合作中扮演的角色的重要程度如何？

高校：

（1）人才培养

A 非常不重要　B 比较不重要　C 一般　D 比较重要　E 非常重要

（2）科学研究

A 非常不重要　B 比较不重要　C 一般　D 比较重要　E 非常重要

（3）战略规划

A 非常不重要　B 比较不重要　C 一般　D 比较重要　E 非常重要

（4）产业服务

A 非常不重要　B 比较不重要　C 一般　D 比较重要　E 非常重要

（5）文化传承

A 非常不重要　B 比较不重要　C 一般　D 比较重要　E 非常重要

（6）创新引领

A 非常不重要　B 比较不重要　　C 一般　D 比较重要　E 非常重要

政府：

（1）政策制定

A 非常不重要　B 比较不重要　　C 一般　D 比较重要　E 非常重要

（2）工作协调

A 非常不重要　B 比较不重要　　C 一般　D 比较重要　E 非常重要

（3）合作服务

A 非常不重要　B 比较不重要　　C 一般　D 比较重要　E 非常重要

（4）产业布局

A 非常不重要　B 比较不重要　　C 一般　D 比较重要　E 非常重要

（5）研发资助

A 非常不重要　B 比较不重要　　C 一般　D 比较重要　E 非常重要

（6）创新引导

A 非常不重要　B 比较不重要　　C 一般　D 比较重要　E 非常重要

产业：

（1）经济资助

A 非常不重要　B 比较不重要　　C 一般　D 比较重要　E 非常重要

（2）合作培养

A 非常不重要　B 比较不重要　　C 一般　D 比较重要　E 非常重要

（3）合作科研

A 非常不重要　B 比较不重要　　C 一般　D 比较重要　E 非常重要

（4）产业支撑

A 非常不重要　B 比较不重要　　C 一般　D 比较重要　E 非常重要

（5）技术转移

A 非常不重要　B 比较不重要　　C 一般　D 比较重要　E 非常重要

（6）创新支持

A 非常不重要　B 比较不重要　C 一般　D 比较重要　E 非常重要

10. 您所在的高校、所在城市的政府、产业在校地合作中表现情况如何？

高校：

（1）人才培养

A 非常不好　B 比较不好　C 一般　D 比较好　E 非常好

（2）科学研究

A 非常不好　B 比较不好　C 一般　D 比较好　E 非常好

（3）战略规划

A 非常不好　B 比较不好　C 一般　D 比较好　E 非常好

（4）产业服务

A 非常不好　B 比较不好　C 一般　D 比较好　E 非常好

（5）文化传承

A 非常不好　B 比较不好　C 一般　D 比较好　E 非常好

（6）创新引领

A 非常不好　B 比较不好　C 一般　D 比较好　E 非常好

政府：

（1）政策制定

A 非常不好　B 比较不好　C 一般　D 比较好　E 非常好

（2）工作协调

A 非常不好　B 比较不好　C 一般　D 比较好　E 非常好

（3）合作服务

A 非常不好　B 比较不好　C 一般　D 比较好　E 非常好

（4）产业布局

A 非常不好　B 比较不好　C 一般　D 比较好　E 非常好

（5）研发资助

A 非常不好　B 比较不好　C 一般　D 比较好　E 非常好

（6）创新引导

A 非常不好　B 比较不好　C 一般　D 比较好　E 非常好

产业：

（1）经济资助

A 非常不好　B 比较不好　C 一般　D 比较好　E 非常好

（2）合作培养

A 非常不好　B 比较不好　C 一般　D 比较好　E 非常好

（3）合作科研

A 非常不好　B 比较不好　C 一般　D 比较好　E 非常好

（4）产业支撑

A 非常不好　B 比较不好　C 一般　D 比较好　E 非常好

（5）技术转移

A 非常不好　B 比较不好　C 一般　D 比较好　E 非常好

（6）创新支持

A 非常不好　B 比较不好　C 一般　D 比较好　E 非常好

11. 您认为地方大学与地方政府合作相互之间形成怎样的机制？

（1）联盟

A 非常不认同　B 比较不认同　C 一般　D 比较认同　E 非常认同

（2）合作

A 非常不认同　B 比较不认同　C 一般　D 比较认同　E 非常认同

（3）竞争

A 非常不认同　B 比较不认同　C 一般　D 比较认同　E 非常认同

（4）牵制

A 非常不认同　B 比较不认同　C 一般　D 比较认同　E 非常认同

（5）引导

A 非常不认同　B 比较不认同　C 一般　D 比较认同　E 非常认同

（6）互惠

A 非常不认同　B 比较不认同　C 一般　D 比较认同　E 非常认同

12.您所在的高校在大学－政府－产业之间的合作中形成机制的效果如何？

（1）科技成果转化

A 非常不好　B 比较不好　C 一般　D 比较好　E 非常好

（2）风险资本支持

A 非常不好　B 比较不好　C 一般　D 比较好　E 非常好

（3）企业孵化

A 非常不好　B 比较不好　C 一般　D 比较好　E 非常好

（4）科技园建设

A 非常不好　B 比较不好　C 一般　D 比较好　E 非常好

（5）创新创业活动

A 非常不好　B 比较不好　C 一般　D 比较好　E 非常好

（6）知识产权保护

A 非常不好　B 比较不好　C 一般　D 比较好　E 非常好

（7）争取政府优惠政策

A 非常不好　B 比较不好　C 一般　D 比较好　E 非常好

（8）获得政府研发资助

A 非常不好　B 比较不好　C 一般　D 比较好　E 非常好

（9）合作的目标

A 非常不好　B 比较不好　C 一般　D 比较好　E 非常好

（10）合作的质量

A 非常不好　B 比较不好　C 一般　D 比较好　E 非常好

（11）合作的场地

A 非常不好　B 比较不好　C 一般　D 比较好　E 非常好

（12）合作的利益分配

A 非常不好　B 比较不好　C 一般　D 比较好　E 非常好

（13）创新成效

A 非常不好　B 比较不好　C 一般　D 比较好　E 非常好

（14）创业教育

A 非常不好　B 比较不好　C 一般　D 比较好　E 非常好

（15）产业影响力

A 非常不好　B 比较不好　C 一般　D 比较好　E 非常好

（16）区域经济影响力

A 非常不好　B 比较不好　C 一般　D 比较好　E 非常好

（17）智库建设

A 非常不好　B 比较不好　C 一般　D 比较好　E 非常好

（18）创新网络

A 非常不好　B 比较不好　C 一般　D 比较好　E 非常好

13. 您所在的高校资金来源是怎样的？

（1）政府办学经费

A 很少比例　B 较少比例　C 一般　D 较大比例　E 很大比例

（2）校办产业

A 很少比例　B 较少比例　C 一般　D 较大比例　E 很大比例

（3）校友捐赠

A 很少比例　B 较少比例　C 一般　D 较大比例　E 很大比例

（4）社会捐赠

A 很少比例　B 较少比例　C 一般　D 较大比例　E 很大比例

（5）学生学费

A 很少比例　B 较少比例　C 一般　D 较大比例　E 很大比例

（6）科研项目资金

A 很少比例　B 较少比例　C 一般　D 较大比例　E 很大比例

（7）企业研发资助

A 很少比例　B 较少比例　C 一般　D 较大比例　E 很大比例

（8）产业支持资金

A 很少比例　B 较少比例　C 一般　D 较大比例　E 很大比例

14. 您所在的高校在校地合作中拥有怎样的创新地位并形成怎样的创新网络？

创新地位：

（1）拥有创新资源

A 非常不好　B 比较不好　C 一般　D 比较好　E 非常好

（2）开展创新活动

A 非常不好　B 比较不好　C 一般　D 比较好　E 非常好

（3）区域创新主体

A 非常不好　B 比较不好　C 一般　D 比较好　E 非常好

（4）创新网络中心

A 非常不好　B 比较不好　C 一般　D 比较好　E 非常好

创新网络：

（1）与其他高校协同创新

A 非常不好　B 比较不好　C 一般　D 比较好　E 非常好

（2）与科研单位协同创新

A 非常不好　B 比较不好　C 一般　D 比较好　E 非常好

（3）与企业协同创新

A 非常不好　B 比较不好　C 一般　D 比较好　E 非常好

（4）与产业协同创新

A 非常不好　B 比较不好　C 一般　D 比较好　E 非常好

15. 您所在的高校与以下机构组织联系的紧密程度如何？

组织机构

（1）其他高校

A 从不联系　B 联系较少　C 一般　D 联系较多　E 联系非常多

（2）地方政府

A 从不联系　B 联系较少　C 一般　D 联系较多　E 联系非常多

（3）地方产业

A 从不联系　B 联系较少　C 一般　D 联系较多　E 联系非常多

（4）地方企业

A 从不联系　B 联系较少　C 一般　D 联系较多　E 联系非常多

（5）地方研究机构

A 从不联系　B 联系较少　C 一般　D 联系较多　E 联系非常多

（6）地方行业组织

A 从不联系　B 联系较少　C 一般　D 联系较多　E 联系非常多

（7）地方事业单位（如学校、医院、新闻机构）

A 从不联系　B 联系较少　C 一般　D 联系较多　E 联系非常多

（8）地方中介组织（如技术转移部门、孵化器）

A 从不联系　B 联系较少　C 一般　D 联系较多　E 联系非常多

（9）地方风险投资机构

A 从不联系　B 联系较少　C 一般　D 联系较多　E 联系非常多

16. 您所在的高校与当地政府部门联系的紧密程度如何？

（1）市政府办公室

A 从不联系　B 联系较少　C 一般　D 联系较多　E 联系非常多

（2）市委办公室

A 从不联系　B 联系较少　C 一般　D 联系较多　E 联系非常多

（3）市人大、政协

A 从不联系　B 联系较少　C 一般　D 联系较多　E 联系非常多

（4）市委组织部

A 从不联系　B 联系较少　C 一般　D 联系较多　E 联系非常多

（5）市委宣传部

A 从不联系　B 联系较少　C 一般　D 联系较多　E 联系非常多

（6）市发展改革局

A 从不联系　B 联系较少　C 一般　D 联系较多　E 联系非常多

（7）市经济信息化局

A 从不联系　B 联系较少　C 一般　D 联系较多　E 联系非常多

（8）市教育局

A 从不联系　B 联系较少　C 一般　D 联系较多　E 联系非常多

（9）市科技局

A 从不联系　B 联系较少　C 一般　D 联系较多　E 联系非常多

（10）市人力资源与社会保障局

A 从不联系　B 联系较少　C 一般　D 联系较多　E 联系非常多

（11）市环保局

A 从不联系　B 联系较少　C 一般　D 联系较多　E 联系非常多

（12）市住房城乡建设局

A 从不联系　B 联系较少　C 一般　D 联系较多　E 联系非常多

（13）市农业局

A 从不联系　B 联系较少　C 一般　D 联系较多　E 联系非常多

（14）市文广新局

A 从不联系　B 联系较少　C 一般　D 联系较多　E 联系非常多

（15）团市委

A 从不联系　B 联系较少　C 一般　D 联系较多　E 联系非常多

（16）市社科联

A 从不联系　B 联系较少　C 一般　D 联系较多　E 联系非常多

（17）官方行业组织

A 从不联系　B 联系较少　C 一般　D 联系较多　E 联系非常多

（18）各区县政府部门

A 从不联系　B 联系较少　C 一般　D 联系较多　E 联系非常多

17. 您所在的高校与以下高校（自己所在高校选 E）联系的紧密程度如何？

（1）肇庆学院

A 从不联系　　B 联系较少　　C 一般　　D 联系较多　　E 联系非常多

（2）韶关学院

A 从不联系　　B 联系较少　　C 一般　　D 联系较多　　E 联系非常多

（3）嘉应学院

A 从不联系　　B 联系较少　　C 一般　　D 联系较多　　E 联系非常多

（4）惠州学院

A 从不联系　　B 联系较少　　C 一般　　D 联系较多　　E 联系非常多

（5）广东石油化工学院

A 从不联系　　B 联系较少　　C 一般　　D 联系较多　　E 联系非常多

（6）岭南师范学院

A 从不联系　　B 联系较少　　C 一般　　D 联系较多　　E 联系非常多

（7）韩山师范学院

A 从不联系　　B 联系较少　　C 一般　　D 联系较多　　E 联系非常多

（8）东莞理工学院

A 从不联系　　B 联系较少　　C 一般　　D 联系较多　　E 联系非常多

（9）佛山科学技术学院

A 从不联系　　B 联系较少　　C 一般　　D 联系较多　　E 联系非常多

（10）广东技术师范学院

A 从不联系　　B 联系较少　　C 一般　　D 联系较多　　E 联系非常多

（11）五邑大学

A 从不联系　　B 联系较少　　C 一般　　D 联系较多　　E 联系非常多

（12）广东财经大学

A 从不联系　　B 联系较少　　C 一般　　D 联系较多　　E 联系非常多

（13）广州大学

A 从不联系　　B 联系较少　　C 一般　　D 联系较多　　E 联系非常多

（14）中山大学

A 从不联系　　B 联系较少　　C 一般　　D 联系较多　　E 联系非常多

（15）华南理工大学

A 从不联系　　B 联系较少　　C 一般　　D 联系较多　　E 联系非常多

（16）广东工业大学

A 从不联系　　B 联系较少　　C 一般　　D 联系较多　　E 联系非常多

（17）华南农业大学

A 从不联系　　B 联系较少　　C 一般　　D 联系较多　　E 联系非常多

（18）华南师范大学

A 从不联系　　B 联系较少　　C 一般　　D 联系较多　　E 联系非常多

18. 您所在的高校在以下校地合作项目中表现如何？

（1）协同育人平台

A 非常不好　B 比较不好　C 一般　D 比较好　E 非常好

（2）协同创新中心

A 非常不好　B 比较不好　C 一般 D 比较好　E 非常好

（3）校企合作项目

A 非常不好　B 比较不好　C 一般　D 比较好　E 非常好

（4）校产合作项目

A 非常不好　B 比较不好　C 一般　D 比较好　E 非常好

（5）校校合作项目

A 非常不好　B 比较不好　C 一般　D 比较好　E 非常好

（6）地方文化传承合作项目

A 非常不好　B 比较不好　C 一般　D 比较好　E 非常好

（7）地方研究院

A 非常不好　B 比较不好　C 一般　D 比较好　E 非常好

（8）大学科技园

A 非常不好　B 比较不好　C 一般　D 比较好　E 非常好

附录 B　地方大学校地合作访谈问卷

尊敬的地方大学管理人员：

您好！我们正在开展广东省教育厅支持立项课题《广东政府、高校、企业合作教育管理模式创新》（2016GXJK170）的研究工作。现在对广东高校校地合作情况开展访谈，访谈时间为 1 个小时，访谈过程将录音。非常感谢您对本研究的支持和帮助！

肇庆学院发展规划处

2017 年 3 月

1.您认为贵校校地合作的影响因素有哪些？请列举。

2.您认为贵校校地合作中的利益主体有哪些？在校地合作的过程中，政府、地方大学、产业、中介组织分别扮演什么角色？在校地合作中起什么作用？请详细说明。

3.您认为贵校在校地合作过程中，政府、地方大学、产业、中介组织相互之间形成怎样的机制？这些机制在校地合作中有什么功能？请详细说明。

4.您认为贵校在校地合作中形成怎样的创新网络？创新网络如何影响地方大学的创新、创业？请举例说明。

5.您认为贵校校地合作运作模式有哪些？请举例说明。

6.请您对地方大学校地合作、转型发展提出意见、建议。

后 记

九层之台，起于累土；千里之行，始于足下。中国地方大学的发展犹如千里之行，正在步步探索中。本书起源于广东省教育厅立项的广东省普通高校特色创新类项目(2016GXJK170)广东政府、高校、企业合作教育管理模式创新：基于创业型大学理论和我的博士论文《地方大学校地合作机制研究》。

在完成课题和撰写博士论文的过程中，我深切地感受到中国地方大学发展的勃勃生机。通过校地合作，地方大学正在从教学、科研的实体转变成影响区域经济社会发展的战略组织，这是伟大的转变。地方大学承担着为地方培养本科人才的任务，在2000年到2020年的二十年间对提升地方高等教育水平，为地方培养大量高素质人才发挥了重要的作用。在区域经济社会发展的过程中，地方大学积极融入，以润物细无声的姿态，影响地方经济社会的发展，并找到适合自身发展的特色道路。所幸，我国政府也意识到这个问题，以广东省为例，先后开展了普通本科转为应用型试点高校计划和省市共建本科高校计划，政府的积极参与使校地合作更加有规划性。

在此，我要感谢广东省教育统计学会的各位同人，我们因教育统计而结缘，在问卷调查阶段，肇庆学院、韶关学院、惠州学院、广东石油化工学院、嘉应学院、东莞理工学院、韩山师范学院校办负责教育统计的同人们以专业的态度，帮助我发放、回收了高质量的问卷。感谢接受本人访谈的广东省地方大学高校领导和管理干部。感谢肇庆学院的各位同事，我们正以饱满的精神，努力为学校转型发展而努力奋斗！感谢广东省教育厅对本研究的立项支持。

我国高等教育为国内经济社会发展做出了重要贡献，高等教育研究方兴未艾。作为广东省肇庆学院高等教育研究所所长，本人对我国高等教育的发展充满信心，同时也感觉任重道远，地方大学未来向什么方向发展，值得我们探索。本书对地方大学未来的发展方向进行了探讨，结合当前"产教融合"的形势，希望地方大学能够积极主动融入地方经济社会的发展，通过校地合作，在人才培养、科学研究、学科建设、社会服务、文化传承创新等方面实现双赢。今后地方大学将通过校地合作向两个方向发展，一是通过校地合作深化应用型人才培养机制，二是通过校地合作开展应用型科研服务地方经济社会发展。地方大学通过转型成为区域经济社会发展战略组织和区域创新驱动发展中心，以后必将前途无量。

本书是广东省教育厅 2016 年立项课题《广东政府、高校、企业合作教育管理模式创新：基于创业型大学理论》的成果。

钟　玮

2020 年 9 月 10 日